[海外客家研究叢書09]

海外客家研究的回顧與比較
Overseas Hakka Studies:
Retrospect and Comparison

蕭新煌、張維安、張翰璧◎主編
Edited by Hsin-Huang Michael Hsiao, Wei-An Chang and
Han-Pi Chang

本書為科技部領袖學者助攻方案──沙克爾頓計畫（輔導規劃型）
（MOST 108-2638-H-008-002-MY2）研究成果的一部分

中大出版中心 | 遠流
National Central University Press

《海外客家研究叢書》總序

蕭新煌

　　國立中央大學客家學院獲得李誠代校長的大力支持於2012年底正式成立「海外客家研究中心」，在中心的工作目標裡，明列出版《海外客家研究叢書》，以貫穿教學、研究和出版的學術三大宗旨。

　　「海外客家」，顧名思義是以原鄉中國和本國台灣以外的客家族群和社會做為研究對象。就客家族群歷史淵源來說，台灣客家也算是中國原鄉的「海外」移民客家，但客家在台灣經歷三百年的本土化、台灣化和國家化之後，已與台灣的新國家社會形成有機體。如此的國家化和「去離散化」的經驗乃構成台灣客家與其他全球客家很不同的族群歷史和政治文化樣貌。基於此，如果將台灣客家與其他海外客家進行比較研究的著作，當然也可以列入此一叢書。

　　到底「海外客家」有多少人？一直是人人有興趣、大家有意見，但彼此都不太確定的「事實」。偶爾會聽到的猜測竟高達8,000萬到1億，但根據1994年「世界客屬第十二次懇親大會」所公布的統計是6,562萬，似是比較嚴謹和實在的數字。在這6,562萬當中，中國原鄉大概有5,290萬、台灣有460萬，剩下來的812萬客家人口嚴格說來，就是本叢書系列著作要去探討研究的「海外客家族群」對象。

　　如何在這812萬海外客家裡，去做進一步的分類、理解和比較，恐怕也是見仁見智。我認為，至少也做以下的初步分類嘗試：

第一群是所謂海外華人集中的社會，即香港（125萬）、澳門（10萬）、新加坡（20萬）。在這三個社會裡客家族群（共155萬）如何形成、演變，並與其他華人族群如何相同相異，當是很有意義的研究主題。

第二群是亞洲和太平洋的海外客家，其總人數有360萬，僅次於台灣的460萬，包括印尼（150萬）、馬來西亞（125萬）、泰國（55萬）、越南（15萬）、緬甸（10萬）、澳大利亞（4.3萬）、印度（2.5萬）、太平洋各島嶼（1.7萬）、日本（1.2萬）、菲律賓（6,800）和汶萊（5,000）。這些身處少數的亞太客家族群的變貌和如何維繫客家族群認同，及其與在地本土社會、族群和國家的種種生成、矛盾、辯證關係，即是有價值的探討課題。

第三群是北美洲和中南美洲的海外客家，共60萬。其中美國有28.4萬、加拿大有8.1萬，其餘的23.5萬則分散在秘魯、牙買加、古巴、圭亞那、巴拿馬和巴西等國。這些算是少數中的少數之海外客家族群經驗中，最難能可貴的恐怕就是如何去延續什麼程度的客家文化傳統和習慣的「微觀族群生活經驗」。

第四群是其他的海外客家，共28萬，包括歐洲的20萬和非洲的8萬。其中歐洲的英國有15萬，法國3萬，再次是瑞士、荷蘭、比利時，北歐的瑞典和丹麥也有少數客家人的蹤跡。至於非洲的模里西斯有3.5萬，算是可觀，南非有2.5萬，留尼旺約有1.8萬。

本叢書的目的就是計畫陸續出版有關上述這些分散五大洲，多達80個國家和社會海外客家族群之移民史、在地化歷程、「離散經驗」和維繫並延續客家文化認同的奮鬥和努力。

以上就是我做為本叢書總主編的出版想法和期許。

作者簡介

蕭新煌

現職： 國立中央大學客家學院講座教授、中央研究院社會學研究所兼任研究員、台灣亞洲交流基金會董事長、國立中山大學社會系兼任教授、總統府資政

簡歷： 美國紐約州立大學（Buffalo）社會學博士。曾任中央研究院民族學研究所副所長、社會學研究所特聘研究員兼所長、亞太區域研究專題中心執行長、國立台灣大學社會學系教授、傑出人才發展基金會執行長、總統府國策顧問等。研究專長領域包括發展社會學、環境社會學（環境運動、環境史、永續發展、減碳社會轉型）、亞洲中產階級、社會運動、公民社會與民主、非營利組織、台灣與東南亞客家研究等。

張維安

現職： 國立陽明交通大學通識教育中心教授兼主任、國立中央大學客家學院合聘教授

簡歷： 東海大學社會學博士。曾任國立清華大學社會人類所所長、圖書館館長、人文社會學院院長，以及國立中央大學客家學院院長、國立交通大學客家文化學院院長、人文與社會科學研究中心主任。學術興趣爲社會學理論、經濟社會學、資訊社會學與客家研究。出版過《思索台灣客家研

究》、《網路與社會》、《文化與經濟：韋伯社會學研究》、《政治與經濟：兩個中國近世組織之分析》、《經濟與社會：兩岸三地社會文化的分析》及客家研究論文多篇。

張翰璧

現職：國立中央大學客家語文暨社會科學學系特聘教授

簡歷：德國 Bielefeld 大學社會學博士，現任國立中央大學客家語文暨社會科學學系教授。學術專長為族群與多元文化、性別與客家婦女、族群經濟、東南亞客家研究。曾出版過《東南亞客家及其族群產業》、《東南亞女性婚姻移民與台灣客家社會》等書。研究領域集中在東南亞客家、客家女性、客家族群產業等議題。

黃信洋

現職：國立台南護理專科學校長期照顧實務技術研究中心博士後研究員

簡歷：國立政治大學社會學博士。學術專長是博物館研究、文學社會學、全球客家研究，研究領域集中在東南亞客家博物館與加勒比海客家文化等議題上。

張容嘉

現職：國立陽明交通大學通識教育中心博士後研究員

簡歷：國立清華大學社會學研究所博士。研究興趣包含族群研究、客家研究、跨國主義與認同研究、東南亞客家社會與

文化、客家女性及博物館展示與文化等。

羅曉嵐

現職： 國立陽明交通大學客家文化學院博士生

簡歷： 國立台北藝術大學博物館研究所文學碩士，現職為國立陽明交通大學客家文化學院博士生。研究興趣為博物館與物質文化、族群關係與客家研究。

楊忠龍

現職： 國立暨南國際大學東南亞學系博士候選人

簡歷： 國立高雄師範大學客家文化研究所碩士。研究興趣為日本時代及戰後的六堆客家、東南亞客家歷史及馬來西亞華人新村變遷。

陳琮淵

現職： 淡江大學歷史學系助理教授、東南亞史研究室主持人

簡歷： 國立政治大學博士、國際關係研究中心博士後研究員。研究興趣為東亞及東南亞發展、婆羅洲華人社會、華人族裔經濟、經濟社會學及企業史。曾任中國華僑大學國際關係學院／華僑華人研究院副教授兼印尼研究中心主任，現為《華僑華人文獻學刊》、《依大中文與教育學刊》、《台灣東南亞學刊》、《淡江史學》編輯委員。

蕭宇佳

現職： 國立中央大學客家語文暨社會科學學系客家研究博士生

簡歷： 國立中央大學客家政治經濟研究所碩士。曾任職於財團法人台北市客家文化基金會，研究興趣為東南亞客家與少數族群互動關係、戰後客籍移民在台灣之研究。

劉瑞超

現職： 國立中央大學客家學院博士後研究員

簡歷： 國立台灣大學人類學博士。田野地點為台灣及馬來西亞。研究興趣包括族群研究、觀光人類學、文化產業、台灣原住民族社會與文化、客家研究、東南亞華人社會與文化等。

劉堉珊

現職： 國立暨南國際大學東南亞學系助理教授

簡歷： 英國愛丁堡大學社會人類學博士。研究領域包含離散與移民人群、族群關係、藏人離散社群與苯教研究、喜馬拉雅及南亞區域研究、東南亞客家等。

任　婕

現職： 國立中央大學客家研究博士生

簡歷： 國立中央大學客家語文暨社會科學學系社會文化研究所碩士，研究興趣為海外客家研究、泰馬研究、族群關係研究。

張書銘

現職： 國立暨南國際大學東南亞學系博士後研究員

簡歷： 國立政治大學國家發展研究所博士，研究興趣爲：東南亞
移民與移工、越南研究、發展研究、越南華人與客家等。
著有專書《越南移工：國家勞動輸出政策及其社會發展意
涵》。

吳錦棋

現職： 國立中央大學客家研究博士生、新北市政府研究發展考核
委員會

簡歷： 東吳大學社會學系碩士。曾任職於內政部移民署、台北市
政府研究發展考核委員會和客家委員會。研究興趣包括族
群與多元文化、新移民研究、性別研究等。

姜貞吟

現職： 國立中央大學客家語文暨社會科學學系副教授

簡歷： 法國巴黎 Vincennes-Saint-Denis 大學婦女研究博士。目前
任職於國立中央大學客家語文暨社會科學學系。研究專長
爲客家研究、性別研究，關注議題爲宗族與宗親研究、性
別與政治參與、族群與移民等。著有《現代台灣客家女
性》、《女歸成神：性別與宗族／親、族群之間的多重交
織》等書。

目錄

第 1 章
總論：海外客家研究的啓發與貢獻

蕭新煌、張維安、張翰璧

一、前言

　　制度化的台灣海外客家研究始於 2000 年代初期，先是從東南亞客家會館的田調著手。2005 年，台灣從事「客家研究」的學者開始關注海外客家的議題，蕭新煌等（2005）從結構的觀點分析，說明東南亞客家認同或客家性並未消失，只是轉變了存活的形式，最顯著的方式就是會館組織和社團。在「台灣客家」已經發展成台灣社會、國家層級的重要族群團體的同時，東南亞客家只是華人之中的一個亞族群（sub-ethnic）或方言群（dialect groups）（蕭新煌、林開忠、張維安，2007：577）。除了會館組織的研究，較爲主流的研究議題多集中對東南亞客家人的族群身分認同（ethnic identity）與族群意識（ethnic consciousness）進行描述與解釋（例如張翰璧、張維安，2005；Hsiao and Lim，2007 等）（張翰璧，2013：4），客家認同在東南亞社會中的公、私領域都不具備明顯的特性，客家認同呈現雙重隱形的現象以及仍然以「離散族群」自處（張翰璧、張維安，2005；蕭新煌，2017）。自此之後，許多關於東南亞、東亞、印度、大洋洲

的客家研究也紛紛出版。到了2017年以後，客家研究有了新的取徑，一是經由跨學科的合作，比較台灣與東南亞客家認同歷程現況（蕭新煌，2017），二是採取社會學的社會網絡分析，探討東南亞客家社團的組織網絡（蕭新煌、張翰璧、張維安，2019），三是正在進行中的台灣與馬來西亞客家的族群關係的比較與理論建構。上述三種知識與方法論的取徑，也正在改變台灣與東南亞客家研究的典範。

　　就台灣的客家研究典範移轉來說，從台灣客家只與「原鄉」的對照典範移轉到台灣客家與全球各國的「他鄉」的比較典範，就是「全球比較的新典範」（蕭新煌，2019：16）。任何學術典範的移轉，都需要經歷一段不短的制度化變革過程，包括學者的覺悟、反省和轉變，著作出版的新趨向和集結，以及投入學者人力增加和學術機構，研究觀點轉向與創新的研究技藝等等。在台灣的這種對海外客家或者說是全球客家比較的新典範，確實已在過去十年逐漸成形，並成為不同世代客家研究者的新方向。

　　但是在台灣以外，這種新學術典範尚未成形，這包括客家人數最多所在地的「原鄉」中國，客家人數與台灣接近的「他鄉」東南亞，也都尚未出現這種研究取向的新典範。因此，台灣客家學界的「全球客家比較研究」領域的發展，可說是已領先一步。這種以全球為脈絡的客家比較研究，一則可探討台灣客家與其他「他鄉」，甚至「原鄉」的族群經驗異同態勢的比較；二則更可藉此凸顯和展現台灣客家經驗的「自成典範」和特色。

　　雖說台灣以外的國際客家學界，尚未出現以客家客體性為基礎之跨領域和跨學科的比較研究，但不表示全球各地的客家沒有受到外國學界的注意。事實上，在2000年台灣出現海外客典範

之前，就有一些零星的海外客家研究著作出現於全球各地。一般說來，以台灣爲比較基礎，對世界各地「他鄉」客家進行研究，通稱爲「海外客家的研究」。不過，還有另一種「海外的客家研究」，則是指由海外（國外）學者從事的各地客家研究。本書書名所指的「海外客家研究」，在嚴格定義下，指的是後者，即由外國學者所進行的「海外的客家研究」成果。

二、跨區域與跨領域的客家研究

由外國學者所進行的「海外的客家研究」，零星分散於各地，有些明確指出「客家」的概念，有些則蘊含在華人的研究議題與瞭解華人的學術興趣之中，對於未來的客家研究極具參考價值。而「客家」與「華人」概念的「理念型」，在不同地區的關係，可能是包含性或等同性，因爲某些地區所謂華人其實是指客家華人，有些研究中的研究對象雖然是客家華人，目的卻只是爲了探究華人性，而非客家性。因此，海外客家華人的研究，經常出現在華人及其周邊族群議題脈絡中。

客家華人在不同的研究地區和人群分類脈絡中，有不同的議題，運用的理論觀點與所得到的結論也有所差異。有些地方的客家，其族群分類與台灣的「客家」有所不同，例如在越南，「廣肇、潮州、福建、客家和海南五幫，唯客家幫包含來自中國華北、華東各省的華僑在內，其會館組織亦然；也就是說，客家幫民並非完全都是客家人」（張書銘，2021：332）。此外，儂人爲華人且多講客家話，偅族（Người Ngái）（也稱爲山偅〔Sán Ngái〕），很有可能即爲客家人，但並不在「客幫」的範疇。越

南客家的「特質」還不只如此，寶龍客家甚至因為當地客家與其他華人社群產生經濟落差，改變維持三百年的三祖師信仰，透過標準化的天后與關帝信仰，逐步走向融合到越南華人社會中。

另一個例子是印度加爾各答（Kolkata）的客家人，他們並沒有改變自己的信仰以便融入華人社會。此地區客家人從事賤民職業皮革業，職業的差異就沿著族群團體而分化。客家人不但與印度人、西方人有所區隔，也不會將其他華人當成自己人，客家族群將自己與廣東人、湖北人其他華人明確區分出來後，主要的社會互動範圍只限在自己方言群內，甚至不同方言群間通婚的現象也非常罕見（吳錦棋，2021：363）。

因此，「客家」的概念必須回到不同社會的脈絡來瞭解，也需要通過比較分析的方式來認識。跨域視野的全球客家比較研究，向客家本質論者提出了嚴肅的挑戰。不同區域的「客家」各有所指，越南西堤客家幫的組成並非全然都是客家人，牙買加的華人幾乎都是客家人（牙買加黑人或許也是族群通婚後的客家後代），大溪地華人雖然有廣府人與客家人，若以當地通行語來辨識，大溪地「華人」幾乎等同是「客家」。有些地方客家人即是學者心中的華人，這些地區的研究可以通過客家研究來發現華人性。有些地方客家與華人則要區辨出來，印度塔壩（Tangra）客家便是因為與當地社群隔離，自成一格，反而保留了相當的客家認同（吳錦棋，2021：367）。簡言之，海外客家研究的不同地點，對於「客家」的定義均有其獨特性，放在全球的比較架構中，方可進行「共通性」、「獨特性」的比較，跨區域的獨特客家特質之間的對話，當有助於進一步思索何謂「客家」。

本書所指的跨域研究，還有一個面向，就是跨學科專業領

域，從人類學、史學與社會學研究各自貢獻不同的觀點與方法。不同學科所進行的多層次議題研究，從政治經濟、產業、宗教、通婚、語言、宗族、區位地理，有助於全方位的建構全球客家面貌。跨區域與跨領域的客家研究，尤其是通過全球客家的比較研究，有助於台灣客家研究、海外華人社群、區域研究的深化。

三、章節要旨

本書所收錄的十二篇論文，即是分別對海外（國際）不同學者對全球和海外不同客家地區進行研究和出版成果所做的介紹和評述。

從香港（第2章）開始，到新加坡、馬來西亞的西馬（第3章、第4章、第5章）和東馬（砂拉越和沙巴）（第6章、第7章、第8章），再到印尼（第9章）、泰國（第10章）、越南（第11章）、印度（第12章），最後還到法屬玻里尼西亞（第13章）。所有被研究的客家地區，包括東北亞、東南亞、南亞和太平洋島嶼諸國。被評述的海外研究學者共十四位，有七位是海外華人學者，如顏清湟、麥留芳、房漢佳、田英成、黃子堅、張德來、周丹尼等人，另外七位則是西方學者，如Nicole Constable, Sharon A. Carstens, Mary Somers Heidhues, G. William Skinner, Ellen Oxfeld 和 Anne-Christine Trémon 等人。十二章撰寫人則都是台灣年輕一輩的客家研究學者，有的已在大學任教，如姜貞吟、劉堉珊、陳琮淵；有的是博士後研究人員，如黃信洋、張容嘉、劉瑞超、張書銘；也有的還在讀博士班或寫博士論文，如羅曉嵐、楊忠龍、蕭宇佳、任婕與吳錦棋。

本書的原始構想是爲了提前準備全球客家研究聯盟（Consortium of Global Hakka Studies, GHAS）預計在2021年於台灣召開的雙年會，爲使台灣在地的年輕學者有機會熟悉現有的全球（海外）客家學者及其作品，由擔任聯盟秘書處的交通大學（現爲陽明交通大學）客家文化學院在2019年11月18-19日舉辦了爲期兩天的「回顧客家研究的比較視野」工作坊。本書有十篇文章都在那次工作坊中發表過，另有二篇則是在會後另外邀約。

出版計畫則是由中央大學客家學院所執行的科技部領袖學者助攻方案——沙克爾頓計畫（輔導規劃型）（蕭新煌爲計畫主持人）接手，邀請作者群不但再一次自行修改，還爲博士生和博士後作者，分別請到一位資深國內外客家研究學者，做爲他們在修改論文過程中的諮詢對象。目前收錄的各篇論文，即是經自行修改或自行修改再經資深教授審閱過的最後版本。我們相信，經過再一次的專家諮詢修訂，一定有助於年輕研究者的學習經驗和提升各章論文的學術品質。受邀擔任諮詢的資深學者包括國外的黃賢強、黃子堅、白偉權，國內的張維安、龔宜君、潘美玲、簡美玲、林育生，謝謝他們對本書出版的貢獻。

在本總論以下的討論，將分不同區域客家研究分別加以綜述。先是東北亞的香港（第2章），接著是島嶼東南亞的新加坡、馬來西亞和印尼（第3章到第9章），然後才是半島東南亞的泰國和越南（第10、11章），最後則是南亞的印度（第12章）和太平洋島嶼的法屬玻里尼西亞（第13章）。

四、香港客家

　　黃信洋撰寫的第2章，檢視了美國人類學家Nicole Constable 在香港新界進行客家社區民族誌田野調查。由於香港本身就是一個漢人社會，所以客家的族群性格和認同，和較寬廣的上層漢（華）人認同不會發生矛盾和衝突。客家是漢（華）人族群的一支，Constable對漢人、華人的異同也未做明顯而清楚的界定。看來是視爲同類屬的族群稱呼。

　　Constable筆下的香港新界客家人在漢（華）人認同之下，卻是建構了另一個獨特的宗教認同，亦即巴色差會基督徒的集體認同。她似乎也暗示漢（華）人、客家人和基督徒這三種不同認同之間存在著既共生又矛盾的關係。新界粉領香港客家庄可與其他客家庄對照比較並存著差別的即是它的「基督教信仰」，在Constable眼中，基督教文化與客家文化在這裡的崇謙堂村的結合，乃建立了一個「理想的基督教客家庄」。

　　黃信洋整理了Constable在書中所引用的多種流行的解釋性理論，如文化特徵、原生論、工具論、複合性論點、歷史的想像、象徵性資本和族群的性別化反思等七種，目的是多角度的理論視野來與民族誌材料對話。上述所指陳的基督教與客家性的契合，即是她的重大發現。

　　黃信洋在文中指出，Constable的啓發在於她以新界客家用基督教建立了它獨特的一種客家族群性格，是否其他海外的客家庄也有這種藉著宗教信仰或其他文化制度建構或重建自己特別的客家族群認同呢？

五、東南亞客家：新加坡、馬來西亞和印尼

（一）新加坡、西馬的客家研究

張容嘉寫的第3章、羅曉嵐寫的第4章和楊忠龍寫的第5章，則分別回顧東南亞在地學者顏清湟、麥留芳和美籍人類學家Sharon A. Carstens（柯雪潤）在新加坡和西馬來西亞客家庄所做的研究成果。陳琮淵寫的第6章回顧房漢佳和田英成在東馬砂拉越的客家研究；蕭宇佳的第7章繼續討論周丹尼對砂拉越客家的探討；第8章由劉瑞超撰寫，回顧黃子堅和張德來在東馬沙巴客家的論述。第9篇是劉堉珊關於Mary Somers Heidhues印尼客家研究，特別是邦加、勿里洞島和西加里曼丹客家的研究。

在第3章，張容嘉認為顏清湟著力的是新馬華人史學研究，再從歷史資料中分析華人的三種聚落行程形成；分別是港口城市、礦區和農村，然後指出客家移民的聚落模式是以礦區最為突出。這種礦業生計也牢牢刻印出西馬華人客家庄的性格和特色。顏清湟顯然是從華人整體性去看客家的個體性；主客明顯。客家被定位是海外華人一支重要的方言族群。因此，對他來說，客家研究就是海外華人研究的一個分支。

因為顏清湟不以客家研究做為他的學術生涯重心，他企圖建立華人的多樣族群面貌即是它的不同方言群和親族組織，以及亞群體之間的權力互動關係。也因此，他對客家族群的研究是落在將它拿來與不同華人亞群之間的比較。經他比較結果，他找尋出幾個東南亞客家族群的社會文化特徵，最主要的就是客家會館的重要性。在他看來。這凸顯了客家身為少數亞群的身分，乃必須透過團結、互保，以爭取或保障族群利益的結構原因。

張容嘉認為顏清湟對新馬華人和客家的歷史比較研究是他的最大貢獻。的確，顏清湟也相當鼓吹有系統將東南亞華（客）人，一則與台灣和中國做比較研究，二則華人之內部亞族群（如客家人與福建人、潮州人、海南人）做比較。他主張唯有經過上述跨空間的比較，再加上跨時間（歷史）的比較，才更能掌握東南亞客家人的特質。只是他並未特別標明這種比較研究的幾個關鍵領域和指標是什麼。

　　這種以東南亞為考量出發點的跨域、跨時比較途徑，的確也是我們在台灣進行全球比較客家研究時，以台灣為考量出發點的典範似乎是一致的。如果再依顏清湟的研究思路去推進一步，我們可能可以推論出他所呼籲的跨域跨時華人比較研究，應以海外華人「在地化過程」和「華（客）人族內外族群關係」這兩個最有意義。

　　羅曉嵐對麥留芳早期的星馬華人方言群認同研究的回顧分析（第4章）指出，海外華人在東南亞（尤其是新、馬）方言群做為人群分類是明顯而關鍵的法則與規範。方言群聚居又會依行業、經濟和生產型態而定，且與國際市場的價格相關，以決定勞工數量，而影響了方言群在空間上的移動。這種生計影響華人族群空間分布的切入點與上述顏清湟對客家人因礦業而聚集的歷史分析相當一致。

　　與顏清湟一樣，麥留芳也不是一開始就想以客家人做為研究對象，而是在華人族群裡看到了客家族群，他所看到的客家族群不只是語言的差異、產業集中和空間聚居，更是客家與其他族群之間的互動中所呈現的差別。一如顏清湟、麥留芳認為方言群認同也體現在地方性的會館運作，它既是抽象概念，也更存在於實

體社會。不只是在團結、凝聚時出現，更會在衝突事件中展現。將這些觀察運用到客家研究上，其實都很適用。這也就是羅曉嵐在回顧書寫中提到麥留芳的華僑不是一個同質體，方言群分類提供了對內部多元族群的工具，只是麥留芳並未對客家有太多的進一步著墨。不過他的貢獻在於讓後來的客家研究者可以從他所提出的方言群分類中去深入探討客家認同只是一個方言群分類下的身分而已，或是另有其他更具族群文化底蘊的族群認同？

第5章是楊忠龍對美國人類學家柯雪潤在1980年代在西馬北部吉蘭丹（Kelantan）布賴（Pulai）村所做客家庄田野成果的回顧和評析。不同於前面兩位在地的華人學者顏清湟和麥留芳，柯雪潤比較像是香港做客家研究的Constable，她也是一開始就知道她要做的民族誌研究對象是客家人，而且是一個農村型態的新村。

不過，柯雪潤也發現布賴客家人身分和族群認同仍存在一種「中原」（原鄉）的歷史想像，如中原遷徙論和土樓建築，這種尚未能分割的中華文化民族情感（如落葉歸根），便得馬來西亞華人的同化經驗與Skinner（施堅雅）筆下的泰國華人顯得不一樣。這種原鄉認同論的格外顯著，也讓外界往往將馬來西亞華人視為一體，而未深究其內部亞族群的存在。因此，客家就難免被隱形化了。

柯雪潤的布賴客家田野倒很清楚地意識到，即便是「客家認同」也存有多重面貌，包括上述的華人歷史認同和客家人特別親身體驗到的日常生活族群經驗。雖然她發現當地人把客家人認同和華人認同視為並存，而非有上下階層之差別。不過，她指出客家認同還是比華人認同薄弱，原因是客家人需要用華人認同來

「面對」其他的外族（馬來人、印度人等）。因此，客家認同只有在進入華人內部的關係與認同討論時，才會再做區別和分類（如上述方言群之分類）。

馬來西亞華人身分和認同是一種動態的恆定過程。雖然華人與其他族群如馬來人、印度人都共享著馬來西亞國家認同，但在文化（族群）層次的認同恐怕又不一樣。這種觀察分析，其實是與上述的顏清湟和麥留芳對新馬的華人和客家認同的形成背景和運作相互呼應。

柯雪潤畢竟是外國的人類學者，對「異文化」特別關切，對她從事的客家族群認同，似乎又多了一份知識和情感上的執著。顏清湟和麥留芳身為海外華人，反而不會特別關心新馬客家族群必須或應該有它獨特的客家認同。但柯雪潤則從外人的眼光去看客家人或其他華人亞群體，覺得華人不應該是一個僵硬的集合體，而是一個公約數；重視客家人的文化族群認同，不是特別去分離彼此，而是尊重彼此之間的差異。柯雪潤的貢獻可說是從布賴經驗去探尋當地客家人的日常生活的在地化，思索客家人與其他華人亞族之間的同與異，以及當採取什麼態度去調整他們與客家原鄉（中國）的關係。

（二）東馬的客家研究

陳琮淵的第6章回顧了兩位東馬砂拉越在地客家研究者房漢佳和田英成的研究。他們分別從客家移民史、產業史的角度，分析古晉及美里周邊客家聚落的特性。其中，房漢佳以古晉及其周邊為主，田英成則討論美里及其周邊的客家聚落，兩人均十分強調馬來西亞砂拉越與印尼西加里曼丹客家社群的歷史連結。房漢

佳和田成英主要是從歷史的角度進行研究，尤其強調口述歷史的蒐集。然而，兩者的研究除了田野地點不同外，關注的焦點亦有差異。房漢佳在梳理砂拉越客家社群的歷史時，關注的是客家社會變遷，並對於不同時期客家社會的變遷提出解釋，強調客家聚落的族群融合與多元文化特質。田英成則是從華人方言群的社會結構和幫派主義著手，關注華人認同轉變，強調方言群動態及彼此競合的張力，是推動華人歷史發展的力量，對客家政治參與的研究有所啟發。

對於客家族群性的描述，房漢佳和田英成的參照團體，則是相對於在地砂拉越的其他方言群或少數族群團體，而不是西馬或是世界其他地方的客家族群。由於房漢佳和田成英的研究，均強調歷史脈絡，研究地點均集中在幾個客家小鎮的發展，客家社團、學校、廟宇的歷史，客家經濟發展及政治參與，以及二戰後客家人的自我認同及外在處境的變化。著作中的客家性論述較薄弱，但也確實奠定了砂拉越客家研究的重要基礎。

蕭宇佳的第7章則回顧砂拉越另一位研究者周丹尼（Daniel Chew）。他出身砂拉越（Sarawak）古晉（Kuching）客家家庭，是移居婆羅洲的第三代，是位以英文寫作的華人研究學者，主要的田野調查地點是砂拉越英吉利利（Engkilili）和新堯灣（Siniawan）。周丹尼從博士研究階段就開始進行華人研究，但是到了2011年後才開始聚焦在砂拉越的客家，關注的是族群互動、族群關係和身分認同等議題，尤其是華人、客家和原住民的族群關係。

對於砂拉越華人的研究，周丹尼提出「開礦」、「貿易」、「種植」和「打工」四個面向，除了分析砂拉越郊區的華人社會

歷史，也希望透過這些資料探討原住民、殖民統治者與華人的關係。他的研究方法則是歷史資料和田野調查並用，運用的歷史文獻，包括砂拉越博物院檔案庫館藏、博物館所藏《詩巫新聞日刊》、《華僑日報》微縮膠卷、未出版的第二代拉惹的書信冊、協議冊、手令冊、法庭記錄、縣誌、遺產登記簿，1870年開始出版的《砂勝越憲報》及《砂勝越政府憲報》，也參考了文史工作者劉子政、劉伯奎的華文書，並在砂拉越各地進行口述訪談。

周丹尼在2012年進一步進行客家和原住民的族群關係研究，選擇的地點是英吉利利附近客家人居住的五個村落：Jelu-kong、Mawang、Merio、Marup Atas和Marup Baroh，這些村落保持著很強的客家認同並講客語，也遵循華人傳統信仰。同時，客家人也與伊班人通婚，學習伊班語言，反映出客家人在東馬來西亞定居後的族群關係。伊班人也一同參與農曆正月初十的客家重要慶典活動，「這裡沒有明確的族群界線區隔客家與伊班」（Chew，2012：179、193）。因此，他認為客家族群在英吉利利和新堯灣兩地，具有跨族群、跨語言的族群互動關係，砂拉越的華人／客家身分認同具有多元化與在地化的表現。周丹尼的客家研究著作提供了砂拉越客家研究一個跨族群的族群互動觀點。

沙巴是另一個客家聚集的東馬來西亞州屬。劉瑞超寫的第8章，討論的是另外兩位沙巴客家研究的重要作者，一位是歷史學者黃子堅，另一位是在地文史工作者張德來。黃子堅及張德來的寫作架構，均將客家移民經驗及聚落發展史，放在更大的沙巴華人整體移民社會的形成與發展之下，討論各種華人方言群對於沙巴華人社群和沙巴歷史的貢獻，其中有一部分相當強調客家基督徒移民的歷史與發展。尤其是張德來，著重基督徒內部的傳教

史，及其與沙巴華人形成的關係。由於黃子堅是位專業的歷史學者，他的沙巴的研究議題相當廣泛，範圍涉及華人史、客家基督徒移民史與聚落發展、沙巴抗日歷史、不同族群的階級流動、華人與客家認同等議題。黃、張兩位對東馬基督徒客家的研究，倒是可以與柯雪潤的香港個案做對比。

兩位在研究方法上都大量依靠各類殖民當局、官方或軍方的文書、紀錄等史料文獻，且遍及英文、華文與馬來文的資料。相較於張德來集中在沙巴的客家社群，黃子堅的寫作有較多的比較視野，運用的素材也更多元化，包括殖民政府的檔案資料、原住民的歷史素材、馬來文的相關研究等，範圍也擴及馬來西亞其他地區的族群關係和華人／客家社群的比較。

對於客家族群性的描述，譜系、方言與傳統宗教，是黃子堅界定沙巴客家性的判準。但在這些準則以外，還有另一群客家人存在，也就是他所謂的「另一種客家人」：馬來西亞的客家基督徒。對於這個「另一種客家人」，他認為客家身分與基督徒身分的結合，是一種客家文化，也是一種客家性（質），客家性是多元多樣並存的。恰恰是在沙巴，巴色教會對客家認同與客家性之維持有兩點貢獻，第一個是物質文化中的食物，他指出教會在華人日常生活中引進許多客家特色，例如客家食物之蛋捲、肉圓、釀豆腐、扣肉等，且都成為沙巴的經典中華料理。客語的推廣與維持，則是巴色教會對客家文化的另一主要貢獻，教會中的客語使用，使得客語傳播到其他族群團體。相對於黃子堅的跨族群、跨區域的客家比較研究，張德來的著作中對於客家性的書寫反倒不明顯。

黃子堅和張德來對於沙巴客家的書寫，顯示出學院和民間研

究途徑和觀點的完美互補，建構出沙巴客家的完整觀點，也逐漸影響馬來西亞和台灣等國外學者的沙巴研究觀點，尤其是他們對於客家基督徒的關注，為客家研究注入多元性的在地觀點。在此要再一提的是柯雪潤在香港基督徒客家庄也有類似的研究發現。

（三）印尼的客家研究

劉堉珊所撰寫的第9章是 Mary Somers Heidhues 以歷史民族誌的方法，在印尼所做的華人研究。由於在西加里曼丹（Kalimantan）、邦加島（Pulau Bangka）與勿里洞（Pulau Belitung）等地的華人，多數是客家華人，因此就這幾個地方的華人研究也可以視為是客家華人研究。

1961年起 Heidhues 走訪了爪哇（Java）、蘇門答臘（Sumatera）、蘇拉威西（Sulawesi）與加里曼丹，試圖理解在地華人的社群樣貌及其在印尼社會的身分處境，之後以 "Peranakan Chinese Politics in Indonesia" 為題取得博士學位，奠定其日後在印尼「外島」地區客家華人社群研究的重要基礎。關於 Heidhues 研究與客家華人比較密切的階段是約自1980年代至2000年初，她的研究注意力轉向位居印尼「邊陲」的邦加島與西加里曼丹產業經濟與政治社會的發展。劉堉珊指出這段時間「Heidhues 的研究開始跟『客家』發生連結，也讓其著述成為理解印尼客家社群的重要窗口，這些研究成果，即展現在她於1990年代至2000年初出版的多篇文章與專書著作」。

關於邦加與西加里曼丹等地的特殊之處，Heidhues 發現因其臨近馬六甲海峽，使它們相較於爪哇島的城市，在歷史過程中與蘇門答臘及馬來半島（如檳城、新加坡等地）的政治、經貿與人

群網絡有更深連結。這樣的網絡雖然已被國家界線切開，不過仍然持續影響著今日邦加與西加里曼丹等地的人群互動與產業發展。

　　通過勿里洞、邦加島與西加里曼丹的比較讓我們看出，一樣是印尼，一樣是公司，不同的歷史過程造就出不同的型態：勿里洞（Heidhues 稱為公司之島）因為自一開始就是由外部的政商組織進行，成員多半從新加坡指派，使得勿里洞的「公司」看起來像是一個由毫無關係者組成的合作組織。而邦加島則是因19世紀中後勞力缺乏，開始向更多地區招募華工，使得此地苦力的組成逐漸趨向多元方言群發展，而不像西加里曼丹（西婆羅洲）的華工，彼此間具有較相似的方言或祖籍關係（客家與潮州人）。

　　Heidhues 觀察到邦加華人間的多元性，並在論述中清楚地呈現不同華人群體間差異的文化關係與經濟、社會階級，如，土生華人與新客華人的區分、勞動階級（在礦區工作者）與資本階級（「公司」的經營者與主要股東們，也是礦業發展的獲利者）的差異。分析邦加島及其周邊區域貿易的網絡關係與變化，並聚焦在1950年代邦加被納入國家治理後，島上華人社會如何面對新政府的政策施為與社會經濟變化的過程。試圖從更貼近日常生活的角度，探討邦加華人社群如何在細微的生活實踐中，發展出因應政治、經濟與社會環境變化的策略及針對自身處境的詮釋觀點。其印尼（客家）華人研究的知識基礎，也使她在論述中可以將此地的華人社群與其他地方進行比較，讓讀者對「華人」在印尼各地，乃至於整個東南亞區域的移住過程與特色，有更整體的比較視野。

　　在西加里曼丹華人方面，Heidhues 關注了曾在此地非常蓬勃

發展、規模相當大的政治經濟社會組織：公司，以及公司沒落後轉向地下化發展的祕密會社，她也努力從各個面向完整化這個她稱爲「熱帶地區的小中國」的華人社會歷史。這些研究對於邊陲地區的華人（其中一大部分爲客家華人）議題提供了比較研究的基礎。Heidhues 提出，西加里曼丹的華人社群相較於印尼其他地方以及東南亞其他區域的華人社會，更爲完整地保存其文化傳統（尤其是客家）及語言。一方面是因此地身處印尼核心政治區域的邊緣，在較大程度上避免了受到國家政策直接介入，二方面因爲在歷史過程中形成了各族群間明確的經濟分工，讓華人在地方能持續保有文化與身分的區辨性。

在這篇論文中，劉堉珊詳細的列出《印尼西加里曼丹「華人社區」的淘金客、農人與商人》一書的目錄，這本書可說是集 Heidhues 對西加里曼丹華人社群與聚落研究之大成的著作。對她而言，「公司」組織在西加里曼丹華人社會的發展，顯現出華人獨特的「社群性」，這些組織早期多半強調兄弟情誼、歃血爲盟的凝聚精神，並透過宗教儀式與地緣轉化的擬血緣關係，形成社群運作的規範原則。這樣的人群組織在經歷了與地方馬來政權及外來荷蘭治理者的緊張與衝突後，並沒有完全消失，而是轉而地下化，以祕密會社的形式，形成另一股不斷與主流社會對抗、拉扯的力量。Heidhues 認爲，華人即是在這種不斷與治理政權衝突與抵抗的過程中，維持其族群文化身分的界線，但這樣的關係角力中，也造成了華人不斷被地方社會與統治者「他者化」的宿命。「華人」的此一歷史宿命，相當程度的代表著印尼西加里曼丹客家華人的宿命。

劉堉珊指出，綜觀其著作只有 1996 年發表於第三屆客家學

國際研討會的文章 "The Hakka Gold Miners of Kalimantan after the end of the Kongsi Era"，才在標題上特別加上了 Hakka，或許因爲要強調與研討會客家議題的連結。除了該篇文章，Heidhues的著作幾乎都沒有以「客家」爲標題或是單以「客家」關懷爲主軸者。Heidhues的研究是一個不帶客家關心的華人研究，邦加島、勿里洞與西加里曼丹的華人，大部分都是客家華人，甚至以客語爲當地華人之間的通用語，某個程度來說其華人研究基本上就是客家研究，不過因爲她所關心的是「華人性」，因此可以說，她是以客家性爲華人性的觀察，這種研究取徑相似於以台灣客家村落作爲漢人研究的考察對象。

Heidhues的研究初衷是華人社區，並不具有清晰的「客家關懷」，正巧這些印尼「外島」的華人，相當大比例的組成多爲客家。其研究彌補了印尼西加里曼丹與邦加等地早期客家社群聚落研究的缺口。由於在印尼邦加與西加里曼丹等地客家華人的事蹟，過去一直被那些被殖民者、國家與社會隱藏、忽略與遺忘。因此劉堉珊稱其爲未被書寫的歷史。

六、半島東南亞客家：泰國與越南

相對於東馬客家／華人研究的豐富性，半島東南亞的客家／華人研究相當缺乏。任婕的第10章〈G. William Skinner的華人研究及其論點對客家研究的影響〉，希望從Skinner（施堅雅）的曼谷華人研究，爬梳出客家研究可借鏡之處。施堅雅的博士論文 *A study of Chinese community leadership in Bangkok : together with a historical survey of Thailand Chinese society* 的研究對象是曼

谷華人社群，結合泰國華人的歷史田野調查，主要討論的是泰國華人文化的區域差異和泰國華人社會的同化（1954-1955）現象。之後的1957年與1958年陸續出版的 *Chinese society in Thailand: A analytical history* 和 *Leadership and power in the Chinese community of Thailand* 兩本專著，至今仍被奉爲東南亞華人研究和東南亞研究的典範之作。

因此，施堅雅研究的主要貢獻是在華人研究領域，他採取泰國華人將完全同化到泰國社會的觀點，認爲泰國華人於19世紀前便已逐漸同化到泰國社會，而未來也必會完全同化。他甚至引用了Gützlaff的說法：「華人非常渴望適應暹羅族的壞習慣」。同化指的是華人相當適應暹羅人的佛教信仰與儀式，例如以暹人的崇拜型式共同崇拜「三寶」佛廟，使三寶公變成當地華人主要的神靈之一，或是祭拜暹羅人的「叻勉」，將其神移入新廟，與暹人在同一個廟裡祭拜同一個神（施堅雅，2009：139-140），19世紀的華人甚至放棄土葬死者或立紀念碑的習慣，與暹人一同執行火葬，並將大部分骨灰埋在泰國佛寺附近。他分析了曼谷地區華人領袖的方言使用狀況，發現華人領袖團體中，海南和客家的方言使用程度低，他們都會講兩種以上的方言。

「語系集團」（speech group）是施堅雅研究泰國華人社群時，對客家的認識。當他在研究曼谷的華人社群時，主要的研究對象是當時人數最多的潮州人，並以五個「語系集團」區分不同祖籍地的華人，客家僅是其中一個「方言群體」，並未針對客家進行研究。當施堅雅實際走訪泰國各地調查，蒐集華南各港口移民出口資料、各屬會館會員與職員人數、五個會館公墓埋葬人數、華文報紙或地方刊物及報導人意見時，推估1955年華人總

數為 2,315,000 人，潮州人佔 56%，客家人佔 16%，海南人佔
12%，廣東人佔 7%，福建人佔 7%，其他佔 2%。其中，客家人
是隨著鐵路及公路的建設，具有人數優勢大量佔據的地區為北部
的難府、清萊府、帕府、南邦府以及南部的宋卡府，也因此留下
些許客家移民過程與人口數量的描述。

雖然施堅雅並未針對客家進行研究，但是他的理論與著作相
當程度地影響著後來學者的著作，例如梁肇庭（2015）的《中國
歷史上的移民與族群性：客家、棚民及其鄰居們》，採取施堅雅
的區域經濟循環週期說，論述閩粵贛交界處的客家人向外移動的
過程以及「客家中心地」的產生。之後，施堅雅還特別為梁肇庭
的英文書撰寫導論並繪圖。

張書銘所撰寫的第 11 章〈找尋越南客家：兼評阮玉詩的客
家研究〉，和本書其他地區的相似性就是相關研究很少。客家族
群的位置並不十分明顯，客家研究，通常是隱藏在華人的研究議
題之中。雖然越南華人相關參考文獻和研究資料也相當的缺乏，
但是通過華人研究，來詮釋其中的客家現象，仍是認識越南客家
的一個取徑。

越南在法國殖民越南時期，為便利管理華人仍採用分幫制
度，依據根源地或方言，初劃分為廣肇、福建、潮州、海南四
幫，後又增加客家，合為五幫。規定南越地區華人必須編入其所
屬之幫戶口中。1948 年法國廢除幫制改為中華理事會館，而中
華理事會館是否有「客幫」參與，是一條認識越南客家的線索。
初步統計，1960 年代越南國境內的中華會館中有二十多個「客
幫」。

通過客幫「索引」來追蹤客家固然是一條線索，不過在越南

卻有其風險。因爲「客幫」的成員包含來自中國華北、華東各省來的華人，也就是說，客家幫民並非完全都是客家人。越南客家還因爲海寧儂人與偎族和客家的關係變得複雜，Purcell指出海寧儂人爲華人且多講客家話（越南政府民族組列表中儂人爲獨立的一支，並不屬於漢語系統或被歸爲華人）；偎族千餘人，依照越南學者的陳述很有可能即爲客家人，另外，越南南部客家人常被稱做「夏人」（Người Hẹ），夏人是否即是客家？這三族在語言與文化上與客家人的關係爲何？學術上尚未獲致共識。這些現象，使得越南客家人口的估算變得複雜。

張書銘在論文中介紹阮玉詩以人類學的田野調查研究方法，在越南同奈省（Đồng Nai）的客家族群宗教信仰研究。阮玉詩認爲客家人很早就定居於越南同奈省邊和市寶龍區。據載明末鄭氏王朝降清滅亡之際，鄭成功的舊屬於1679年率兵投靠當時越南的阮氏政權。華人各幫共同開發同奈河上的小島，其中梅州人自稱崇正人自立一組，後因戰亂，客家人沿著同奈河逆行，選擇寶龍山區爲謀生地，該區第四、第五街道小區，有80-90%是客家人。

阮玉詩在寶龍區的客家研究議題是：「爲什麼客家人把三百年歷史的三祖師崇拜改成天后信仰？」阮玉詩認爲此區客家人由祖師信仰融合轉化爲天后信仰，與客家身分認同向主流文化過渡有關。客家人一開始並不崇拜天后與關公，而是供奉自己的三位祖師（石業主公伍丁、木業主公魯班、鐵業主公尉遲恭）。客家人的信仰特質，使得寶龍客家人與其他華人社群保持著距離，因爲在其他華人的眼中，客家人顯得與衆不同。

阮玉詩先提到，20世紀前手工藝產業帶給客家人比其他華

人社群更高的經濟地位而成為「少數精英社群」，並與其他華人社群維持著一種距離。客家人的這種過度自信導致了後來發生於堤岸的潮客械鬥與分家。更重要的是，20世紀初其他華人社群因種植稻米的國際貿易發達而日漸強大。此時客家族群經濟地位與其他族群的落差，於是客家人把傳統的祖師崇拜，轉型成為有利於跨族群融合的天后信仰。這個轉型看起來是一種「偽裝」，因為只是將三祖師傳統廟會對外名稱改成天后聖母慶典，但是「天后古廟」祭祀空間的正殿所供奉神像還是三祖師並非天后，天后與關帝神龕則被安排在正殿左右兩旁。阮玉詩將之稱為「內祖外聖」，意指轉型之後雖然發揚天后信仰，但傳統的祖師信仰並沒有因此捨棄或改變。這個「轉型」和華人社群的融合有關，也和客家所處的族群關係有關。

七、南亞印度客家

吳錦棋所撰寫的第12章，是介紹Ellen Oxfeld的印度客家研究，對象是印度加爾各答的客家人社群，他們主要來自梅縣一帶，且時間已長達二百多年。然而，如潘美玲的研究所顯示，移民至此地區的客家人數少，社會影響較邊緣性，這段印度客家華人移民史常被忽略。

加爾各答的華人不全是客家人，依方言及祖籍地，大約分為客家人、湖北人和廣東人定居在此。人數最多的是來自梅縣的客家人，住在加爾各答的湖北與廣東人經常用客家話進行交談，反之較少有客家人學習湖北和廣東話，這顯示當地客家人口比例最多。

Ellen Oxfeld是一位美國人類學家，是研究印度客家人的先驅，以多地點民族誌方法研究加爾各答客家華人社區，不同的時間在印度加爾各答、加拿大多倫多、廣東梅縣分別進行田野考察。基本上其研究對象設定是「海外華人」，博士論文改寫出版的專書 *Blood, Sweat, and Mahjong: Family and Enterprise in an Overseas Chinese Community*（1993），使用海外華人一詞，1996年"Still‘Guest People’: The Reproduction of Hakka Identity in Calcutta, India"出版時，首次在文章標題使用「客家」（Hakka）。

Oxfeld關於印度加爾各答客家的研究特色是，跨世代、跨國家、多地點、長時間的田野研究。首先是關於印度加爾各答客家移民，在印度種姓制度下，家族形成之族群經濟與在印度最低種姓從事的皮革企業關係；其次是後期第二代、三代華人二次移民加拿大多倫多重新聚集，及其在地的社會經濟分析；最後是關於中國廣東梅縣客家庄月影塘村的田野調查。整體來看，其研究呈現了一個較完整的海外客家研究樣貌，也是一個少見的研究範式。

Oxfeld在印度考察意識到此地區客家人因從事賤民職業的皮革業，職業的差異就沿著族群團體而分化，客家人在當地是許多華人語言群體中的一個族群，客家人不但與印度人、西方人有所區隔，也不會將其他華人當成自己人。加爾各答的經濟按照種族、種姓和宗教進行規劃，客家華人在印度從事的皮革業也是如此。種族之所以在加爾各答社會結構扮演重要性角色，是由於該城市沒有足夠工作可供分配，因此只能緊密依附所屬的種族群體被認可的職業，依賴同方言群、同宗教、本種姓群體及來自同一

移民國的移民經濟支持，亦因爲群體認同的依賴，反而深化了各種族群體間的差異。在加爾各答華人社區內部社會結構，客家人已將非客家人當爲外人。這種華人內部族群距離或邊界的維繫，與前文越南寶龍區客家爲了和其他華人融合而有「信仰僞裝」的現象，正好成爲對照的案例。

對於此地客家族群經濟的瞭解，必須鑲嵌到當地階級結構的意識中，特別是大部分客家人所從事的皮革業地位最低，被視爲是最不潔的工作之一。因爲皮革原料與屠殺牛相關，同時過程造成汙染，更加深了這職業的不潔，從事這工作者亦只能居住在加爾各答塔壩邊緣地理位置如同賤民社區，對於將從事皮革業華人界定爲賤民這種認定是全印度性的，與宗教亦有密不可分關係。客家與其他華人之間的距離，猶如當地種姓制度中階級之間的距離。客家人因有自身方言群及被視爲汙穢賤民區，與當地社群隔離，反而自成一格，有利於建立起自己的社群，保留了客家的認同。

除了前面所談客家人在當地種族框架下的角色及與社區內部互動社會位置外，Oxfeld在加爾各答華人研究的另一個重要面向，是觀察家庭和企業關係，如家庭結構、企業策略及客家家庭代代相傳皮革業的發展。同時也關心到女性在家族企業中所擔任的關鍵角色與勞動，發現在加爾各答的華人客家女性，在皮革工廠中與男性勞動有性別分工的現象。此外，人口外流並非完全是不利因素，因爲與家庭分化週期配合，反而可共構家庭企業再生產機制（潘美玲，2020：71）。這些過程被用來分散政治風險，同時拓展、鞏固經濟所得的策略。

八、太平洋島嶼玻里尼西亞客家

姜貞吟所撰寫的第13章是 Anne-Christine Trémon 關於法屬玻里尼西亞（Polynesia）的華人研究。玻里尼西亞於1843年成為法國屬地，其中社會群島內部的大溪地島最為有名，所以經常以「大溪地」（Tahiti）名之。

Anne-Christine Trémon 是一位法國社會人類學家，主要研究是從全球人類學與歷史的研究途徑探討法國殖民主義和中國移民跟離散（diasporas）現象。作品中有多部著作的田野場域是法屬玻里尼西亞。在法國殖民主義下的殖民政策與移民管理政策的政治結構下，玻里尼西亞華人多數（約佔九成）為客家人，華人之間的地方通行語為客語。移民之初雖有華南「本地」、「客家」群分類的影子，可能因為客家人數與廣府人（本地）的比例懸殊，「客家華人」成為華人的替身。

姜貞吟所撰寫的這一篇，雖然主要是介紹 Trémon 的大溪地客家研究，其實裡面有許多是姜教授自己的研究以及與 Trémon 的對話。姜貞吟指出，Trémon 從社會人類學視角，著重在客家親屬、家庭、宗族與宗親組織，探討華人遷移過程的社會文化發展，以及與在地原住民、法國政府種種互動過程。她從家庭組成、家族發展，跟大溪地原住民混血過程，討論華人遷徙的親屬關係變化；她也分析華人社群的形成與運作，以及從祭祀掛山（私家山、大宗山）描述華人將血緣親屬與宗親相互交疊的社會關係，進而探討性別跟家庭、宗親的關係。

在玻里尼西亞，因為法國人、華人、原住民之間，不同文化屬性的群體相遇且又鑲嵌於被殖民的國際政治結構，讓客家人在

身為／生為華人／客家人、玻里尼西亞人／法國人之間產生認同的困境與曖昧性。尤其是，華人為了要更加適應在地化與法國化，採用法國移民政策對姓氏的規定，使得親屬關係悄悄發生變化。依據法國1970年代頒訂的新國籍法規定，要獲得法國籍必須「採用所謂的『法式的客家姓』與法國文化中的名字」，加速融入法國社會（姜貞吟，2015：119-123），在生活方式也需過著法式的安排，包括交友網絡、文化活動、社會關係、語言程度、休閒與運動等，並與法國公民結婚，達到這些國族文化認同門檻，才可能被判定為法國公民（童元昭，2000：44）。因入法國籍時姓氏轉換，原有漢人姓氏因改法式名字，打亂了家族的線索，這使得玻里尼西亞客家在祖譜登錄遇到障礙，姓氏溯源的難度無疑的改變家族（包括宗族）乃「同姓氏、同血親祖先」的最核心條件。近年，隨著年輕世代接受法國教育，跟法國、紐澳美間具有教育資本積累的選擇親近性，經常不排斥畢業後續留發展，這也對年輕世代的家族登錄與聯繫有較多阻礙。

在客家華人的家庭組織與經濟方面，Trémon指出華人家庭不斷地在統一與推向分裂之間掙扎。她對玻里尼西亞客家家族發展的分析，是放回到在地社會與經濟的發展脈絡中來分析，特別是鑲嵌於法國開發玻里尼西亞的經濟與國家發展進程中來理解。Trémon指出，「以家庭型態打拼」和大家庭的意識形態是玻里尼西亞客家家族經濟模式的首要之重，一般家庭企業間信守互不競爭的承諾，採取「客家家族經濟模式」，投入在地各種產業的投資與發展，對於玻里尼西亞經濟社會的形成具有關鍵核心地位。所謂「客家家族經濟模式」就是以家族為主，由數個世代的家庭成員一起投入家庭企業，此一經濟模式很常見於華人社會。

在信仰方面，大溪地客家華人多信仰西方宗教（天主教與基督教），大溪地只有一座傳統信仰的關帝廟，未見與客家人有關的土地神，在傳統信仰方面，玻里尼西亞華人有專屬陰城，陰城中有部分家族合葬穴位，持續於清明、重陽時節維持掛山掛紙掃墓活動。對玻里尼西亞客家人來說，「掛山不只是祖先祭祀與崇拜的表現，也經由同宗祖先的確認與認同進行持續的關係網絡，更是漢人世界觀與超自然系統的持續再生產。」（姜貞吟，2015：114）姜貞吟指出，移民者在遷移後，處在社會不連續的狀態中，依靠僅知的社會文化知識系統重新建構新的規範與制度，又同時受當地情境與社會文化互動下，發展出不同的橋接可能。玻里尼西亞客家華人的例子是，沒有興建祖祠、公廳，在進行非血親的大宗山祭祀時，會在華人陰城內第一位死者的墳上進行祖先祭拜，並迴向給所有的同姓宗親亡魂。原鄉文化的繼承方式，經常因地制宜的轉變其形貌。

祖先祭拜與宗族作為族群邊界部分，姜貞吟指出，在玻里尼西亞，祖先祭拜儀式形構宗族，也肯認歸屬於某一華人宗族，是華人與其他族群的族群邊界標誌。事實上，如果華人沒有持續進行祭拜祖先，且又跟原住民通婚，過著比較接近玻里尼西亞的生活方式，就可能會被認定為不是華人。

玻里尼西亞的客家研究學者多數始於對華人的興趣，在這裡客家華人代表華人被理解，客家性即是華人性。在特殊的政治經濟環境下，其族群關係、認同以及相關的文化繼承與展演都有其特性。

九、全球客家同基異型

本書各章，從不同觀點，看到不同的客家，有些是具有「客家關懷」的客家華人研究，有些是沒有「客家關懷」的華人研究，只是湊巧地研究了客家或是客家聚落，甚是用它來代表華人，從客家研究中提煉華人性。研究者有意的尋找與詮釋客家，一開始作爲華僑，然後成爲華人，再過幾代轉而成爲當地人，也就是所謂的在地化，特別是在通婚、語言流失之後，在「後客家話」時代所產生客家認同的韌性。牙買加客裔 Paula Williams Madison的《尋找羅定朝》（2016），打破了膚色、語言甚至是信仰所定義的客家。

假定客家性是一種族群基質（ethnic matrix），跨區域與跨領域的比較研究，有助於理解客家性的特質，說明全球客家同基異型的社會脈絡，並綜合整理出客家性的「純粹型」（pure type），以便處理客家類型複雜化的時空特質。以本書張書銘評述越南客家爲例，他指出越南寶龍客家的僞裝信仰現象在客家文化中是極具獨特性與新穎的，因爲早期的客家研究認爲，客家時常在移居地與當地人發生衝突摩擦產生社會競爭，這使得客家比其他族群確立了更爲明確的自我意識。越南寶龍的個案，說明了忽略「自我意識」以及與他者邊界意識會因時、因地、因場合而有不同的可變性。

爲了建構客家的純粹型，並分析全球客家的同基異型，跨域的比較研究至關重要。客家研究中比較方法途徑的重要性，除了理解與比較各居住地客家人的生活文化之外，也必須以此基礎進一步勾勒出客家的整體圖像。全球客家的「同基異型」有兩層的

指涉。首先是理論上的意涵,客家的族群性基礎,從血緣的本質論基礎,往建構性的內涵靠近,兩者在不同地區、國家、社會內的論述基礎有許多不同的比重,有些強調父系的血緣論、語言,有些則納入「客家淵源」的自我認定。第二層則是指涉1850年代向全球遷徙的客家移民,帶著客家文化鑲嵌入不同的地區、國家、社會,之後所展現出不同的客家文化特性。血緣和歷史文化是族群文化和認同的基質,移入國的政經和社會結構以及移民社群的大小會影響到族群性的異同。由於東南亞地區各國的政治、宗教、經濟、語言、文化和族群都存在非常大的差異,各國家地區客家人與主流社會的互動經驗、歷史記憶與族群文化都迥然不同。再者,客家族群也向來與移民遷徙的意象有關,要了解出於同源卻分居各地的客家族群之間的文化異同問題究竟是如何產生的,就需要將不同類型的移民過程,帶回到個別地理範圍與社會脈絡中分析(張翰璧,2013:1-10)。本書的位置處於開啟一個重要研究典範的起點。

最後,值得一提的是,本書是科技部領袖學者助攻方案——沙克爾頓計畫(輔導規劃型)(MOST 108-2638-H-008-002-MY2)研究成果的一部分。也謝謝計畫助理羅玉芝在編輯出版過程中的協助。

參考文獻

梁肇庭著，王東、孫業山譯，2015，《中國歷史上的移民與族群性：客家、棚民及其鄰居們》。台北：南天書局。

姜貞吟，2015，〈法屬玻里尼西亞客家族群邊界與認同在地化〉。《全球客家研究》5：85-148。

張翰璧，2013，《東南亞客家及其族群產業》。桃園：國立中央大學出版中心；台北：遠流出版公司。

張翰璧、張維安，2005，〈東南亞客家族群認同與族群關係：以中央大學馬來西亞客籍僑生為例〉。《台灣東南亞學刊》2 (1)：127-154。

童元昭，2000，〈大溪地華人的歷史敘事與「國家」認同〉。《國立台灣大學考古人類學刊》54：41-62。

潘美玲，2020，〈印度加爾各答華人與客家研究議題評析〉。頁67-82，收錄於河合洋尚、張維安編，《客家族群與全球現象：華僑華人在「南側地域」的離散與現況》（國立民族學博物館調查報告150）。大阪：國立民族學博物館。

蕭新煌主編，2017，《台灣與東南亞客家認同的比較：延續、斷裂、重組與創新》。桃園：國立中央大學出版中心；台北：遠流出版公司。

蕭新煌、張翰璧、張維安，2019，《東南亞客家組織的網絡》。桃園：國立中央大學出版中心；台北：遠流出版公司。

蕭新煌、張維安、范振乾、林開忠、李美賢、張翰璧，2005，〈東南亞的客家會館：歷史與功能的探討〉。《亞太研究論壇》28：185-219。台北：中央研究院亞太區域研究專題中心。

蕭新煌、林開忠、張維安，2007，〈東南亞客家篇〉。頁 563-581，收錄於徐正光主編，《台灣客家研究概論》。台北：行政院客家委員會。

Chew, Daniel, 2012, "Hakka in Engkilili, Sarawak: Community and Identity." 頁177-234，收錄於張維安主編，《東南亞客家及其周邊》。桃園：國

立中央大學出版中心；台北：遠流出版公司。

Hsiao, Hsin-Huang Michael and Lim, Khay-Thiong, 2007, "The Formation and Limitation of Hakka Identity in Southeast Asia". *Taiwan Journal of Southeast Asian Studies.* 4 (1): 3-28.

Madison, Paula Williams, 2016，《尋找羅定朝：從哈萊姆、牙買加到中國》。深圳：深圳報業集團出版社。

Skinner, G. William（施堅雅）著，許華、王雲翔譯，2009，《泰國華人社會的歷史分析》。廈門：廈門大學出版社。

第 2 章
Nicole Constable 客家研究的回顧與再思

黃信洋

摘要

本文主要是對於 Nicole Constable 的客家相關研究進行回顧與反思，期能進一步了解 Constable 對於客家研究所帶來的啟示與貢獻。本研究發現：Constable 的民族誌田野地點是香港新界粉嶺的崇謙堂村，她認為這個客家聚落乃是客家基督徒聚集的模範聚落，客家語言的保存十分看重與完整。Constable 非常認真地討論崇謙堂村的客家族群特性，認為客家族群是漢人族群的一支，不過，她對於華人與漢人的異同則有模糊之處。Constable 研究的重點是討論華人、客家人與基督徒等三種認同之間的矛盾關係與共生的方式，其研究自然具有鮮明的客家特色。

本研究也發現，可能是 Constable 沒有明顯的理論師承的緣故，她會嘗試用各種族群理論與社會科學概念與崇謙堂的客家族群特性進行對話，而其運用的理論則包括（一）文化特徵、（二）原生論、（三）工具論、（四）複合性論點、（五）歷史的想像、（六）象徵性資本、（七）族群的性別化反思等七種理論，目的是為了與自己的民族誌記錄進行對話。

Constable的重要發現是，基督教文化與客家文化在崇謙堂村的結合，促成了理想基督教客庄的出現。Constable的客家研究有助於從巴色差會客家基督徒研究路徑來思考香港客家文化的發展，而她的研究對於客家研究的啓發之處就在於對族群研究與客家研究的差異性提供一種可能思路，對於當前刻正推行的台三線計畫所企求的一種理想客庄形象，也提供了一種可能發展模式。

關鍵詞：民族誌、理論操作、性別、認同匯流

一、學術軌跡與客家研究及其反響

（一）學術軌跡

在柏克萊大學加州分校取得人類學博士的Nicole Constable（中文名爲郭思嘉），現爲美國賓州匹茲堡大學人類學系的教授，是該校國際研究中心的研究人員，也曾任耶魯——新加坡國立大學學院的講座教授與匹茲堡大學亞洲研究中心的主任。從1993年開始，她在匹茲堡大學的人類學系擔任助理教授。在教學方面，她則是對於「民族誌書寫的詩意與政治」、「東亞的性別與情慾」，以及「全球親密關係」等主題充滿興趣。

Constable的學術著作豐富，已經有多本學術專書出版，其研究主題主要涉及「遷徙與流動」、「親密關係的商品化」，以及「性別、情慾與生育勞動」等三大類，於其中，以客家研究作爲論述主題的專書有兩本，亦即1994年出版的博士論文改寫專書 *Christian Souls and Chinese Spirits: A Hakka Community in Hong Kong*，以及1996年主編出版的專書 *Guest People: Hakka Identity in China and Abroad*。時至今日，這兩本客家研究專書仍然是海外客家研究重要參考文獻。

Constable已發表過數十篇學術論文，於其中，客家研究的相關論述共有八篇，分別是1994年發表的 "The Hakka" 與 "History and the Construction of Hakka Identity"、1996年發表的 "Poverty, Piety, and the Past: Hakka Christian Expressions of Hakka Identity"、"Introduction: What Does it Mean to be Hakka?"、"Christianity and Hakka Identity" 以及 "The Negotiation of Chinese Culture in the Life of a Hakka Christian Man"、2001年發表的

表1：Constable客家研究著作列表

年份	篇（書）名	類型
1994	The Hakka	百科條目
1994	*Christian Souls and Chinese Spirits: A Hakka Community in Hong Kong*	學術專書
1994	History and the Construction of Hakka Identity	專書論文
1995	*Blood, Sweat, and Mahjong: Family and Enterprise in an Overseas Chinese Community* by Ellen Oxfeld	書評
1996	*Guest People: Hakka Identity in China and Abroad*	主編專書
1996	Poverty, Piety, and the Past: Hakka Christian Expressions of Hakka Identity	專書論文
1996	Introduction: What Does it Mean to be Hakka?	專書論文
1996	Christianity and Hakka Identity	專書論文
1996	The Negotiation of Chinese Culture in the Life of a Hakka Christian Man	期刊論文
1998	*Hakka Chinese Confront Protestant Christianity, 1850-1900* by J. G. Lutz and R. R. Lutz	書評
1999	*Migration and Ethnicity in Chinese History* by Sow-Theng Leong	書評
2001	Ethnicity and Gender in Hakka Studies	專書論文
2006	基督教與客家人身分	專書論文

"Ethnicity and Gender in Hakka Studies"，還有2006年發表的〈基督教與客家人身分〉。[1] 在書評方面，Constable亦有數十篇評論出版，於其中，客家書籍的相關評論共有三篇，分別是針對 Ellen Oxfeld 所著的 *Blood, Sweat, and Mahjong: Family and Enterprise in an Overseas Chinese Community*、Lutz夫婦所著的 *Hakka Chinese Confront Protestant Christianity, 1850-1900*，以及 Sow-Theng Leong所著的 *Migration and Ethnicity in Chinese History*

等專書的書評撰寫。由表 1 可知，Constable 的客家研究論著於 2001 年之後已經不再繼續，且其客家研究的田野地點，一直都是香港的崇謙堂村爲核心。

（二）客家研究概述

Constable 的客家研究的獨特之處，就在於她的論述沒有明顯師承某人的華人研究或族群研究學術脈絡，或許是因爲如此，她反而可以運用更多的理論視野來與她觀察到的田野現象進行對話。而她的第一本學術專書 *Christian Souls and Chinese Spirits: A Hakka Community in Hong Kong*，正是意圖讓她觀察到的崇謙堂客家基督徒現象與既有的族群理論進行對話，從而得出沒有任何單一族群理論能夠充分解釋該處客家現象的結論，必須調和對立的族群理論才能夠解釋該處的現象。雖然說崇謙堂基督徒的現象構成了 Constable 的客家研究論述核心，不過，她的論述在不同的專書篇章中卻會有不同層面的理論性概念聚焦，如下本文將簡要說明其不同客家研究篇章的論述特點。

在 1994 年出版的論文 "History and the Construction of Hakka Identity" 中，Constable 認爲客家認同的關鍵點並非語言，而是客家歷史，因此不能單從原生論的角度來解釋客家認同，應該要從客家歷史的「述說與再述說」的角度解釋客家認同的發展。職是，客家認同的歷史建構乃是客家認同的重點，因此口述歷史的民族誌研究與書寫歷史的文史研究，共同形塑了客家認同的歷史發展。

在 "Christianity and Hakka Identity"（Constable，1996c）一文中，Constable 更明確地用「漢人」（Han Chinese）來指稱崇

謙堂客家人的「華人」身分，畢竟，「華人」這個詞彙是民族國家出現後才浮現的產物，少數族群也可納入其一員。因此崇謙堂客家基督徒的身分應該是「客家人／基督徒／漢人」三位一體的身分認同。不同於苗族透過信仰基督教來作爲擺脫漢化的策略，崇謙堂的客家人卻是用基督徒身分來強化漢人的認同。

在 "Introduction: What Does it Mean to be Hakka?"（Constable，1996a）一文中，Constable 強調的是客家認同的歷史文化建構，認爲不同脈絡的政治、經濟與社會關係會影響客家認同的發展。此處再度提及客家歷史的重要性，第一種客家歷史是客家族群主觀建構的想像歷史，第二種歷史則涉及建構客家族群認同的種種歷史力量，而後者其實是一種建構客家認同的二階想像建構。

延續前述客家認同乃是一種歷史建構的說法，"Poverty, Piety, and the Past: Hakka Christian Expressions of Hakka Identity"（Constable，1996b）繼續延伸「被發明的傳統」的論述方式，持續強調客家歷史的重要性，不過，本文還引入了 Bourdieu 十分看重的「象徵性資本」（symbolic capital）與「反身性」（reflexive）等概念，從而讓宗教與文化等概念也成爲一種廣義的工具性概念，可以是一種用來協議的資源。

在 2001 年出版的論文 "Ethnicity and Gender in Hakka Studies" 中，Constable 出現了研究的「性別轉向」，開始把先前崇謙堂客家認同研究中較不屬於核心議題的客家婦女議題視爲討論重點，陸續討論傳統族群理論中的男性偏見、客家婦女的「隱藏腳本」、眞實與想像的客家婦女意象，並認爲男性主導的菁英詮釋會主導客家婦女的形象建構。

綜觀Constable的客家研究論述，最值得借鑑之處就在於她不斷地透過田野經驗的反思來與既有理論進行對話，從而檢視既有族群理論的有效性。在不斷嘗試與各種理論對話的過程中，客家認同的討論方式與內涵探討，就有了更為多元的可能性。

（三）客家研究回響

針對Constable的客家研究而來的相關評論，主要是集中在 *Christian Souls and Chinese Spirits: A Hakka Community in Hong Kong* 與 *Guest People: Hakka Identity in China and Abroad* 這兩本書的內容上面，因為後一本書是包括七位不同作者在內的客家研究選集，因此其討論內容就不會侷限於Constable的客家研究範圍。

針對第一本書的討論，Lutz（1996）認為Constable運用非簡化的觀點來討論崇謙堂的客家基督徒，基督徒身分有助於客家認同的保存，而這也是較為常見的評論Constable相關研究的方式。陳麗華（2015）的評論則凸顯Constable嘗試與各種族群理論對話的企圖心。於其中，Johnson（1995）與Diamond（1995）的兩篇立論相反的評論方式，對於Constable研究的性別轉向起到了推波助瀾的效果：Diamond認為Constable對於客家婦女的論述有留意到性別平衡的重要性，反之，Johnson則批評她沒有留意到族群論述本身的性別偏見，容易陷入父權描述的陷阱而不自知。而此種論述最終讓Constable開始思考族群理論的性別偏見，以及客家婦女的「隱藏腳本」。

針對後一本書，Fan（1996）認為此書是英語世界研究客家族群的第一本學術論文集，Woon（1996）也認為該書為客家學

研究開啓了一個新路徑。Lutz（1997）、Guldin（1997）與 Aijmer（1998）則都認爲，歷史與社會脈絡會形塑客家認同的發展。

　　或許是因爲沒有師承特定學派的族群詮釋方式，就不會受到特定學術脈絡或典範的影響，Constable 得以更自由地運用各種族群理論來思考崇謙堂客家基督徒的特質，藉此檢視理論概念的有效性範圍。對客家研究來說，倘若客家研究想要邁向客家學的完整學科境地，就必須發展出自身的理論觀點，而 Constable 的族群理論省思方式，或許是一種思索客家學理論建構的有趣嘗試。

二、方法

（一）田野地點

　　Constable 採取的研究方法是民族誌取向的研究方式，起因於她的大學階段到香港中文大學的一段交換生經驗，並於博士論文撰寫期間重回香港新界的崇謙堂村進行爲期一年的民族誌研究工作。實際上，崇謙堂的民族誌研究經驗，可說是她的所有客家相關研究的核心地點，也就是說，在香港的七所客家基督徒色彩的巴色教堂之中，崇謙堂乃是客家信仰最爲濃厚的教會，也成爲 Constable 論述客家研究時始終會回到的田野指涉地點，而由此開展出來的香港客家婦女的性別議題，也成爲後續她進行香港菲律賓與印尼女傭研究時的一種切入點。

　　1905 年成立於新界北區的崇謙堂教會，乃是香港七所巴色教堂中在地點上最接近中國的教會，該教堂並非由巴色會西方傳

教士直接設立，而是由深圳地區有數十年歷史的教會成員有意識地往英國殖民地推展設立（陳麗華，2014：148-149）。誠如梁肇庭所言，客家族群的客家意識並非源自於客家族群聚居的山麓農民生活世界，而是出現在平原的地帶（引自陳麗華（2014：151））。在這個客家族群普遍是以新來者身分與其他族群共生的區域，巴色會客家基督徒的教會網絡的建構，有助於香港客家族群想像的開啓。

（二）民族誌的書寫

民族誌的書寫方式，本身也會具有「政治」或「詩意」的不同內涵，特別是在援引其他理論進行論述詮釋的時候，「政治」性格就會凸顯出來，反而是具有個別差異性格的「詩意」個人描述，容易被論述隱含的政治性所影響。於此，Constable 在其客家研究的後期之所以開始偏向客家婦女的性別差異描述，就是期望對此結構性的「政治性」影響進行挑戰，讓原先被壓制的聲音多樣性能夠凸顯出來，而她在匹茲堡大學人類系開授的「民族誌書寫的詩意與政治」這一門課，其實就是此種思考的一種延續性發展。

三、理論的鋪陳

Constable 進行客家研究時援引的理論觀點，其實非常多樣，在不同的時間點，她會提出不同的理論論述來回應不同的客家研究內容。經筆者統計，Constable 討論到的相關族群理論分別涉及（1）文化特徵論點、（2）原生論、（3）工具論、（4）

複合性論點、（5）歷史的想像、（6）Bourdieu的「象徵性資本」，以及（7）族群的性別化反思等概念。於其中，「被發明的傳統」與「想像的共同體」的概念，基本上是放在複合性論點的討論上一併提及的。筆者認為，此種挪用不同族群理論或概念來思考客家文化議題的作法，有助於釐清客家研究與族群研究的差異，而Constable透過客家研究議題來與各種族群理論持續對話的作法，一方面讓她自身的研究內容有了持續發展的可能性，另一方面則讓客家研究的層次揚升到族群理論格局的對話，從而也可以檢視西方族群理論置放在東方族群文化脈絡中的適用性。如下將依序說明Constable探討客家族群議題時的理論觀點。

（一）文化特徵

依據特定的文化特徵來辨識族群的身分，Constable認為此種作法的成效有限，因為香港是一個都市化社會，文化變異的可能性高，因此不適合用來作為族群辨識的依據（陳麗華，2015：255）。即便說不同情境下的客家族群或許會因為擁有共同的歷史而具有一些共有的特徵，不過，比較常見的情況反而是，由於受到新環境的影響，新的文化特徵反而會浮現出來（Constable，1996a：34）。特別是，崇謙堂的客家族群往往會缺乏香港客家人常有的一些文化特徵（Constable，1996b：99），因此文化特徵的觀點其實無助於客家族群的辨識工作。

（二）原生論

原生論（情感論）的觀點，強調的是共同的歷史與祖先，對於經常強調自身共同過去的客家人來說，此種論點具有一定程度

的有效性（陳麗華，2015：255）。原生論強調群體共有的情感會進行世代傳遞，情感聯結的臍帶是共同的語言、宗教與歷史，而此種情感聯繫會在新的社會環境中重現，讓過去傳承下來的共同情感得以持續發揮效力（Constable，1996b：107）。然而，歷史、語言與其他文化因素或許可以用來表達客家認同的正當性，從而產生類似本質論的效果，不過，一旦我們從它們得以產生的社會脈絡來予以檢視，表面的相似性就會大打折扣（Constable，1996b：108）。例如說，倘若我們從原生論的立場來詮釋客家族群並把其歷史予以本質化，就會發現，此種本質化的歷史其實是一種策略性想像的結果（Constable，1996b：123）。是故，原生論不適合用來進行崇謙堂客家族群的說明。

（三）工具論

　　工具論認為族群是一種為政治或經濟利益服務的工具（陳麗華，2015：255），此種論點在社會科學界頗為常見，透過族群的策略性運用，特定族群就能持續保有政治權力與經濟優勢，從而進行優勢族群的歷史建構（Constable，1996b：106）。崇謙堂村的核心是基督教堂，此處的居民並不像鄰區的大宗族熱衷於政治或是經濟產業的發展，反而是宗教與文化才是客家族群掌握的資源，因此工具論的族群說法就不適用於此（陳麗華，2015：257）。也因為政治與經濟的因素無法說明崇謙堂後來的族群發展，反而是基督宗教的影響力較為明顯，工具論的論點也就無法充分說明崇謙堂的客家族群狀況。

　　雖然說Constable認為工具論立場無法說明崇謙堂客家人的後來發展，「工具性」的想法卻似乎時時出現在她的論述過程

中。例如說，她認爲崇謙堂村的發展經歷也在與英國殖民政府合作時展現「工具性」，從而取得相關建設的資源（陳麗華，2015：255）。基督教則是有助於香港地區華人基督徒向上流動的「工具」（Constable，1996c：162），同理，受到殖民政府支持而設立的崇謙堂公墓，也是支持客家認同的一種「工具」（陳麗華，2014：154）。此處，若說基督教本身也具有一種工具性功能，那麼，「工具」的意涵可能就不會侷限於政治與經濟等層面的資源爭奪。並且，若是宗教與文化都是一種具有「工具」效果的象徵性資源，「工具」涵蓋的層面亦有可能過於寬泛。或許是爲了回應這個疑問，Constable 開始用 Bourdieu 的「象徵性資本」的概念來回應此項難題。

（四）複合性論點

　　就崇謙堂教堂的例子來說，客家基督徒的身分起初確實在政治與經濟層面具有實用性，不過，後期的發展卻是基督宗教與客家族群等文化因素延續了客家認同的發展，似乎也就意味著不能用單一族群理論，必須用複合性族群論點來說明崇謙堂的族群狀況。

　　崇謙堂客家認同的特殊狀況，指出了工具論與原生論的詮釋適用性，無法用單一族群論點來說明其特殊性（Constable，1996b：101）。由於客家認同乃是一種歷史建構的結果，依照 Charles Keyes 的族群論點，客家認同乃是奠基在某種推定的共享血緣與虛構親屬上的「血緣象徵主義」（引自 Constable（1996b：106）），較適合複合論點的族群理論觀點。畢竟，單一論點可能會限制問題的類型，也無法充分說明崇謙堂客家族群的情況

（Constable，1996b：107）。基本上，諸如「被發明的傳統」與「想像的共同體」等同時具有原生論與工具論等意涵的論述方式，也是一種複合性族群理論論點。

（五）歷史的想像

對於「何謂客家人？」的回應，Constable（1996a：7）認為，「客家歷史」會是其中一個重要答案，畢竟，客家不僅是一種「自稱」或「他稱」，客家人是一種共享某種真實或想像之歷史的群體。客家歷史與華人歷史既相同又有所差異的彈性差異，讓其自身可以順應許多不同情境（Constable，1996a：30）。基本上，Constable認同Comaroff夫婦的論點，認為族群是歷史發展的產物，不應從原生論立場來詮釋它（引自Constable（1996a：6））。

Constable（1996a：7-8）曾表示，有兩種類型的歷史可用來解釋客家族群：第一種歷史是客家人深信族群共享的主觀性集體歷史，不必然具有事實上的立論依據；第二種歷史指的是促成客家族群出現的特定歷史力量，此種史觀是一種「二階的」歷史建構，運用分析性或批判性的說法來詮釋前述歷史的呈現方式，亦即Comaroff夫婦所提的「歷史的想像」（historical imagination）。羅香林運用祖譜來建構出客家族群的五次遷徙說，在對客家族群的主觀歷史進行學術性論證的同時，也把客家族群統合在「漢人民系」的「歷史的想像」之下。

（六）象徵性資本

由於Constable持續運用不同的理論來與崇謙堂的客家基督

徒文化進行對話，在她於1996年出版的文章 "Poverty, Piety, and the Past: Hakka Christian Expressions of Hakka Identity" 中，她開始運用Bourdieu的「象徵性資本」概念來處理該處的客家文化議題。「象徵性資本」的概念基本上可以回應她在崇謙堂看見的各種有形與無形的文化或政治經濟資源的爭奪，藉此思維就能把文化與宗教等元素納入「工具論」的詮釋範圍，而這也是她首次運用社會學理論而非族群相關理論來詮釋崇謙堂的客家文化。從她的理論運用概念進程來看，除了她的「性別化」轉向的客家研究之外，Bourdieu的「象徵性資本」概念應該是她探討崇謙堂文化最後借重的研究理論取向。

Constable（1996b：108）的研究發現，崇謙堂村民的客家認同意涵的重新界定，不僅是透過物質資源或政治權力的操控，還涉及象徵意義的掌控，才能對既有的汙名意涵進行反抗，重新取得客家認同的主導權，因此Bourdieu「象徵性資本」的概念就適合用來詮釋此種權力關係。根據她的觀察，針對客家意涵競逐的複雜權力關係，可以細分為不同的競逐單元：（1）其他華人族群、（2）通俗的修辭、（3）中華人民共和國的官方政策、（4）認為客家人非漢人的廣府原居民、（5）運用基督徒特質來界定客家人的19世紀傳教士、（6）香港政府的旅遊手冊、（7）華人與海外的社會科學家與人類學家（包括Constable自己）等的不同說法，都讓崇謙堂的居民把自身界定成純粹的漢人、良善的客家人與虔誠的基督徒（Constable，1996b：108）。循此說法，崇謙堂居民的客家意涵之爭就是一種象徵宰制之爭，也是一種象徵資本的文化主導權之爭（Constable，1996b：110）。確實，一旦我們把有形與無形資源的爭奪都納入「工具

論」的詮釋範疇，「象徵性資本」的概念就可以成爲一種有用的詮釋取向。不過，由於「象徵性資本」是一個十分複雜的概念，Bourdieu在不同時期會有不同的說法，因此就有必要稍作簡要說明。

在Bourdieu的這個概念發展初期，非經濟與非物質類型的資本就都可稱作「象徵性資本」（Fabiani，2019：134）。例如說，涉及生活風格等無法仔細區分具體成分的文化資本，也會貼近「象徵性資本」的內涵（Fabiani，2019：145）。「象徵的」（symbolic）這個形容詞，Bourdieu除了經常與「資本」一併運用之外，也常與「權力」、「支配」、「物品」、「暴力」與「表象」等詞彙放在一起（Fabiani，2019：168），更讓此詞彙的意涵顯得更爲複雜。實質上，「象徵性資本」就是一種「被粉飾的經濟資本」（Fabiani，2019：168-169），擁有「象徵性資本」就能擁有象徵性權力，能夠獲取他人的認可與服膺（Fabiani，2019：169）。基本上，「象徵性資本」能夠統合不同類型的資本，終極來說，任何權力最終總是會呈現出象徵性權力的外觀（Fabiani，2019：171）。回到Constable對於各種資源競逐下的客家認同意涵的討論，倘若任何權力最終都會呈現出象徵性權力的樣貌，拓展後的「工具論」族群理論，Bourdieu的「象徵性資本」確實是一種合適的理論性轉換與取捨。畢竟，即便是崇謙堂村民看似純屬於宗教與文化層面的客家認同發展，也都具有某種程度的政治意涵，都可從「象徵性資本」的協議來進行探討（Constable，1996b：123）。

（七）族群的性別化反思

　　Constable對於崇謙堂客家基督徒的論述後期階段，開始藉由客家婦女的探討來思考族群理論的性別化偏見。自此以後，Constable的後續研究也開始轉向性別的相關議題，對於客家議題的探討遂告結束。基本上，Constable（2001：381）認為族群作為一種社會學或人類學概念，本身就預設了一種男性菁英論點的理論性預設。因為「族群」這個概念本身就帶有某種偏見（Constable，2001：390），因此，若放在崇謙堂的脈絡予以解釋，會發現客家族群的意涵是由該處教堂的領導幹部來進行代表性發言（Constable，2001：381），無法呈現出個人特別是客家婦女的真實論點，雖然說她們的論點也許會有模糊與分歧的可能性。

四、華人、客家、基督徒的關聯性

（一）華人與漢人的差異性

　　19 世紀中期的太平天國事件和土客械鬥，讓部分客家人轉身變成基督教的成員，也讓「客家」這個「他稱」詞彙，通過西方傳教士用語言來界定種族群體的論點，讓「客家」被描述成具有「自稱」意涵的族群（陳麗華，2014：152）。也因為巴色差會會透過客語《聖經》的編撰來形塑統一的客語模式，原本腔調多樣的客家語系群體，就會在共同聆聽、解讀與討論經文的過程中被框架在同一種語調之下，成為具有一體感的客家人。

　　崇謙堂村不僅提供一種社會脈絡讓該處基督徒能夠保有客家認同，也讓客家身分能夠與華人及基督徒身分一併結合起來

（Constable，1996a：18）。此處，「華人」的意涵，若放在客家認同的架構來說，應該比較親近於「漢人」的說法，在Constable（1996c）的文章 "Christianity and Hakka Identity" 中，就有了比較明確的區分，畢竟，「華人」這個詞彙是現代民族國家出現後的詞彙，即便說此詞彙通常指涉的是文化而非政治層面。

於該文中，Constable（1996c：159）提及，平地原住民與苗族就把改宗為基督徒的行徑視為一種避免自我認同與族群類屬被漢化的策略與手段，不過，客家人雖然也把改宗為基督徒的作法視為一種反抗方法，卻不是要與漢文化對立，而是把基督教身分視為進行漢人身分正當化的一種協議方法。也因為基督徒身分被視為一種聯繫漢人與客家認同的有效途徑，不同於一般西方研究者普遍把客家研究視為一種華人研究的替代方式，在Constable的論述過程中，「華人」與「客家人」的類屬就有了鮮明的區別，甚而言之，「華人」的文化內涵乃是客家認同樹立過程的有效「工具」。

（二）移民聚落與客家認同

Constable的客家研究的核心焦點，基本上是以香港新界粉嶺的崇謙堂基督徒移民聚落為關注焦點，討論這些客家基督徒如何在此創造出獨特的客家性，並藉此獨特的客家性來調和華人文化與基督文化之間的差異。

崇謙堂村的創建人是巴色差會傳教士凌啟蓮牧師，他是第一批跟隨傳教士韓山明（Theodore Hamberg）到深圳傳教的中國人。1903年凌牧師由深圳遷徙到香港新界粉嶺購地發展農業並

傳教，進而發展出一個卓具特色的客家基督教村落，它也是香港新界地區唯一一個沒有宗祠卻有教堂的客家圍村。村落核心的崇謙堂教堂興建於1926年，因凌善元、彭樂三等牧師有感於聚會人數增多，便決意興建，讓原本類似於家庭教會的聚會模式轉變成社區式的宗教集會樣式。隨著1929年基督教香港崇眞會的獨立運作，崇謙堂就成爲崇眞總會的堂會之一。此外，崇謙堂擁有2萬多平方呎的山地教會墓地，它是新界唯一擁有專屬墓地的教會。

崇謙堂村落的核心也是以同名的教堂爲核心，周圍也存有教堂創設先賢的墓園，前人流傳下來的客家集體記憶就可以在崇謙堂每週固定集會過程中傳遞下去。崇謙堂雖然沒有祖堂，卻有一座能夠保留祖先名字的公墓，其地位就好比一種石刻的祖譜，以客家社區爲單位保存著此地客家族群的歷史（Constable，2013：160）。爲了強化人們對於此地客家族群的看法，崇謙堂客家族群總是慣於以「著名的、富裕的、令人尊敬的、勤奮的、愛國的、勇敢的、倡導平等的、學術成就高」的客家人作爲例證，如「洪秀全、孫中山、鄧小平、羅香林和彭樂三」（Constable，2013：132）等客籍人士，建構出客家人的集體記憶。研究者Assman（2015：73）認爲：「只有具有重要意義的過去才會被回憶，而只有被回憶的過去才具有重要意義。回憶是一種進行符號編碼的行爲。」也就是說，對當下有意義的過去，才會留存在群體的文化記憶之中，而客家族群對於歷史上客家名人的創造性聯結與看重，標示出客家族群對於象徵層面的文化記憶的重視，通過自身的歷史回憶來確認自己的身分認同。

不同於一般的政治經濟性的客家集會，崇謙堂的客家基督徒

具有鮮明的文化認同，對自身的客家族群身分頗感自豪，不過，也為了免除長期以來客家人被視為非漢人的說法，他們就開始為自身的客家身分進行辯護，一方面是提出五次大遷徙的口傳說法來論述自身的客家歷史，另一方面則是在華人歷史上面添加客家意識，而太平天國就是一個重要範例（Constable，2013：20）。同理，當客家族群在眾多華人歷史上的名人添上「客家」的輔助詞之時，不只意味著客家人乃是漢人的民系而已，更意味著客家人是漢人的「乳酪」，華人的菁英族群。

有鑑於此，Constable（1994：76）就認為，客家認同的關鍵不單是語言、政治利益、共享文化、宗教或祖籍地，而是在於與這些元素產生關聯的客家歷史，因而，客家認同不能僅從本質論的立場予以解釋，重點反而是在於其歷史的一再述說與不停建構（Constable，1994：85）。循此，形塑崇謙堂客家認同的文化背景就在於居民深信的共有客家歷史，隨著家族的口說與族譜的文字記載而一再地延展下去（Constable，2001：377），而真實或想像的共有歷史或先祖系譜，乃是此種文化背景的實體例證。

為了強調他們的華人身分，崇謙堂客家人特別注重歷史，也因為客家人遷徙的歷史與自身的家譜高度重疊，客家人、華人與基督徒身分就有了匯流的可能。崇謙堂的奠基人彭樂三，為了聯結此地的客家族群，就以手寫方式來撰述崇謙堂的家族史，建構族人的共同社區認同與責任（Constable，2013：47）。家族史的撰寫，讓崇謙堂的客家家族史與宏大的客家遷徙史匯流，若再加上太平天國拜上帝教的歷史，客家、華人與基督教就能結合在一起。客家研究宗師羅香林在崇謙堂皈依為基督徒，也成為此處的教會領袖之一。在彭樂三既有的客家家族史資料基礎上，羅香林

也從崇謙堂的公墓收集眾多資料，從而以此為依據之一來論說客家族群的歷史源流，對他來說，崇謙堂公墓是一種客家集體記憶的體現，能夠「把過去與現在連接起來」（Constable，2013：105）。羅氏也清楚知道：「崇謙堂的公墓和墓碑是社區的家譜、是祠堂和牌位的替代品、是社區歷史的反映」（Constable，2013：146）。

崇謙堂的基督徒把自身的家族史與廣大的客家遷徙史加以整合，然後皈依為基督徒的羅香林再進一步借用此家族史宗譜來為客家祖譜源流進行論證，於其中，太平天國的西方宗教淵源，讓華人、客家人與基督徒的身分有了彙整的可能性，而這也體現在這位重要的客家研究宗師身上，讓其論述能量具有更高的社會影響力，畢竟，羅香林同時集結了教徒、客家人、華人以及客家研究專家等多重身分。

至於說崇謙堂的公墓，其廉價的價格、永久的存在與限制性，讓村中的長者知道自己身後將會與鄰人基督徒安葬在鄰近之處，也讓年輕人了解自身的系譜傳承與歷史，可說是聯結過去與現在的重要標的物，也是體現集體記憶的重要物件（Constable，2013：104）。總括來說，客家移民、基督教會與華人文化等三要素共同形塑了崇謙堂客家基督徒社區的獨特性。

（三）基督徒、華人與客家人的認同矛盾與匯流

不同於一些把客家研究視為華人研究一支的海外研究者，Constable 確實是從客家的角度來對崇謙堂村落的文化進行理解，因此她關於此村落的相關研究，可以說是嚴格意義上的文化人類學取向的客家研究。因此緣故，對她來說，客家族群與華人

之間就有明顯的區別，而她的論述方式，基本上討論的焦點是崇謙堂客家族群如何在基督教文化與華人文化的矛盾中達成整合的可能性。

Constable的崇謙堂田野經驗，最讓她感到驚訝的是，此地的客家人不僅沒有隱瞞自己的客家身分，反而展現出非常鮮明的客家文化認同，她的看法是，此種客家意識應該是與基督宗教有關（Constable，2001：374-375）。一般來說，客家意識的興起多少都與族群之間的政治經濟衝突有關，不過，崇謙堂的客家意識，以及文化層面的客家認同，卻是與基督宗教有關：首先，基督差會創造出重視客家認同的社會氛圍；其次，基督教影響了客家認同的展現形式；最後，客家身分讓華人身分與基督文化有了匯流的可能（Constable，1996a：18）。

基督教為崇謙堂客家人提供某種文化背景，讓他們可以創建出某種宗教機構，在那裡塑造獨特的客家歷史，非常特殊的是，此種客家宗教機構掌有的主要資源並非經濟資源，反而是文化與宗教資源。因此緣故，不同於政治經濟資源衝突促成的客家意識，崇謙堂客家族群的客家文化認同乃是透過宗教的媒介而獲得強化。也就是說，基督宗教與華人文化的雙重聯結，讓崇謙堂的客家居民展現出不同於往昔的客家認同，不論是節日慶典抑或日常生活，客家文化的認同都能夠彰顯出來。

對崇謙堂的客家族群來說，基督宗教提供他們一種持續聯結的平台，也讓他們可以從正面角度來詮釋客家文化，從而擺脫族群身分的某些汙名（Constable，2013：16）。由於崇謙堂居民展現的「政治策略」重心並非政治或經濟層面的策略，反而是使用在對於自身文化身分的控制與維繫，基督宗教與文化認同就會成

爲較爲重要的事，因此緣故，崇謙堂客家人的客家認同就會較爲鮮明，特別又是因爲客家文化能夠成爲基督宗教與華人文化的聯結橋樑。

崇謙堂社區發展出來的基督宗教與華人文化的「雙重信仰制」，讓崇謙堂客家人可在宗教實踐上是基督徒身分，同時藉由世俗實踐來證明自身的華人身分。也因爲基督宗教的關係，對於崇謙堂客家人的探討就不適合從工具論的角度予以詮釋，因爲他們的生活重點並不是在於經濟或政治資源的爭奪，反而是在於客家認同的維繫以及潛在客家皈依者的吸引與創造。容或基督信仰與華人文化會有許多矛盾之處，崇謙堂的客家教會卻提供客家基督徒展現客家認同的機會，藉此也強化了自身的華人認同。

對崇謙堂客家教堂來說，太平天國的歷史具有獨特的重要性，凸顯出了客家族群的愛國心、民族主義與許多正面客家特質（Constable，1996b：163）。太平天國事件乃是客家族群的一個關鍵象徵，因爲它體現出了基督宗教、華人文化與客家認同的三重聯結，其針對滿清政府的反抗行爲，也可以是客家族群民族氣節的正面展現。透過客家族群的重新解讀，太平天國事件就是一種能夠體現客家文化價值的經典案例。

誠如太平天國利用拜上帝會來集結反抗清廷政府的力量，崇謙堂的客家人一方面運用傳教士的客家中原論的研究成果來進行自我描述，另一方面則運用傳教士的組織來形塑基督徒的客家聚落（Constable，2013：36）。歐洲的傳教士替客家族群的中原淵源進行學術論證，華人地區的太平天國事件則替客家族群的正面特質提供例證，分別提供了概念上與行動上的客家文化優異論論證，爲崇謙堂客家族群的文化認同提供了有益的社會文化背景。

同理，巴色差會也是客家教堂的一項利器，讓客家認同能夠獲得積極詮釋的機會，成爲一種既能逃避壓迫又能保存客家認同的有用策略。

五、反身性

反身性的概念是一個頗爲通行的當代社會學概念，本身具有「自我指涉」的意涵，例如說，社會科學的知識會介入其所描述的社會現實，一旦社會現實受到此種知識的介入干擾而發生扭曲狀況之後，扭曲的社會現實就會反過來影響社會科學的效度。Constable 於 1996 年的論文 "Poverty, Piety, and the Past: Hakka Christian Expressions of Hakka Identity" 開始強調此概念對於說明崇謙堂客家基督徒的重要性，強調的是客家基督徒如何透過歷史論述的重新建構來重建客家認同的內涵。Bourdieu 用反身性的概念來說明象徵性權力的爭奪，基本上，Constable 也是循此脈絡思索崇謙堂客家族群的「象徵性資本」的論述方式。

（一）客家認同的自我指涉

不同於香港其他地區的客家人，崇謙堂的客家基督徒必須對於早期客籍先住民於此遭遇的客家與基督徒雙重汙名進行重新定義，建構新的族群意象，因此會以反身性的方式進行回應（Constable，1996b：123）。多數客家人會以常見的客家特質來發展自身的客家認同，藉此該處客家人的歷史與集體記憶就會被建構出來，而這些特質也就成爲該處客家族群的關鍵性族群特色（Constable，1996a：22）。此種對於特定族群意象進行回應性

正面詮釋的作法，呈現出客家族群的反身性做法，以重塑既有象徵意涵的方式來翻轉過去的族群刻板印象。例如說，崇謙堂的客家基督徒就認為自身並非沒有能力追求商業上的成就，而是因為身為基督徒而不願在商業方面取得成就（Constable，1996a：24）。為了進行回應性自我防禦，崇謙堂的客家基督徒會認為學術上、道德上、政治上與社會上的成功，才可算是真正的成功（Constable，1996b：115）。

此外，貧窮並沒有被客家人視為一種負面特質，若從過去客家族群五次遷徙說的苦難歷史的角度來做回應，貧窮反而會被客家族群視為自身良善特質的原因（Constable，1996b：113）。客家族群不追求商業上的成就，某種程度上雖然說是一種自我合理化說法，然而，追求教育上、政治上與公共職務上的成就，傳統上是與華人及基督教社群所追尋的價值觀相契合（Constable，1996b：116）。因此，堅稱客家認同的原生與歷史的性格，讓崇謙堂的客家族群得以既是誠敬的基督徒，又會比其他華人族群更具有漢人特色（Constable，1996b：123）。崇謙堂客家基督徒的客家認同，從反身性的角度來重新界定客家認同，也運用相同的方法來調和華人民俗與基督教義的差異性，最終呈現為「雙重信仰制」。

（二）雙重信仰制

客家文化的探討，表面上有一個非常壯麗的外觀，也就是波瀾壯闊的五次大遷徙的說法，一般來說，五次遷徙說呼應的是客家族群隸屬於漢人的一支。大遷徙的相關說法，本身具有一種象徵意義，可以視為客家族群的「神話」，而客家的遷徙論述，則

可以說是一種「放大」的家譜（Constable，2013：21），把全球的客家人放入一種擴大的家族體系之中。

　　除了對於族譜的重視之外，客家族群對於客籍名人的重視也十分明顯，而這些客籍名人也是撐起廣大客家族群神話的一個重要元素。客家族群對於「中原貴冑」的自我聯結，對於客籍名人的特別看重，反過來也證成客家族群確實是「中原貴冑」的後裔，因此有能力在政治、文化與軍事層面列舉出為數眾多的客裔代表。

　　對客家人來說，過去的傳統就顯現在祖譜的記載，也呈現在各種墓誌碑文對於先輩們的「功績」與「名望」上面。就崇謙堂的例子來說，該處的墓園也顯然是權勢者的歷史觀展現，在凸顯「中原貴冑」意涵的同時，碑文之間的權力攀比與競逐，也十分明顯（Constable，2013：105）。從「文化記憶」的角度來說，一旦奠基在某種事實之上的歷史被人們轉化成回憶中的歷史，此種被當成起源依據的歷史，就會具有神話的意涵（Assman，2015：46）。在讓神話的力量復甦的諸多文化記憶之中，節日的存在就是一種讓日益平淡的日常生活重新閃亮，讓平淡的生活秩序重新被擦亮的一種方式（Assman，2015：53）。透過把基督節日與華人慶典以彈性方式加以結合，祖先的「名望」與基督信仰就有了異質同構的可能性。

　　崇謙堂的西方宗教與東方傳統彼此混雜的結果，呈現出與傳統華人文化既相同又有所差異的現象，其中一個明顯差異就在於傳統節日的看待上面。與一般華人相同，崇謙堂的基督徒也重視孝道、傳宗接代與紀念死去的人，不過，他們紀念先人的方式卻必須考量是否有與基督宗教的規定相牴觸，因此他們不會完全依

照傳統方式去看待自己的先民。崇謙堂的客家基督徒會藉由敬拜祖先、慶祝華人節日與歡慶人生大事來展現自身的華人認同，不過卻是從世俗而非神聖的角度來看待這些事務。例如說，崇謙堂村民掃墓時會在墓前跪下祈禱並獻花，藉此表達對於死者的紀念，卻不會認爲這是一種祭拜行爲（Constable，2013：111）。

崇謙堂教徒運用「神聖」（基督宗教）與「世俗」（華人傳統宗教）的區分來創造出一種「雙重信仰制」，藉此讓這兩種信仰觀念能夠在某種界線上彈性地和諧相處：「基督教的節日是基督徒特有的，但其他有一些是所有華人的傳統節日，例如，春節的第一天就可以與聖誕節媲美，每年的這一天去教堂的人最多。清明節是紀念死者的節日，它和復活節的時間差不多。在崇謙堂人看來，清明節和復活節在一些方面是『相同』的。」（Constable，2013：99）其次，關於華人信仰層面的風水觀念，也可依此區分進行彈性處理：「崇謙堂人瞭解風水，但並不是完全相信風水。有關過去風水的傳說可以分爲兩類：一類是『歷史』，講述者認爲它是眞實可靠的；一類是『故事』，即有關相信風水的外地人的故事或者有關基督教力量超越風水的故事。」（Constable，2013：46）

崇謙堂的客家基督徒對於華人傳統習俗的保留，是爲了讓自己不會與非基督徒華人的距離太遠，只不過，爲了保有這種雙重身分，他們必須持續建構出某種說法，對兩種信仰間的模糊地帶進行澄清與說明，例如，把華人宗教節日世俗化或是納入基督徒節慶的一種說法，就是一種創造性詮釋。同理，一般華人可能會因爲敬畏祖先而會有祭祀的行爲出現，崇謙堂的客家基督徒則會說自己是在復活節時去墓地度過清明節。由於基督教是一神教，

只信奉唯一眞神，而華人宗教則是多神教，因此以華人民俗宗教來「協力」基督宗教，也是「雙重信仰制」可以成立的原因。

　　崇謙堂的客家基督徒運用世俗化的說法把一些不屬於基督教的華人民俗文化，詮釋成一套合理化的價値觀，尤其是那些牽涉到死亡與風水的相關習俗，因爲這些涉及祖先、祖譜與歷史，與華人和客家人的身分認同最爲相關（Constable，2013：126）。同時具備華人、基督徒與客家人的多重認同，雖然有利於拓展多重的社會網絡，但也說明崇謙堂客家人會處於某種特別的邊緣困境，可能既不被視爲華人，也不被視爲西方人，意味著華人、基督徒與客家人的整合會出現困難，因此必須尋求各種彈性空間，在三種身分之中進行協商。於此種情況下，客家人的身分認同就是一種尋求跨越東西文化疆界的重要媒介，誠如被崇謙堂客家人視爲重要客家人典範的太平天國事件，就是華人身分與基督文化相互嫁接的一個歷史範例。

　　崇謙堂的客家人透過「雙重信仰制」的並行，努力在華人與基督徒之間形塑出多重匯流性關係，可以在華人文化與基督信仰之間形成一種橋樑性關係。舉例來說，客家研究宗師羅香林就提議要在崇謙堂建立一座羅氏家廟，藉此非基督徒可以在此祭拜祖先，基督徒則可以在此手握十字架進行祈禱，展現對先人的敬意（Constable，1996b：172）。

　　羅香林用五次大遷徙的宏大意象來替客家祖譜背書，而祖譜的歷史記載則說明了五次遷徙的眞實性。Halbwachs（2002）的集體記憶理論告訴我們，社會會決定何種集體記憶可以留存下來，誠如崇謙堂基督徒決定何種華人風俗可以保留下來，社會也能夠刪除不必要的集體記憶。以祖譜的例子來說，後輩子孫可以

在祖譜的追溯過程中建構出某種貴族事蹟，就算資料欠缺也無妨，因為「中原貴冑」的歷史完全是可以憑空創造出來的。

一般來說，人們會慣於把「神話」的概念與「歷史」相對立：虛構（神話）和現實（歷史）的對立，認為神話是一種有價值判斷的目的性，歷史則是一種無目的客觀性（歷史）（Assman，2015：72）。客家族群五次大遷徙的記憶就是一種介於神話與歷史之間的論述，客家人可在此神話中找到前進的動力，也可以在祖譜的歷史中找到先人顛沛流離的勇敢事蹟。

六、性別

在Constable於崇謙堂村進行民族誌研究的階段，雖然也會提及性別議題，卻不是核心的討論議題，畢竟，對於客家認同的討論，性別議題的重要性相對不高（Constable，2001：375）。然而，其於2001年出版的論文 "Ethnicity and Gender in Hakka Studies"，卻以性別作為討論的重點，重新思考崇謙堂客家婦女體現出的性別議題，自此以後，Constable的研究就開始以性別作為討論的重點。

延續前述反身性的描述方式，Constable認為客家婦女的一般性意象也是如此體現出來的。例如說，客家婦女特別勤奮的說法，並不是她們地位較高或擁有自由，而是因為她們不得不如此（Constable，2001：387）。客家婦女的勤奮形象並非日常生活中的真實意象，而是存在於客家族群集體記憶中的理想化族群意象（Constable，2001：388）。基本上，崇謙堂客家婦女的公共領域參與行為乃是一種現代性的議題，而傳言中的客家婦女理想

形象，有助婦女解放與性別平等的說法的流通（Constable，1996a：28）。實際上，性別平等的狀況並未出現，崇謙堂的女性基督徒扮演的是輔助者的角色，教堂中的主軸始終都是男性（Constable，1996b：119）。

Ardener表示，無論是男性或女性的人類學者，都會把某種理論模式帶進田野現場，而此種理論顯然都是男性色彩較爲濃厚（引自Constable（2001：370））。菁英分子，不論男女，都容易成爲群體的代言人，持續扮演群體期待他們呈現出來的角色，實質上，此種思維模式也讓他們有所利益（Constable，2001：391）。對於崇謙堂女性基督徒的一些細微觀察，Constable發現到傳統客家婦女的理想意象乃是客家族群反身性建構的結果，與現實差異頗大。也因爲族群本身就預設了男性的理論性思維，對於客家婦女的理解就應該引入性別化的理論思維。客家婦女在訪談中流露出來的歧異性與想法，也讓Constable對於民族誌書寫本身的「詩意」與「政治」層面有所留意：「詩意」涉及的是個人主觀性的情感與意見，「政治」則涉及社會結構的主流意見。

七、結語：研究啓發、全球聯結與理想客庄

（一）族群研究與客家研究的差異

Constable的崇謙堂客家基督徒相關研究，其特色就是直接與各種族群理論進行理論性對話，說明族群理論的有效性範圍與侷限。透過族群理論來思索特定區域的客家認同議題，此種作法也提出了一個關鍵議題，亦即族群研究與客家研究的差異性。換句話說，「客家研究與族群研究的差異何在？」乃是一個值得進

一步思考的議題。

運用族群理論來探討客家議題，此種作法意味著客家研究就是一種族群研究，因為客家是作為一種族群單元而存在。然而，一旦研究者從反身性的角度來看待客家相關議題，探討客家族群透過歷史建構的自我指涉歷程，客家研究就會是一種研究者透過客家研究來形塑客家文化發展的歷程，研究者的客家意識就會介入研究的發展方向，客家研究就會與族群研究有所不同。客家族群共享的過去與歷史讓客家族群與其他族群截然不同，而研究者在此之上進行的「歷史的想像」，乃是研究者參與客家文化發展的一種手段，就讓客家研究與族群研究會有所差異，然而，此種作法與崇謙堂村民透過客家文化來聯結基督宗教與華人文化的作法，其實如出一轍。

（二）客家基督徒的全球網絡聯結

崇謙堂教堂隸屬的巴色差會，長期以來，對於客家族群的語言與文化了解程度頗高，最重要的是，巴色會歡迎客家人，也佩服客家人，於此種情況下，太平天國事件結束之後，加入巴色會，隨著該教會的宗教網絡往外遷徙，乃是一種相對不錯的選項（Constable，2013：36）。在這些移往海外發展的客家基督徒之中，崇謙堂客家移民者由於普遍受過良好教育，因此不會從事工人階級的底層工作，反而大多是從事中產階級的工作（Constable，2013：86）。由於這種普遍擔任中產階級以上職業的客家基督徒情況，就會回過頭來更肯定崇謙堂客家基督徒社群的文化認同。

巴色會是一個國際性的基督教網絡，客家基督徒循著這個網

絡發展出了具有客家特色的客家基督徒跨國網絡。於其中，客家研究宗師羅香林的角色特別有代表性，他除了是崇謙堂的客籍長老之外，也曾是全球第一個國際客家協會（香港崇正總會）的會長，當羅氏參考崇謙堂客家教友的家族史料來提出客家源流的部分論點時，巴色會的客家淵源也一併匯入了這個論述之中，而羅氏對於太平天國事件的論證與正面詮釋，也是對於客家基督徒源流的一種關注。

　　羅香林自從在崇謙堂皈依為基督徒之後，二十多年來每週都會前往崇謙堂做禮拜，直到逝世前都還是如此（Constable，2013：145-146），在全球客家協會的層面他是客家文化的代言人，在巴色會的全球客家網絡方面，他則是客家基督徒的代言人。這兩種層面的客家文化的加值影響力，目前仍沒有學術性的討論，不過，羅氏以這兩種全球客家族群網絡為媒介來傳播特定內涵的客家文化的作法，對客家文化的往外發送，應該具有極大的社會影響力。

　　崇謙堂的海外客家人認為他們之所以能夠適應海外的生活與挑戰，是因為海外客家宗教網絡的存在讓他們能夠更融洽地融入在地的生活（Constable，2013：86）。客家基督徒也因為具有較高的社會經濟地位，駁斥了客家人是貧窮落後的汙名形象，也能透過良好的海外宗教網絡把正面形象傳遞出去。

（三）理想客庄

　　對於目前期盼「浪漫台三線」計畫來振興客庄語言文化的台灣社會來說，崇謙堂客家基督徒對於自身族群身分與語言的特別重視，恰恰是客庄文藝復興的一種模式。而崇謙堂客家基督徒透

過宗教資源與文化資源來塑造村落客家族群自信的做法，在在都是政治經濟取向之外值得重新省思的客庄發展方式，也值得進行更全面與深入的研究與探討。

註釋

1　〈基督教與客家人身分〉一文乃是 1996 年發表的 "Christianity and Hakka Identity" 中譯版本。

參考文獻

陳麗華，2014，〈香港客家想像機制的建立：1850-1950年代的香港基督教巴色會〉。《全球客家研究》3：139-162。

陳麗華，2015，〈郭思嘉（Nicole Constable）著、謝勝利譯，2013，《基督徒心靈與華人精神：香港的一個客家社區》。北京：社會科學文獻出版社。239頁。〉。《全球客家研究》4：253-262。

Aijmer, Goran, 1998, "Guest People: Hakka Identity in China and Abroad. By Nicole Constable. (Review)." *The Journal of the Royal Anthropological Institute* 4 (1): 176-177.

Assman, Jan 著，金壽福、黃曉晨譯，2015，《文化記憶：早期高級文化中的文字、回憶和政治身分》。北京：北京大學出版社。

Constable, Nicole, 1994, "History and the Construction of Hakka Identity." Pp. 75-89 in *Ethnicity in Taiwan; Social, Historical, and Cultural Perspectives,* edited by Chen Chuang-min, Chuang Ying-chang, Huang Shu-min. Taipei: Institute of Ethnology, Academica Sinica.

——, 1996a, "Introduction What Does It Mean to Be Hakka?" Pp. 3-35 in *Christianity in China, The Eighteenth Century to the Present: Social, Historical and Cultural Perspectives*, edited by Daniel Bays Stanford: Stanford University Press.

——, 1996b, ""Poverty, Piety, and the Past: Hakka Christian Expressions of Hakka Identity." In: *Guest People: Hakka Identity in China and Abroad.* Nicole Constable, editor. Seattle: University of Washington Press." Pp. 98-123 in *Christianity in China, From the Eighteenth Century to the Present: Social, Historical and Cultural Perspectives*, edited by Daniel Bays. Stanford: Stanford University Press.

——, 1996c, "Christianity and Hakka Identity." Pp. 158-173 in *Christianity in China, The Eighteenth Century to the Present: Social, Historical and*

Cultural Perspectives, edited by Daniel Bays. Stanford: Stanford University Press.

——, 2001, "Ethnicity and Gender in Hakka Studies." Pp. 365-96 in *Hakka and The Modern World*, edited by Cheng-Kuang Hsu. Taipei, Taiwan: Institute of Ethnology, Academia Sinica.

Constable, Nicole著，謝勝利譯，2013，《基督徒心靈與華人精神：香港的一個客家社區》。北京：社會科學文獻出版社。

Diamond, Norma, 1995, "Christian Souls and Chinese Spirits: A Hakka Community in Hong Kong. By Nicole Constable. (Review)." *The Journal of Asian Studies* 54 (3): 828-829.

Fabiani, Jean-Louis（尚－路易‧法汴尼）著，陳秀萍譯，2019，《布赫迪厄：從場域、慣習到文化資本，「結構主義英雄」親傳弟子對大師經典概念的再考證》。台北：麥田。

Fan, Carol C., 1996, "Guest People: Hakka Identity in China and Abroad. by Nicole Constable. (Review)." *Pacific Affairs* 70 (2): 265-267.

Guldin, Gregory Eliyu, 1997, "Guest People: Hakka Identity in China and Abroad. By Nicole Constable. (Review)." *Contemporary Sociology* 26 (5): 584-585.

Halbwachs, Maurice著，華然、郭金華譯，2002，《論集體記憶》。上海：人民出版社。

Johnson, Elizabeth Lominska, 1995, "Christian Souls and Chinese Spirits: A Hakka Community in Hong Kong. by Nicole Constable. (Review)." *The China Journal* 34: 396-398.

Lutz, Jessie G., 1996, "Christian Souls and Chinese Spirits: A Hakka Community in Hong Kong. by Nicole Constable. (Review)." *China Review International* 3 (1): 124-127.

——, 1997, "Guest People: Hakka Identity in China and Abroad. By Nicole Constable. (Review)." *The Journal of Asian Studies* 56 (2): 466-468.

Woon, Yuen-Fong, 1996, "Guest People: Hakka Identity in China and Abroad. By Nicole Constable. (Review)." *The China Journal* 39: 154-156.

第 3 章
海外華人研究與東南亞客家研究的對話與反思：
以顏清湟著作爲例

張容嘉

摘要

　　東南亞客家研究與海外華人研究領域有著相當緊密的關係，一方面，客家人身爲華人群體之一群，既有其客家特殊性，也與華人分享華族共同性。另一方面，客家人並非遺世獨立的群體，在面對、適應所在國家特殊的自然、社會與經濟環境，以及與當地族群甚至其他華人社群互動中，逐漸形塑東南亞客家的獨特樣貌。

　　本文將藉由海外華人研究學者顏清湟的研究爲基礎，探究海外華人研究觀點的變遷；其次爬梳顏清湟的著作，介紹顏清湟的海外華人研究與其研究方法，最後討論顏氏分析東南亞客家研究的相關論文，並指出海外華人研究與東南亞客家研究間相互映照的關係。海外華人研究提供理解東南亞華人社會結構的知識基礎，以東南亞客家爲方法，則能通過客家觀點認識東南亞華人社群內部的多元性與當地華人社會的特殊性。

關鍵詞：顏清湟、海外華人研究、東南亞客家研究

一、前言

在東南亞學術場域，新興的東南亞客家研究普遍被視爲是華人研究的分支領域，因爲客家人身爲華人群體之一群，既有其客家特殊性，也與華人分享華族共同性。另一方面，隨著適應所在國家特殊的自然、社會與經濟環境，與當地族群甚至其他華人社群日常生活互動中，東南亞的客家人逐漸形塑出「東南亞客家」的獨特樣貌。

海外華人研究著重以華人社會爲主體，儘管許多學者注意到華人社會內部的異質性，但方言群體只是學者在進行華人研究時的解釋變項之一。例如麥留芳（1985）《方言群認同：早期星馬華人的分類法則》，即是從華人研究角度回應過去學者認爲方言群體是造成海外華人社會無法團結、衝突不斷的解釋，麥氏肯定方言群認同存在，但不認爲方言群認同是造成群體衝突的主因，衝突只是表象，強調需要進一步探究的是衝突背後的社會適應或交換過程。與王賡武等人同被譽爲海外華人研究的立碑者、歷史學背景出身的顏清湟，則主張要理解海外華人社會內部的多樣性與特殊性，必須藉由比較研究方法掌握不同方言群體的特質，認識方言群體的組織與權力結構關係，才更能理解海外華人社會的整體。身爲海外華人社會方言群體比較研究的先驅，儘管顏氏心繫海外華人研究，方言群體間的比較研究是他掌握海外華人社會的研究方法，海外華人研究觀點與其提倡的比較研究方法，提供東南亞客家研究相當重要的參照點。

本文將以海外華人研究學者顏清湟爲核心討論，首先介紹顏清湟與海外華人研究與海外華人研究觀點的變遷；其次評介顏清

湟關於海外華人研究的豐富著作以及研究方法，最後從顏清湟分析東南亞客家研究的論點與建議，指出海外華人研究與東南亞客家研究間相互映照的關係。

二、東南亞華人研究開展的背景

東南亞華人研究開展的脈絡，主要分成人類學與歷史學的二種研究取徑。人類學者研究海外華人社會的傳統，與英國倫敦政經學院有著密切的關係，在Raymond Firth 與 Edmund Leach的推動下，田汝康留學倫敦政經學院時撰寫、並於1953年出版的《砂拉越的華人》，是人類學者進行海外華人研究的濫觴。後續研究有Freedman研究新加坡華人的家庭與婚姻以及Elliott研究新加坡華人的靈媒信仰等（葉春榮，1993：173-174）。1950年代到70年代，因為中國複雜的政治環境限制，西方人類學者普遍無法前往中國進行田野調查，促使學者們將目光轉向香港、台灣與東南亞華人社會，將海外華人社會視為中國華人社會的延伸，藉由研究海外社會來理解中國（Freedman，1963：11）。整體而言，當時人類學者所進行的海外華人研究，除了民族誌外，多環繞親屬、政治與經濟等主題，並關注華人社會組織，因為華人的經濟發展、政治結構乃至階級關係都與同鄉會、宗親會有著密切的關聯性。然而華人並非孤立於當地的存在，儘管過去學者普遍將海外華人社會視為中國華人社會的延伸，但仍必須將海外華人放回所在地社會的文化脈絡理解（葉春榮，1993：176-179；187-189）。

歷史學研究則是海外華人研究另一條重要的研究取徑。中國

的東南亞研究最早可以追溯至1928年上海暨南大學成立的南洋文化事業部，一群學者創辦《南洋研究》雜誌與相關論著，並與廈門大學的東南亞華人學生建立聯繫。廈門大學是新加坡華商陳嘉庚所獨資創辦的學校，由林文慶擔任廈門大學校長（1921-1936）；另外一方面，一些陸續從中國上海、廈門、汕頭等地來到東南亞的學者，1940年代在新加坡組成中國南洋學會[1]，成為新加坡早期東南亞研究的起點（王賡武，2004：6）。該學會創辦人之一的姚楠（1994：71-72）指出，當時東南亞在西方殖民國家支持下已成立研究東南亞的學術團體，像是1778年荷屬東印度成立的皇家巴達維亞藝術與科學協會，以及1877年英國皇家亞洲學會馬來亞分會等。然而，能夠參與英國皇家亞洲學會馬來亞分會的會員主要是殖民地官員與外籍學者，華人人數只有不到十人，因此一群熱心學者與文化人認為有進一步成立學術團體的需求，以研究南洋為目的，發行學報、編印叢書等事務，影響更多對於東南亞研究有興趣的華人。1955年南洋大學成立時，曾擔任數屆《南洋學報》主編的許雲樵進入南洋大學歷史系授課，50年代所培養的南大學生，如新加坡的崔貴強、吳振強，澳大利亞的顏清湟、楊進發等人，如今皆已是當代東南亞華人研究的重要研究者（王賡武，2004：6-7）。

三、顏清湟與海外華人研究

本節將討論顏清湟與海外華人研究，首先介紹顏氏的學術養成背景，其次探究海外華人研究範式的轉移（paradigm shift），最後說明顏氏的研究方法。

（一）顏清湟的學術養成背景

顏清湟的研究取徑，與其身爲「海外華人」的生命經驗，是息息相關的。顏清湟1937年出生於中國福建省永春縣農村，1946年跟隨母親前往馬來亞彭亨州與父親團聚，揮別家鄉親友，人生故事自此展開新頁。1957年顏氏進入當時由各地南洋華人所籌資建成的南洋大學（Nanyang University）[2] 歷史系，和當代新馬華人研究者楊進發、李業霖、李元瑾等人都是早期南洋大學的畢業生。

同樣身爲歷史學背景的學者，顏清湟與王賡武的關係相當密切；顏氏就讀南洋大學三年級時，就認識當時在馬來亞大學任教的王賡武教授。顏清湟獲得獎學金前往澳洲國立大學（Australian National University）太平洋研究院遠東歷史系攻讀博士，亦與王賡武的推薦有著密切關係（葉金輝，2014）。獲得澳洲國立大學博士學位後，顏清湟於1968年開始在澳洲阿特萊德大學（University of Adelaide）執教，講授中國近代史，1987年升爲教授，並在1989年前往香港大學擔任歷史系講座教授兼系主任。1991年後返回澳洲阿特萊德大學，2000年前往新加坡南洋理工學院擔任陳六使基金訪問教授。顏清湟同時是1971年成立的南澳中華會館創辦人之一，曾擔任中華會館主席。爲了抗議澳洲在種族歧視下所醞釀的反亞洲人運動，顏氏代表中華會館參與南澳實施多元文化政策所組成的「南澳多元文化教育協調委員會」及「南澳警察與少數族群諮詢委員會」，負責表達華人意見以爭取華人權益（顏清湟，2017：35-36）。

1957年馬來亞脫離英國獨立，馬來亞華人隨即面臨國籍身分選擇的問題——保留中國籍或是選擇馬來亞國籍；原先非出生

於馬來亞本地的華人必須通過馬來語口試，才能申請公民權，獲得繼續在馬來亞居住並享有投票等公民權利。國籍身分的選擇刺激了當時就讀南洋大學的顏清湟，在南洋大學努力於馬來語文與英文的學習過程，讓顏清湟認識到在新興國家馬來亞學習馬來文的重要性，他的研究關心亦因此從華人史轉向馬來亞史與東南亞史（顏清湟，2008：14-47）。這個轉向進一步影響顏清湟日後的研究定位──從中國研究（Chinese Studies）[3] 到海外華人研究（Overseas Chinese Studies）領域決擇，儘管海外華人研究向來在中國研究裡是屬於較邊緣的領域分支，1950、60 年代海外華人的歷史多由西方學者掌握書寫權（如 G.William Skinner 等人），考量對於新加坡、馬來西亞的情感及個人網絡親近性，以及掌握中文材料的能力，最終顏氏選擇以「海外華人研究」作為研究發展領域（Yen、Chow and Tek，2017：114-116）。

（二）海外華人研究典範的轉移──從華僑研究到華人研究

海外華人從「華僑」到「華人」概念的變化，與戰後殖民地獨立有密切的關係。1957 年馬來亞獨立，1958 年「中國南洋學會」即在會員提議下經表決更名為「南洋學會」，理事會成員改組全數由當地人擔任，並由王賡武接任《南洋學報》主編。自此之後，南洋學報整體論文方向改採以新馬華人史為主的研究重點，1960 年代之後陸續加入南洋大學的師生，研究群更為壯大（陳榮照，2012）。儘管王賡武擔任南洋學會主編的時間並不長，但是學會成員改組與研究方向的轉向，都影響海外華人研究範式本土化的轉變。[4] 其中，最明顯的莫過於從「華僑」到「華人」的認同變遷。

「華僑」字詞起源與華僑認同的出現是從何開始的呢？王賡武（2005）在〈華僑一詞的起源詮釋〉文中考察「華僑」詞彙的起源，由於早期中國官方不鼓勵出洋，因此早期移居東南亞的華人並沒有獲得官方的事實承認。「僑」（旅行、暫住）加上「居」（住），連起來就叫做「暫時居住」。這背後預設了人們通常不願意離開家鄉──除了罪犯或不肖子孫之外，因此所有的遷徙都是暫時性的概念。「華僑」詞彙意義的擴張，則與1902年後清政府注意到海外華人的經濟實力有關；為了爭取華僑對國內貿易和工業的投資，清廷加強關注華僑的教育和福利，以爭取海外華人「繼續作為中國人」。到了清朝末年，許多海外華人受到中國辛亥革命召喚所影響，開始使用華僑來稱呼自己。華僑的意思更擴大使用於「包括所有中國人，甚至是那些已被當地文化所同化和『入外國籍』的人，也不是無可挽回，他們可以『重新中國化』，重新成為『華僑』」（底線為筆者所加）（王賡武，2005：163-164）。

顏清湟（2007：405-416）依照中國與世界的政治變革對海外華人社會的影響，將海外華人社會區分成三個階段：明清時代、兩次世界大戰期間以及二次世界大戰後的華人社會。

1. 明清時期：此時各方言群對峙，缺乏團結。

2. 兩次世界大戰期間：工商企業興起與資本家出現，海外華人的民族主義興起。

3. 二次世界大戰後：隨著戰後東南亞各國殖民地獨立，海外華人必須在中國和居留國間擇一效忠的對象，海外華人認同因此從「華僑」轉移為「華人」。加上新中國成立後，未與東南亞國家建立起邦交關係，[5] 海外華人無法返

國探親、[6] 回國就學，與中國大陸關係日漸疏遠。亦因此開始轉向關心、參與所在國家的政治活動，教育文化趨向本地化。

歷史上的東南亞華僑，主要指涉的是19世紀末到20世紀四十年代後期這段期間，此時中國給予華僑相當權利，但也向華僑要求盡其義務。原則上，二戰後出生於東南亞、並取得當地國籍的華人，已不再使用華僑這個語詞，並且普遍認定自己是華人。所謂海外華人（Overseas Chinese），意指居住在中國領土以外的人，尤其是居住在外國，並且成爲該國公民的人。基本上排除台灣和香港、澳門的人，以及自我否認是華人，並且與華人的儀禮、實踐和制度無關係的人，也就是說，已有外國國籍並且自我認同歸屬於外國的華人，不再稱「華僑」，而是「華裔」（王賡武，2005：185）。也就是說，區分華僑與華人的關鍵在於「國籍」，居住在中國領土之外、並且擁有中國國籍的稱爲華僑，取得當地國國籍的則爲華人。華人與華裔的區分，則在於文化上的認同，前者仍保有中華文化認同，後者則無。

針對19世紀末和20世紀初在海外華僑社會中興起的民族主義，顏清湟（2007：97-216）將當時新馬華僑區分爲兩種民族主義的類型：文化的民族主義與政治的民族主義。首先，文化的民族主義者，主要是受中國教育的商人和知識分子，由於當地出生的華人越來越多受到西方教育以及周圍馬來文化的影響，因此文化民族主義者著重在當地恢復儒家文化，保存華人的文化認同，希望能夠在華人社會中加強傳統價值。至於政治的民族主義，主要是對於中國事件的響應，而非對在地社會的關心。這兩者其實都是屬於現代中國民族主義的支流，整體來說，戰前的海外華僑

社會，基本上並未發展出獨立的東南亞社會認同。

　　戰後由於東南亞政治局勢改變，除了少數在中國出生的老華人之外，大部分華人的民族認同已式微，而有加速本地認同的趨向。因此，顏清湟（2007：415-418）指出當代東南亞華人認同包含兩個部分：實體認同與文化認同，前者是與本土族群通婚融合的認同，後者則是華人保留華族身分認同的關鍵。隨著海外華人本地化，海外華人的民族性認同逐漸轉變爲當地民族國家的認同，東南亞華人文化亦發展出在地化的特色，與台灣、中國呈現不同的樣貌。海外華人社會的發展趨勢即在於逐漸轉變成居留國社會組成的部分，一方面與中國關係、華人傳統文化與價值可能趨向薄弱；另一方面隨著當地經濟、思想以及社會組織與文化現代化，海外華人將更適應居留國當地的經濟社會環境，透過參與在地政治活動，組織政黨等方式，爭取華人的公民權利，並且在所在國扮演更重要的角色。也就是說，儘管「海外華人」這個名詞暗示著過去自身從中國離散的經驗，但在當代卻已轉化成爲能用以進一步在當地社會找到身分認同的說法。[7]

　　1950年代以來海外華人研究範式的轉變，加上早期南洋大學歷史系畢業生身分，對於顏清湟鑽研海外華人史的研究方向與關懷重心產生相當影響。顏於1976年出版的第一本書 *The Overseas Chinese and the 1911 Revolution*（1982年中譯版《星馬華人與辛亥革命》），指出辛亥革命是影響、激發海外華僑中國認同的重要時代。顏清湟透過豐富史料的解讀，指出新馬地區華人內部的階級差異與支持中國革命的關係，儘管革命黨人在海外成功激發海外華人的中國民族主義認同，但華商卻是最晚「覺悟」中國民族主義的，華人的中層和下層才是參與革命的主力（李盈

慧，2004：102-103）。顏於1985年出版的 *Coolies and Man-darins: China's protection of overseas Chinese during the late Ch'ing period (1851-1911)*（1990中譯版《出國華工與清朝官員：晚清時期中國對海外華人的保護》），則是透過蒐集英國、美國、台灣等分散各地的華工文件資料，從外交史討論晚清政府對待海外華人移工態度的轉變。儘管顏氏早期出版的《星馬華人與辛亥革命》，以及《出國華工與清朝官員》，主要環繞著中國歷史上的重要事件，但卻是以「海外華人」爲主體的研究命題，分析海外華人與中國政治、外交史的關連性。

新馬華人與中國的關係一直以來都是研究新馬華人史的重要課題，但如何看待這段歷史，則有研究觀點的差異。過去因爲海外華人社會與中國間的密切關係，華人相關研究往往從中國本位的觀點討論出國華工、移民，將海外華人社會視爲邊緣，在外交、政治與文化等相關方面，以（中國）施給與（海外華人）接納的關係呈現。但是顏清湟認爲以海外華人本位出發的海外華人史，必須注意到海外華人事實上同時受到來自殖民地統治社會、以及中國社會的統治觀點影響，亦即海外華人社會與中國、殖民地社會關係的兩面性，甚至是海外華人社會提供了中國與外界（西方思想、經濟與政治）接觸的橋樑。例如經濟方面，張弼士[8]、張煜南等華商回返祖國投資開礦、建鐵路等推動，或是海外華人在政治上支持辛亥革命甚至中國抗日運動等作用，因此著重於討論海外華人與中國之間，兩者相互影響的密切關係（顏清湟，2006：49-50）。

從研究政治史、外交史到社會史的轉向，顏氏後續的著作專注於耕耘新馬華人社會史，甚至擴展到經濟史、商業史與海外華

人史研究；這些研究包括1986年出版的 *A Social History of Chinese in Singapore and Malaya 1800-1911*（1991年中譯版《新馬華人社會史》），1995年的《海外華人史研究》、2005年《海外華人的社會變革與商業成長》、2007年《從歷史角度看海外華人社會變革》、2008年《東南亞華人之研究》、2010年《海外華人的傳統與現代化》、2013年 *Ethnic Chinese Business in Asia: History, Culture and Business Enterprise*、2017年《海外華人世界：族群、人物與政治》等等。

　　整體以觀，身為一位海外華人研究的重要學者，顏清湟的著作相當豐富、具有多樣代表性。早期顏氏的研究關心集中於書寫海外華人與中國的關係，受到1950年代後海外華人研究範式本土化的影響，顏氏的研究採以海外華人為主體的觀點，分析海外華人的民族主義、華僑在辛亥革命的作用、孔教復興運動，海外華人與中國的抗日戰爭等。儘管在本土化氣氛下，難免受到部分人質疑顏氏的研究太偏重於中國史，顏氏個人則認為歷史學家的使命在於誠實反映當時歷史的集體事實，因此書寫新馬華人早期的政治活動史，海外華人民族主義的中國軸心運動仍是當時無可迴避的主流觀點（顏清湟，2006：51）。2000年之後，顏清湟更聚焦於新加坡和馬來西亞的華人研究，採用歷史學觀點分析馬來西亞華社的變遷——從英國殖民地的附屬社會，逐漸演變為新興獨立國家的重要組成部分，指出馬來西亞華社應在馬來西亞框架下，加深政治與經濟融合，但維持華文教育與文化特色的「中華文化馬來西亞化」的發展方向（顏清湟，2005：57）。並且嘗試從歷史證明華人對於馬來西亞的經濟建設與發展貢獻，回應馬來西亞華人在政治被邊緣化危機（2007年吉隆坡舉行「馬來西

亞華人的貢獻與國家進展」研討會的主題演講：「馬來西亞華人
對國家進展的貢獻」）。以及從歷史學與社會學的角度討論馬來
西亞華人身分認同的變化（2012年在吉隆坡舉行「第一屆馬來
西亞華人研究雙年會」上的主題演講：「從移民到公民：馬來西
亞華人身分認同的演變」），甚至從區域史角度討論東南亞歷史
上的客家人與東南亞客家研究等（顏清湟，2017）。

（三）顏清湟的海外華人研究方法

　　有別於採用傳統史學的考證方法，顏清湟的歷史研究更強調
社會科學的訓練，他主張歷史是社會科學的重要部分，史學研究
同樣必須重視科學方法，因此顏氏著重從豐富史料中進行比較研
究，再與歷史理論結合，而不只是「套用理論」。顏清湟認為，
科學方法需以理論做假設，再從史料中求證。另一方面，顏氏強
調歷史的全面性與有機性，除了研究對象，也必須掌握與研究對
象相關的社會發展脈絡。研究新馬社會的華人史，不能將新馬華
人孤立出來研究，忽略新馬華人社會與近現代中國的關係，必須
掌握中國近現代社會發展脈絡，才能對新馬華人社會作出有效解
釋。除了歷史學訓練外，也必須了解政治學、經濟學、社會學與
人類學等其他社會科學部門的討論，才能全面解釋歷史（顏清
湟，2006：48）。

　　因此，顏清湟的海外華人研究方法以歷史學基礎，並採用社
會科學的分析概念。舉例來說，顏清湟（1987a：102-104）在
〈新加坡、馬來亞華人社會的階級構成和社會地位變動〉文中，
即將海外華人社會的特性定義為移民社會，是下屬社會，並且是
都市社會。認為華人移民是不穩定的人口流動，因為沒有長期定

居的打算，當地的社會階級結構是模糊的，各階級成員很容易變動其身分，因此是不完全成熟的階級體系社會，並且是以商人和工人為主要組成的城市社會。這三個特性，決定新馬華人社會的階級構成。顏清湟更擴充王賡武對於海外華人社會的階級構成分類，在「商」（商人）和「工」（工人）階級群體之中，增加了「士」（知識界人士）。由於海外社會沒有限制社會流動的法律障礙以及考試制度，因此在海外華人的階級體系裡，財富是決定社會流動的因素，只要擁有財富，就能上升到階級層序的頂層。新加坡與馬來西亞社會的經濟發展，提供許多華人獲得財富、提高社會地位的機會，特別是從「工」到「商」的移動，例如葉亞來、姚德勝等人，兩者都是從礦工苦力起家，逐漸累積資本從小販、商人從商而致富。在階級向上流動的過程中，除卻個人智慧與抗拒賭博惡習之外，顏清湟也看到海外華人社會裡的方言群、親屬與同鄉關係在其中扮演重要的角色。張弼士、葉亞來的成功，得到來自方言群、同鄉人們很大的幫助（顏清湟，1987b：118）。

　　顏清湟同時也注意到華人社會內部的方言群差異，為了進一步了解華人社會裡各方言群體的多樣性與特殊性，顏氏強調比較研究方法，認為必須經由方言群體間的比較研究，才能掌握到不同方言群的特質，以及海外華人社會的權力結構與權力關係。以福建人與潮州人兩個方言群體為例，顏氏將早期華人社會方言群的權力結構分成三個類型：社會權力（Social Power）、非正式的政治權力（Informal Political Power）和強制權力（Coercive Power）。其中，早期新加坡華人方言群的權力結構佔據主導地位的是社會權力，主要體現於會館與宗親會的控制，並且與經濟

力量成正比，越有錢的領袖，社會控制力越強。由於潮州社群從事大量勞力密集的胡椒與甘蜜種植，社團領袖與雇主雙重身分重疊，以至於潮州社群領袖的權力結構難以被挑戰。相較而言，福建社群多從事商業貿易，工作轉換容易，較少受到僱主的控制。加上內部來自不同州府的社群各別成立了廟宇組織，社群權力結構分散，福建社群領袖們能夠各自與外在的非正式政治權力建立多元的關係。也就是說，社群權力關係會受到社群人口的結構組成以及社群與外在文化政治取向影響，展現在福建社群與潮州社群從移民來源到職業結構，即能清楚顯示兩者社會權力結構關係的差異（顏清湟，2009：31-49）。

顏氏在2016年出版的 *Ethnicities, Personalities and politics in the Ethnic Chinese Worlds* 專著，書裡即批評 Imahori Seiichi 出版的論著《馬來亞華僑社會》，著重於華人商業團體與階級關係的分析，卻完全沒有提到方言群的社會組織，欠缺對華人內部方言群的掌握，忽略方言群體組成對於華人社會整體的重要性（顏清湟，2016：246）。2017年，該書的中文版《海外華人世界：族群、人物與政治》[9] 由新加坡國立大學中文系與八方文化創作室聯合出版，收錄作者十年間陸續在新加坡、馬來西亞、台灣及中國的研討會所發表的主題演講與論文修改後發表的文章；英文版原書多了關於福建人、潮州人組織與歷史研究以及著名人物的討論。整體來說，兩書章節安排大致相同，主要區分成三個段落討論馬來亞華人的認同與貢獻以及華人方言群的比較分析；在人物研究以及海外華人與革命的部分，主要是以新馬社會為主（尤以馬來亞為多）。海外華人的族群與亞族群（方言群）部分，顏透過比較研究，分析潮州人與福建人內部的權力結構與權力關係、

新馬福建人的研究，以及東南亞客家人研究，展現顏氏對於華人研究以及華人社會內部各方言群體的掌握。

四、顏清湟與東南亞客家研究

整體來說，顏清湟並未將自己定義為客家研究學者，而是「海外華人研究學者」。海外華人社會的基礎即存在於方言群與親族組織，掌握各方言群的特質，以及群體間的特殊權力結構與權力關係是重要的。顏清湟1992年出版的《海外華人史》，書中分析19世紀新馬華人社會的社會結構，即強調華人社會內部方言集團與行業間的關係，宗親與方言組織扮演重要的角色。職業延續與宗族、方言群成員間協助交流、介紹行業資訊等幫助有關，因此海峽殖民地的福建人長期保持經商，潮州人掌握甘蜜與胡椒經濟、客家人和廣府人則以手工藝者居多的現象，透過方言群繼承傳授特定技藝的基本知識，以及頻繁的社會交往，也讓方言群各自壟斷所屬行業（顏清湟，1992：186-190）。另一方面，儘管早期新馬方言群壟斷職業與行業的現象相當顯著，但這種壟斷現象也可能因為政治、經濟等大環境變化，提供其他方言群參與的機會。例如戰後日本紡織業興起，提供紡織品的新來源，即讓福建人與客家人有機會參與原先由潮州人壟斷的布匹生意，隨後福建人布商即成立新加坡布商聯誼會，客家人則集中於星馬布商公會，呈現在同種行業中共存的新現象（顏清湟，2010：41-43）。

對顏清湟而言，東南亞客家人是顏氏掌握海外華人社會其中一支重要方言群體，因此將東南亞客家研究定義為海外華人研究

的分支，並未特定進行東南亞客家研究。展現在顏氏著作裡特定以東南亞客家人爲主題的研究成果並不多，顏清湟論及東南亞客家人研究論文，多是受邀參與客家相關研討會的主題演講時，奠基於海外華人研究基礎，再以東南亞客家人爲特定研究對象的報告分享。

接下來，本文將針對顏清湟作品中有關東南亞客家人的論文進行評介。首先是顏清湟1984年以英文發表於 *Modern Asian Studies* 的研究論文 "Chang Yu-Nan and the Chaochow Railway (1904-1908): A Case Study of Overseas Chinese Involvement in China's Modern Enterprise"。嚴格來說，這篇主要是討論華僑在清朝末年基於民族主義情感投資於中國現代化企業的論文，並非客家研究，但文章裡分析的主角張煜南則是客家著名人物。鐵路建設是清代末年中國經濟民族主義的展現，顏氏分析張煜南投資建設潮汕鐵路的動機時，即注意到張煜南的客家背景，以及張煜南與張弼士兩者的密切關係，儘管分屬不同祖籍，張弼士爲大埔客籍，張煜南則屬梅縣客籍，但兩人溝通無礙，奠基於方言與同宗關係的親近性，張煜南甚至曾擔任張弼士在海峽殖民地的代理人。在政治上，兩人同屬傳統民族主義者，支持清朝政府，並願意投入資本幫助中國實現現代化。張弼士運用資本在清朝官場上取得的聲勢與地位，與其參與華南鐵路建設的行動，更是影響張煜南投入潮汕鐵路建設的關鍵（Yen，1984：129）。

張煜南因爲投資潮汕鐵路而在中國歷史上留名，潮汕鐵路也在中國經濟史上因爲華僑投資留下地位，即使潮汕鐵路因爲後續延伸鐵路到廣州的計畫失敗，以致鐵路無法發揮其商業價值。卻仍因此激勵民族自信心，證明中國人同樣有能力建設現代化鐵

路，但顏也指出，建設鐵路的困難與有限的成就則反映當時許多華僑資本家投資晚清經濟現代化的命運（Yen，1984：134）。

其次是顏氏（2017）在《海外華人世界：族群、人物與政治》書中三篇直接論及東南亞客家人的論文。第一篇是〈早期新馬的客家方言組織（1801-1900）〉（Early Hakka Dialect Organisations in Singapore and Malaya,1801-1900）[10]，原文是1993年發表於 *Asian Culture* 的研究論文。這篇文章首先概述新馬客家方言組織的成立狀態，指出客家人是19世紀初最活躍於組織方言社團的方言群體。接著，作者拋出疑問：「為什麼客家人如此積極於組織方言群社團？」並試圖從史料裡提出解答。

歷史資料的掌握，對於並非專門做東南亞客家研究的顏清湟而言並不構成挑戰，顏氏很快地為讀者勾勒客家人在新馬地區建立一間間會館的「行動」，起始於最早定居在檳城，同時也是在新加坡的客家社群裡最優勢的嘉應客家人。1801年嘉應籍客家人成立的客家組織仁和公司是第一個在新馬成立的方言組織；第二個客家方言組織則是1805年在馬六甲，由惠州客家人所建成的惠州會館。從紛雜的會館歷史檔案裡，顏清湟指出客家社團在檳城、馬六甲、新加坡等地都被標誌為該地區最早的華人方言群組織。其次，顏將客家會館與早期在新馬華人以血緣為主的組織做比較，認為血緣組織是透過血緣親族線（descent line）在異鄉維持緊密的類親屬關係。顏氏認為客家方言群體（以方言成立的會館）則是透過共同的地緣連結（祖籍）與方言連結；他並指出東南亞客家會館的組成方式不見得是從中國習得，反而是為因應海外新環境需求而長出的團體樣態。

最後，顏清湟（2016：253-255）從幾個面向歸結出客家人

組織社團的因素：（1）作爲少數群體的不安全感，（2）華人甲必丹制度，（3）群體凝聚感（cohesion）以及（4）在婆羅洲的組織經驗。由於檳城與馬六甲都是以南福建人爲主要的支配群體（福建或潮州話）爲優勢，在方言隔閡的年代，加上當時實施的華人「甲必丹」制度，受限於方言溝通的障礙，「甲必丹」不一定能保障照顧到少數方言群體的利益，或可能獨厚其所屬方言群，分外加深少數群體的不安全感。另一方面，客家人在南中國與當地廣東人發生的衝突，加強客家方言群體的凝聚性。除此之外，嘉應客家人在北婆羅洲成立採礦的組織經驗（尤其是公司制度），也將「公司」制度帶到海峽殖民地。例如最早成立的仁和公司（檳城嘉應會館的前身），就是從婆羅洲的沙巴帶去的。

因爲身處華人社群裡的少數邊緣身分，客家人選擇超越過去以血緣擬親屬的姓氏組織方式，採用新創祖籍地緣與方言連結的會館（甚至後期的客家會館更超越祖籍地緣限制，如南洋客屬總會），以擴大結盟的策略，適應海外新環境的需求。爲了捍衛自身群體利益，客家人成爲東南亞華人第一個成立會館的社群，甚至刺激其他方言群體起而效尤。這也呼應顏清湟在《東南亞歷史上的客家人》的研究論點：早期的客家會館不是在客家礦工佔優勢的地區成立，而是出現在客家人口佔少數的港口都市，顯示社群組織就是因爲少數群體團結互保爭取利益的概念所成立（顏清湟，2016：282）。

第二篇〈東南亞歷史上的客家人〉（Hakka Chinese in South Asian History），原文是根據顏清湟 1996 年在新加坡舉辦的第三屆國際客家學研討會的主題演講稿所改寫完成，主要從客家聚落、會館的功能變遷以及客籍企業家精神等，勾勒整體東南亞客

家人圖像。

　　顏清湟首先將早期東南亞華族聚落的模式，區分爲港口城市、礦區以及農村社區三類；再分別闡述客家移民的聚落模式以礦區最特出，農村社區規模較小，港口城市最少。聚落模式的差異，與客家人所從事的產業有密切的關聯性；因爲客家人多以開礦維生（主要爲金礦與錫礦），許多著名的客籍礦家如坤甸的羅芳伯、雪蘭莪的葉亞來、霹靂的胡子春、姚德勝等，都是東南亞華人史上的重要人物；但相較於潮州人與閩南人控制港口貿易，大規模參與種植胡椒、甘蜜等種植園，客籍農耕者的種植區域相對規模較小，並且普遍靠近礦區，以供應礦區所需爲主（顏清湟，2017：144-146）。港口城市則因爲大部分爲閩南人所佔據，促使人口佔少數的客家人在港口城市創立新馬最早的華族會館。

　　會館不僅作爲客籍移民團結的象徵，早期也提供社會與文化功能，像是宗教祭祀、福利以及物質的幫助，甚至對會員的行爲約束，扮演重要的社會控制，凝聚客家社群與認同的力量。顏清湟指出新馬客家會館於戰後的轉型趨勢，隨著戰後土著民族主義的興起，以及中國因爲政權變換關閉流通的管道，缺乏新移民的來源後，會館功能也隨之改採團結在地社群、提供教育等功能，甚至逐漸轉型成爲政治壓力團體，維護本地族群利益。例如，新加坡客屬總會在1957年馬來亞獨立以及1959年新加坡邁向自治時，極力爭取華文爲新加坡的官方語言，1958年協助客籍人士申請公民權、1959年爭取保留華族方言的廣播等等，在保存、承傳文化方面都扮演重要的角色（顏清湟，2017：147-151）。

　　最後一篇〈東南亞視角下的東南亞客家研究〉（Southeast

Asia Hakka Studies: A Southeast Asian Perspective），是顏清湟2012 年在東南亞客家研究國際會議的主題演講稿。整體來說，這是一篇海外華人研究學者以史學觀點為基礎，對於東南亞客家研究發展史的重要回顧。首先，顏氏將東南亞客家研究定位為海外華人（華僑）研究的分支、廣義東南亞研究的一部分，回顧東南亞客家研究的歷史發展，並提出未來研究發展的建議。

顏清湟（2017：1558-159）指出，東南亞早期華僑研究、以及中國南洋學會年代，研究焦點集中在東南亞和海外華人研究；儘管 1941 年羅香林曾撰寫《羅芳伯所建婆羅洲坤甸蘭芳大總制考》，可謂關於東南亞客家最早期的研究，但「客家研究」一直不是南洋學會研究的焦點。1980-90 年代台灣與中國興起客家研究之前，東南亞曾零星出版一些關於東南亞客家研究的英文專書，例如 1951 年 Middlebrook 出版的《葉亞來傳》，1950 年 Barbara Ward 討論《婆羅洲的客家公司》（*A Hakka Kongsi in Borneo*），1970 年 James Jackson 《西婆羅洲金礦區的華人：一項文化地理的研究》（*The Chinese in West Borneo Goldfields*），以及 1981 年 Michael Godley 研究張弼士專書 *The Mandearin-Capitalism from Nanyang overseas Chinese in the Modernization of China, 1893-1911* 與 1980 年 Sharon Carstens 在吉蘭丹的研究 *Pulai: A Chinese Community in Kelantan* 等，這些著作都將客家人視為華人，並非針對東南亞客家人本身進行研究論述。

近代東南亞客家研究的興起受到 1980 與 90 年代來自於台灣、中國以及香港的影響，包括 1988 年台灣客家的還我母語運動、中國推動泛客家文化認同，以及 90 年代在香港崇正總會聯繫推動的客家研究。1992 年香港中文大學在胡文虎基金會、法

國科學研究中心合作支持下舉辦第一屆國際客家學研討會，邀請中港台及東南亞客家研究學者齊聚發表，是客家研究重要里程碑。儘管當時會議裡討論東南亞客家的文章並不多，對於東南亞客家研究實質上並沒有太大影響（顏清湟，2016：301-309）。但是接下來1996年新加坡與第13屆世界客屬大會合辦的第三屆客家學國際研討會，在南洋客屬總會董事陳松沾的安排下，邀請各國研究客家的學者與會，該次會議論文有超過一半的論文討論東南亞客家人的各種議題。緊接著，第五屆國際客家學研討會1999年在馬來西亞吉隆坡舉行。[11] 透過一次次國際客家研究學術研討會的召開，逐漸吸引東南亞本地學者們對於東南亞客家研究的興趣。

顏清湟（2016：310）清楚地指出：一個新興學科興起通常與政府或是社群經費支持有關。台灣政府的財政支持，對於客家研究發展扮演很重要的角色。2001年以來，客委會以及客家學院的成立，對於東南亞客家研究發展有著重大的推動影響。顏氏觀察到2006年中央大學客家學院召開的國際客家研討會，開始將客家研究與西方多元文化主義下興起的族群研究以及跨國主義跨學科領域研究連結，提倡跨國和跨學科的研究；東南亞客家研究亦因此被納入國際客家研究，成為三大區域（台灣、東南亞與大陸）的客家研究主題之一。2007年，台灣行政院客委會台灣客家文化中心籌備處委託蕭新煌教授主持的「苗栗園區海外研究：東南亞客家研究先期計畫」，分作五個研究主題：會館、產業、聚落、宗教與家庭，開啟台灣與東南亞學術機構裡的客家研究學者間的學術合作契機。

東南亞客家研究本土發展最重要的指標，是2007年新加坡

國立中文大學設立的「東南亞華人研究群」；該中心主要將研究焦點放在客家與潮州族群的研究，其中最重要推動者就是任教於新加坡國立大學中文系的黃賢強教授，黃氏本身是客家人，活躍於當地客家社群並且與會館間互動關係良好，曾經留學台灣的背景開啓他與台灣學術界合作契機，順利帶動新加坡客家研究的發展。顏清湟比較東南亞客家研究與台灣客家研究環境，認爲儘管東南亞客家研究欠缺來自於政府的財政支持，但是東南亞客家會館則可以填補扮演重要的推動與贊助角色；儘管東南亞華人社群關係已不像過去19世紀、20世紀初的敵對緊張，但在快速變遷下的東南亞政治經濟環境下，華人社群除了必須維持表面的團結以爭取生存發展，社群內部仍存在「unseen」（隱微）的競爭；加上東南亞客家人對於自身文化傳統的認同，都是促進東南亞客家研究發展的重要因素（顏清湟，2016：309-310）。

時至今日，東南亞客家研究仍持續發展中，2008年以來拉曼大學成立中華研究中心，2013年馬來亞大學成立馬來西亞華人研究中心等，這些華人研究中心陸續展開東南亞客家研究計畫，並與台灣的客家學術機構進行雙邊的研究合作與交流。例如2015年開始，交通大學（現爲陽明交通大學）客家學院結合台灣聯合大學系統（中央、交通、清華與陽明）與馬來西亞拉曼大學合作，每年暑假進行三週的短期訪問研究與移地課程教學等。[12] 相較當代東南亞本地的客家研究群主要是在大學裡的中文系，或是歷史研究中心，主要研究學者亦是以文史研究取向爲主，顏清湟建議東南亞客家研究應鼓勵邀請傳統學科以外的社會學、人類學者參與客家研究，東南亞客家研究應成爲跨學科的學問，並加入客家人與其他華人亞族群的比較研究（顏清湟，2017：

166），這些觀察與建議對於當代進行東南亞客家研究皆相當有啓發意義。

綜上以觀，僅管顏清湟針對東南亞客家人進行研究的相關文章並不多，但他從海外華人研究的歷史觀點回顧東南亞客家人的歷史及東南亞客家研究發展史的形貌，對於東南亞客家研究的分析，卻相當精準到位。其中客家會館研究、客籍人物與企業家，是顏清湟所觀察到比較特出的研究議題。劉堉珊（2016：168-169）對此亦有類似的觀察，這與大多數東南亞客家學者的歷史學訓練背景有關；透過史料的搜集分析與考證，重要客籍人物、歷史事件、客家社團與會館等議題，無疑是東南亞學者最能直接凸顯、解釋東南亞客家的材料。相較於台灣參與東南亞客家研究者，許多來自於社會學與人類學領域，則嘗試從東南亞區域的角度，討論東南亞客家社群的認同經驗與文化特色。例如張維安（2013：iii）認為，要了解東南亞客家，就必須掌握東南亞客家的歷史、社區、經濟、產業與宗教信仰，並且考慮客家與其周邊族群的互動；[13] 東南亞客家文化是在與周邊族群互動中形塑屬於在地性的獨特樣貌。展現在具體的學術成果方面，台灣出版的專書、期刊論文的出版以及客家相關系所的碩士論文，議題均扣連以「東南亞客家」為整體，在經濟產業、宗教信仰、人群關係、聚落與家庭生活與性別，以及社會政治面向等的特色，討論客家性的多樣化（劉堉珊，2016：182-183）。

然而，劉堉珊（2016：171）也指出，以「客家」作為研究主體的「東南亞客家研究」，與「海外華人研究裡的客家」的差異，台灣學者傾向在台灣客家研究框架下，將「東南亞客家」視為一個區域整體的客家研究。這樣的觀點與東南亞自身的學術脈

絡裡的學者普遍將客家研究議題視為華人研究的分支，從「華人」看客家，兩者在研究觀點上有所差異，也導致研究議題呈現的不同。近年來隨著台灣與東南亞學者雙邊在東南亞議題上越漸熟絡的學術研討會交流與合作，[14] 部分東南亞客家研究學者開始從社群關係討論客家與周邊人群的關係等議題（劉堉珊，2015：274-275）。[15] 東南亞客家研究作為一個新興發展的學科領域，在研究觀點與議題仍有許多能夠持續擴展與深耕的學術議題。

五、相互映照——東南亞客家研究與海外華人研究（代結語）

如同顏清湟所強調的，海外華人研究不能做為孤立的研究客體，在歷史縱深裡，海外華人在戰前受到近代中國觀點的影響甚深，清朝對待華工與海外華人的政策與態度，甚至是清末革命的民族主義思想宣傳，都深深影響著海外華人社會。戰後東南亞各國的獨立、華人身處所在國的認同，與其他族群（馬來人、印度人等）之間的關係都是當代東南亞華人所面對的新興重要課題。因此，欲研究東南亞華人社會，必須帶入東南亞以及近代中國的觀點，才能掌握東南亞華人社會。同理，東南亞客家研究亦不能離開客家人所處的當地社會脈絡。客家人身為華人群體之一群，一方面與華人共同分享華人各方言群體的共同性以及當代華人共同處境——尤其是當代華人在東南亞國家所面臨的少數族群政治處境；從在地脈絡理解當代東南亞的客家人，「華人」身分毋寧是更為密切的命運共同體單位。但另一方面，東南亞客家仍保有其特殊性，在與周邊族群互動、在地適應中逐漸形塑其獨特樣

貌。

　　顏清湟以史學觀點爲基礎的海外華人研究，提供我們認識東
南亞在地華人社會結構的知識基礎，對於海外華人身分認同從移
民到公民轉變的分析，將海外華人社會定性爲移民社會，討論新
馬華人社會裡的階級結構和社會地位變動，研究觸角亦延伸到華
人企業史，討論東南亞海外華人企業，並曾針對幾位華人商業鉅
子做個案研究，例如福建幫的陳嘉庚及客幫的張煜南等人。顏清
湟（2017：146）指出客籍商人能與福建與潮州籍商人一較長短
的祕訣，就在於善用政治影響力發展經濟，例如張弼士與荷蘭及
清政府的友好關係，使其成功打造橫跨印尼、檳城與南中國的商
業王國。這些豐碩的研究成果，提供理解東南亞客家人所處在地
華人社會結構的知識基礎。顏清湟所強調的比較研究方法，對於
從事東南亞客家研究亦同等重要，透過區域之間的比較（東南亞
與台灣、中國），東南亞華人內部群體之間（客家人與福建人、
潮州人、海南人）的比較，甚至不同歷史時段的比較，才更能掌
握東南亞客家的特質。

　　東南亞客家研究作爲一個跨領域學科知識，需要來自不同研
究取向的學科共同加入客家研究（歷史學、社會學、人類學、語
言學等），探究東南亞客家聚落與社區、客家移民與信仰、客家
認同的形成，客家與其周圍人群的互動關係、客家族群政治等，
才能多面向地理解東南亞客家社會的多元性。張維安（2016：
8）曾提出「以客家爲方法」的觀點，提議通過客家的視角來重
新認識客家作爲構成要素之一的台灣社會，思考台灣社會的特
質。以「東南亞客家」爲方法，結合海外華人研究以及區域研究
的地方性，深化客家的在地論述，確認東南亞客家研究的主體

性，或也能藉由研究東南亞客家的視角認識東南亞華人社群，看見社群間的互動與權力關係，以及華人社群內部的差異性與特殊性，豐富海外華人研究的內涵，也能夠更進一步認識東南亞社會的結構與特色。

＊本文承蒙新加坡國立大學黃賢強教授提供詳盡意見與指正，特此致謝。

註釋

1　原名「中國南洋學會」，是東南亞華人最早研究南洋課題的學術團體，由新馬從事南洋研究的中國學者姚楠、許雲樵、張禮千、郁達夫、劉士木、李長傅、韓槐准、關楚璞等人共同創辦。早期南洋學會成員以出生中國的僑民為主，在文化與政治上認同中國，有著傳播中國文化到南洋的使命感。隨著戰後馬來亞獨立，學會則在1958年經會員大會同意更名為「南洋學會」（South Seas Society），並進行理事會改組，由王賡武擔任《南洋學報》主編，使得學會更本地化，以符合時代潮流（顏清湟，2012：7-13）。

2　1950年代因為國際民主與共產兩大陣營的對立，新馬華文教育受到進一步的壓縮，由福建會館主席陳六使所發起當地華人共同籌設自辦的南洋大學，是當時華人超越各幫界線、團結辦大學運動的創舉，但南洋大學的創立即面臨英國殖民政府對於共產勢力的疑懼，以及當地馬來民族與華族之間的種族矛盾等種種困境，最終在新加坡政府漸進式推動英文教育為主流教育的政策推動下，南大在1980年代停辦（利亮時，2006）。

3 Chinese Studies 台灣稱爲「華人研究」，研究特定中國事務相關的則稱「中國研究」（China Studies），但在新馬則普遍使用「中國研究」。本文討論顏清湟與海外華人研究，則沿以新馬脈絡稱之。

4 所謂的本土化，指涉的是研究對象的關懷面向轉向華人在當地的社會文化脈絡，從「當地人的觀點」討論問題，而非「中國中心」、「西方中心」。在這個脈絡下，東南亞華人社會就不是中國祖籍地社會的移植或延伸，而是華人適應社會脈絡的本土化結果（安煥然，2012：125-129）。

5 當時許多東南亞國家仍與蔣介石撤退來台的中國政府保持外交關係。即使英國1950年就與新中國建立外交關係，但是在冷戰氛圍下，對於殖民地的華人與中國家鄉的民間聯繫仍有所管制，例如限制匯款回中國的金額數目。

6 共產中國建立後，推行土地改革，沒收地主的土地，將華僑歸類爲地主和資產階級加以批鬥，也導致海外華人不敢返國探親。

7 甚至當代新加坡、馬來西亞、澳大利亞等各國華人，已傾向以「新加坡華人」、「馬來西亞華人」自稱，很少再使用「海外華人」的概念。

8 張弼士爲清末民初著名的客籍華僑實業家，早年在巴達維亞（今印尼）發達致富，回中國投資，曾被清廷任命爲駐檳榔嶼領事和新加坡總領事，成爲亦官亦商的「紅頂商人」（肖文評，2012）。

9 英文版原書即爲 *Ethnicities, Personalities and politics in the Ethnic Chinese Worlds*，2016年出版。

10 本文只有收錄於2016年的英文版 *Ethnicities, Personalities and politics in the Ethnic Chinese Worlds* 書裡，中文版只選錄了〈東南亞歷史上的客家人〉與〈東南亞視角下的東南亞客家研究〉兩篇。因爲這篇文章的中文版，經翻譯校正補上注釋後，已於2005年收錄於顏清湟《海外華人的社會變革與商業成長》書中。

11 繼1992年第一屆國際客家學研討會後，1994年第二屆研討會在香港，1996年第三屆在新加坡，1998年第四屆在台北舉行。以陳松沾爲首安

排規劃的第三屆研討會，則是首度邀集以討論客家人移居東南亞的歷史、客家人與東南亞地方經濟、開發、認同等議題爲主的會議，因此顏清湟特別以第三屆國際客家學研討會爲討論範例。

12 參考2014年《國立交通大學與馬來西亞拉曼大學學術交流與未來合作之規劃》出國報告。https://report.nat.gov.tw/ReportFront/PageSystem/reportFileDownload/C10304010/001（取用日期：2019年11月5日）。

13 對東南亞客家族群來說，他的「周邊」就包括來自不同祖籍的客家人、客家人以外的華人（閩南、潮州、海南、廣府人）、移入地的原住民以及移入地的他國移民等（張維安，2013：iii）。

14 劉堉珊（2016：165-167）觀察1990年以來多次「國際客家學研討會」的舉辦，以及新馬地區客家會館與社團的積極參與，提供中、港、台等各地區客家研究學者建立起溝通交流的管道機會，以及擴展東南亞研究視野的可能。2006年與2008年「台灣客家研究國際研討會」即邀請許多研究東南亞客家的當地學者，討論區域以新加坡與馬來西亞爲主。隨著雙邊合作交流的頻繁，越來越多以「東南亞客家」爲名稱的學術研討會與工作坊的舉辦，讓東南亞客家社群成爲台灣學者發展海外客家研究的區域研究熱點。

15 例如黃賢強、賴郁如（2013）〈廟宇策略與新加坡閩客族群的發展：以天福宮和望海大伯公廟爲例〉、安煥然（2008）〈客家人認同的多重與想像：馬來西亞柔佛客家人社群認同探析〉等等。

附錄：顏清湟相關客家學術著作表

Yen, Ching-Hwang, 1984, "Chang Yu-Nan and the Chaochow Railway (1904-1908): A Case Study of Overseas Chinese Involvement in China's Modern Enterprise." *Modern Asian Studies*, 18 (1):119-135.

Yen, Ching-Hwang, 2016, "Early Hakka Dialect Organisations in Singapore and Malaya,1801-1900." Pp.106-126 in *Ethnicities, Personalities and politics in the Ethnic Chinese World*. Singapore: World Scientific.

顏清湟，2017，〈東南亞歷史上的客家人〉。頁143-156，收錄於顏清湟著，《海外華人世界：族群、人物與政治》。新加坡：新加坡國立大學中文系、八方文化創作室。

顏清湟，2017，〈東南亞視角下的東南亞客家研究〉。頁157-168，收錄於顏清湟著，《海外華人世界：族群、人物與政治》。新加坡：新加坡國立大學中文系、八方文化創作室。

參考文獻

王賡武，2004，〈新加坡和中國關於東南亞研究的兩種不同觀點〉。《南洋問題研究》2：1-15。

──，2005，《移民與興起的中國》。新加坡：八方工作室。

安煥然，2012，《「本土」抑或「中國」：東南亞華人研究視角評析》。收錄於李志賢主編《南洋研究：回顧、現狀與展望》。新加坡：南洋學會、八方文化創作室。頁115-137。

利亮時，2006，〈1950年代新加坡的政治、教育與種族矛盾：以南洋大學的成立為例〉。《興大歷史學報》17：533-551。

李盈慧，2004，〈海外華人認同的三種論述：評顏清湟、古鴻廷、王賡武的三部著作〉。《東南亞學刊》1 (1)：101-104。

肖文評，2012，〈張弼士與客家社會文化關係論略〉。《嘉應學院學報》30(6)：10-16。

姚楠，1994，〈中國南洋學會的創立和發展〉。《世界歷史》3：71-78。

國立交通大學，2014，《國立交通大學與馬來西亞拉曼大學學術交流與未來合作之規劃》。國立交通大學出國報告。https://report.nat.gov.tw/ReportFront/PageSystem/reportFileDownload/C10304010/001（取用日期：2019年11月5日）。

張維安，2013，〈序：從互動中浮現客家文化特色〉。頁iii-v，收錄於張維安編，《東南亞客家及其周邊》。桃園：國立中央大學出版中心；台北：遠流出版公司。

──，2016，《思索台灣客家研究》。桃園：國立中央大學出版中心；台北：遠流出版公司。

陳榮照，2012，〈南洋學會多元化、本土化與年輕化的進程──代序〉。頁xiii-xvi，收錄於李智賢主編，《南洋研究回顧、現狀與展望》。新加坡：八方出版社。

葉金輝，2004，〈海外華人研究的立碑者——顏清湟教授訪談錄〉。《南大教育與研究基金會》。https://reurl.cc/ObrEVR（取用日期：2019年11月6日）。

葉春榮，1993，〈人類學的海外華人研究〉。《中研院民族所集刊》75：171-201。

劉堉珊，2015，〈當代台灣客家族群經驗對東南亞客家論述發展的可能影響〉。頁255-287，收於張維安編，《客家文化、認同與信仰：東南亞與台港澳》。桃園：國立中央大學出版中心；台北：遠流出版公司。

──，2016，〈台灣客家研究中的東南亞視野〉。《民俗曲藝》194：155-207。

顏清湟，1987a，〈新加坡、馬來亞華人社會的階級構成和社會地位變動（上）〉。《南洋資料譯叢》3：102-112。

──，1987b，〈新加坡、馬來亞華人社會的階級構成和社會地位變動（下）〉。《南洋資料譯叢》4：109-121。

──，1992，《海外華人史研究》。新加坡：新加坡亞洲研究學會。

──，2005，〈一百年來馬來西亞華社所走過的道路〉。《南洋問題研究》3：48-58。

──，2006，〈新馬華人史研究的反思〉。《南洋問題研究》2：47-52。

──，2007，〈從歷史角度看海外華人社會變革〉。頁403-418，收錄於陳劍主編，《從歷史角度看海外華人社會變革》。新加坡：新加坡青年書局。

──，2007，〈新加坡和馬來亞華僑的民族主義〉。頁97-126，收錄於陳劍主編，《從歷史角度看海外華人社會變革》。新加坡：新加坡青年書局。

──，2008，《穿行在東西方文化之間：一位海外華人學者兼社會活動家的回憶錄》。香港：香港社會科學出版社。

──，2009，〈新加坡早期的潮州人與福建人：海外華人社會的傳統權力結構與權力關係的比較研究〉。頁23-53，收錄於黃賢強主編，《族群、歷史與文化：跨域研究東南亞和東亞（上冊）》。新加坡：新加

坡國立大學中文系、八方文化創作室。

——，2010，《海外華人的傳統與現代化》。新加坡：南洋理工大學中華語言文化中心、八方文化創作室。

——，2012，《南洋學會與南洋研究：回顧與前瞻》。頁3-19，收錄於李志賢主編，《南洋研究：回顧、現狀與展望》。新加坡：南洋學會、八方文化創作室。

——，2017，《海外華人世界：族群、人物與政治》。新加坡：新加坡國立大學中文系、八方文化創作室。

Freedman, Maurice, 1963, "A Chinese Phase in Social Anthropology." *The British Journal of Sociology,* 14 (1):1-19.

Wang, Gung-Wu, 1998, "The Study of Chinese in Southeast Asia." Pp. 7-16 in *Changing Identities of the Southeast Asia Chinese Since World War II*, edited by Jennifer Cushman &Wang Gunwu. Hong Kong University Press.

Yen, Ching-Hwang, 1984, "Chang Yu-Nan and the Chaochow Railway (1904-1908): A Case Study of Overseas Chinese Involvement in China's Modern Enterprise." *Modern Asian Studies*, 18 (1):119-135.

——, 2016, *Ethnicities, Personalities and Politics in the Ethnic Chinese Worlds*. Singapore: World Scientific.

Yen, Ching-Hwang, Chow, Bing-Ngeow and Tek, Soon-Ling, 2017, "A Witness to History: Interview with Processor Yen, Ching-Hwang." Pp. 113-128 in *Producing China in Southeast Asia*, edited by Shih, Chih-yu. Singapore: Springer Singapore.

第 4 章
麥留芳早期星馬華人方言群認同之研究

羅曉嵐

摘要

　　本文將探討麥留芳早期星馬華人方言群認同之研究，其主要集中在新加坡與馬來亞，是以英國殖民政府的官方人口統計報告，及鏤刻於碑文上的金石文字爲方法，分析早期方言群認同的運作過程。麥氏假定方言群一直存在於實體社會，其認同並非是一種特定的組成模式，相反地取決於更現實的經濟、政治等因素，聚集是爲勞動力市場供給與需求的結果，只有表現在群體活動時才能成爲我群的認知或他者的分類。儘管麥氏的研究較適用於早期的星馬地區，但方言群認同存在於經驗世界中的討論，仍可作用於客家研究的視野，可從早期的方言群分類形式、海外華人之界定去解析客家族群的形成脈絡，或回溯其社會情境了解客家意識的生成背景，用以觀照當代客家文化及與其他族群互動之內涵形式。

關鍵詞：方言群、客家研究、華人

一、麥留芳的學術生涯

麥留芳（Mak Lau Fong）——出生於馬來西亞霹靂州，畢業於國立台灣大學，隨後赴加拿大攻讀滑鐵盧大學取得哲學博士學位，長年在新加坡及台灣兩地進行教學及研究工作，任職於新加坡大學擔任社會學系的講師，並受聘台灣中央研究院民族研究所兼任研究員，及清華大學人類學研究所教授兼所長，退休後曾於新加坡華裔館擔任客座研究員。

麥氏長年以社會學為背景觀察新馬地區的華人社群，及東南亞馬來世界的伊斯蘭化研究。在取得博士學位以前（1970-1977），發表關於社區之社會結構與其行為偏差、犯罪等內容，而將興趣轉往地區性的華人祕密社會運作。自1974年起發表多篇文章，並在1977年完成博士論文 *The emergence and persistence of Chinese secret societies in Singapore and Peninsular Malaysia*。皆聚焦在探討私會黨與犯罪集團等組織，從成群結黨的過程中瞭解社群之間劃地自限的社會現象與認同形式。其後，視野轉拓展至華人的社團組織，1978年至1995年的研究，皆專注探討華人社會組織的方言群認同形式，與其團結融合的過程，並進行一系列新馬地區中產階級的概況調查。自1998年起，則以馬來穆斯林世界為主要的研究範圍，發表關於東南亞地區伊斯蘭化過程的文章。

麥留芳並非客家研究的學者，從其學術生涯與相關著作可見，早期是以新馬地區的私會黨與犯罪集團組織作為研究對象，而在此過程注意到華人社群的認同問題，特別是方言群組織的研究，以普查資料與碑文作為基礎，於1978年陸續發表多篇方言

群相關研究的著作，包括 "Rigidity of system boundary among major Chinese dialect groups in the 19th century: a study of inscription data"、〈星馬華人方言群研究的新方向〉、《方言群認同：早期星馬華人的分類法則》、〈星、馬華族移民的階級與方言群意識：研究資料與趨向〉、〈方言群的分化與整合〉，內容皆聚焦在華人方言社群的認同形式，並體現在地方性會館組織的運作。

洪馨蘭（2012）指出，「方言」具有「地方話」之意；過去許多學者採用「方言群」的概念指稱「講同一種話的那群人」，而新馬地區華人的方言群，多來自中國南方及東南沿海省分的華人，其自16世紀已陸續在此活動。在英國、荷蘭殖民政府統治該區後，為求資源的開發而大量招募華人作為契約勞工，種植作物或開採礦物，使新馬地區華人的數量大幅增加，為維繫（甚至強化）其家鄉認同，以拓展與當地社會聯繫的安全感（Kuhn，2019），故地方士紳創建地緣性的會館組織，構成相互幫助的情感紐帶。吳龍雲（2009）指出，這些會館通常由一個省、區、縣或城鎮所組成，是為相同的方言群體，亦稱之為「幫」，其之間也形成不同程度的互動，而發展出華人幫群之間的微妙關係。吳小安（2011）進一步認為，「方言群」絕非簡單地等同於「幫」，前者更多的是一種常態、中性、客觀、多元、開放而自信的社會文化關懷與視角。故東南亞社會的方言群現象，所涉及的政治、經濟與文化形態是相當顯著的，且深刻地影響當代社會的形成並反映其認同之形式。

會館的運作使東南亞華人與原鄉產生聯結，同時富涵情感依靠，實質上也幫助移民們初到異地可安頓下來並融入新的環境。

一般來說，華人社群會依據原鄉的地緣位置作爲會館名稱，但其名稱卻無法準確對應某一種方言群，從田汝康（2013）的研究可以發現，砂拉越古晉市十個主要的方言群，[1] 沒有一個可以和中國特定省分聯繫在一起，其混合之群體並沒有特定的公會組織，會講華語的人可參加任何一個方言群公會，[2] 且會員通常來自中國一些地理位置相近之地區，故無法將會館視爲單一的方言群體，組織反而涵蓋較多的方言群。麥留芳之研究持相同觀點，認爲星馬華人的組織是由一群具有共同意願的人所組成，除了私會黨外，亦包括謀求同鄉福利，以祖籍或姓氏等聚集之華人社團，而少見由方言爲單位的組織，但方言群之聚集，卻顯見在行業的分布情形，田汝康之「行業識別」便指出某一行業領域會形成由某親緣群體主導的現象，其因素皆指向除了親友之間的互助外，爲了便於溝通亦會僱用相同方言的人，而更有利於傳授技術或增加人脈的管道（Kuhn，2019）。故方言群似乎比地域性來的更具有凝聚力，儘管可能擁有相同的祖籍，但方言帶有隔離的性質，仍然阻斷不同方言的人群進入，而自然地形成一種族群邊界，無論是作爲溝通聯繫或是建立在想像的親緣關係中，似乎都扮演著比地緣關係更親密的交往紐帶，且反映在殖民政府的人口統計資料當中。

在上述的脈絡下，麥留芳假定了方言群認同的存在，視客家族群爲獨立於福建、廣東、潮州、福州等超越地緣關係的群體，並以非衝突的事件、或日常的社會行動去探討族群的運作過程。本文以《早期星馬華人的分類法則》爲文本，回顧星馬地區早期華人方言群認同之模式，試圖從中爬梳客家研究的方法與途徑。

二、麥留芳之方言群認同研究

　　麥留芳的華人方言群認同之研究，主要集中在新加坡與馬來西亞，是利用現存的兩種原始資料作爲研究的基礎，包括英國殖民政府始於1871的官方人口統計報告，及鏤刻於碑文上的金石文字。前者爲約十年舉行一次的人口普查紀錄，最早僅限於三州府，至1891年與1911年已擴及馬來聯邦與馬來屬邦。[3] 爲明顯比較方言群人口的變動狀態，其資料並未避開白話文教育之推展運動，及日本統治期間方言或祖籍所存在的模糊差異；後者除了馬六甲及檳城一帶收集到的碑文外，主要採用陳荆和、陳育崧於1972年出版的《新加坡華人碑銘集錄》，與陳鐵凡、傅吾康於1983／1985年出版的三卷《馬來西亞華人銘刻萃編》，並利用華人社群等刊物作爲輔助性材料，以分析早期方言群認同的運作過程。

　　從麥氏收集的英國殖民政府官方人口統計報告資料可發現，三州府中以馬六甲的開發時間最早，自1678年已有華人在此活動的紀錄，但發展狀況卻較不穩定，人口數不斷攀升後又遽然驟減，相較之下檳城與新加坡的起伏就稍平穩；而馬來聯邦的普查於1891年與1901年分區實施，人口數幾乎是倍數增加，僅零星區段小幅下降，且大多居住在較大的鄉鎮發展；非聯邦地區除了柔佛州因具有獨特的港主制度使人口成長較爲劇烈外，其餘地區並無太大的變化。由此可知，三州府的華人佔總人口的比數最高，其次爲馬來聯邦，非聯邦地區則略低。對比客家族群自1881年起的官方普查資料可發現，在華人主要的開發區域中，三州府以馬六甲的成長速度最快，麥氏認爲除了因採礦帶來的吸

力外，性別比例較其他族群平均，有助於方言群內婚使人口增加，從 1901 年 10% 成長至 1947 年的 24%。其意謂客家族群並非完全由外地移入，更可能是族群內部的擴增；此外，馬來聯邦的客家人口分布，與坊間多數的研究成果呈現一致，在礦區佔有人數上的優勢，集中在雪蘭莪州的吉隆坡、烏魯雪蘭莪、吧生，或呸叻州（麥氏原文翻譯為「呸叻州」，一般譯名「霹靂州」）的拉律、近打等。

麥氏認為早期星馬地區的華人人口變化，是維繫在礦業與農業的興衰，或反應在資源與經濟發展的模式上，其聚居是勞動力市場供給與需求的結果，在此過程所產生地緣性的組織，[4] 為同鄉之間的商業網絡提供組織與信息上的幫助（劉宏，1996），是以我群為最大利益的考量具有封閉性，且在方言群認同的運作下出現自我遴選的控制機制，可排除非我群類所佔據的資源。故方言群的聚居是依行業、經濟或生產的型態而定，且與國際市場的價格相關，其產量往往決定勞工的數量，而影響方言群在空間上的移動。此集體移動之特性，使得每一鄉鎮都因勞動需求，存在具有優勢的方言群體，相當程度地決定客家族群在東南亞的聚落形成模式。

除了官方的人口統計報告外，研究亦採取鏤刻於碑文上的金石文字，利用捐贈的行為來理解方言群認同在其中所扮演的角色，是以「越幫參與」替代「組織封閉性」的方式，幫助解決個人捐贈者未註明籍貫的窘境。依據三州府個人越幫的捐款資料，發現參與者都捐助過福建人、廣東人、客家人與潮州人。麥氏在這裡對客家族群有較細緻的描繪。首先，由於福建人在數量上佔有優勢，使大部分的方言群選擇以他們作為合作的對象，而廣東

人與客家人似乎爲平等對待，但涉及福建人時卻偏好客家人之聯捐；同時客家人具有一定程度的經濟實力，特別是在馬六甲廟宇的捐款活動上，更不吝嗇對廟宇的捐助，即便不如其他族群富裕也願意出錢。舉例來說，福建人相對富有，通常具有經濟與社會上的地位，故容易提升越幫參與者的參與意願，選擇其作爲合作或友好的對象，雖然他們具有影響力，但也相對有著封閉性，如福建幫（1830-1906）捐款達2千以上的經濟型或社會型領袖，反而沒有一名是「越幫參與者」；相反的，客家人的經濟實力不如福建人雄厚，但新加坡的義塚卻相當吸引越幫參與者的捐款。

由此可知，麥氏注意到客家人數量雖少，但廟宇及公塚等活動都相較其他族群有較高的開放性，甚至具有一定程度的經濟實力，且反映在捐贈行爲的越幫參與過程之中。故客家與其他群體的頻繁往來，並不影響其在內部日常的經濟、社會、文化之運作，方言只是殖民政府的一種分類結構，而聚地而居的特色，在實體社會中並不影響其之間的運作與互動，大多數的方言群會館都具有開放性，且從越幫參與的認同行爲來看，無論個人是否對兩幫作出捐款，都無法準確判定組織之間的界線是爲模糊或是清晰，僅能就認同程度的強弱作爲區分。因此麥氏認爲方言群認同有著層次高低，且是與個人意志相關的抽象概念：

它是一種特殊的群體意識。當這個意識表現於群體活動時，它便成爲一種社群的分類法則，它有異於方言認同，因後者只屬於語言或文化的層次。方言認同也許是促成方言群組織的主要條件之一，但它的定義卻可以不涉及任何社會組織。它的另一理論要素是，它所指涉者僅是個人意識，而不必招

致有關方言群體的壓力。

方言群一直存在於實體社會，其認同並非是一種特定的組成模式，相反地取決於更現實的經濟、政治等因素。麥氏利用越幫參與等方式，試圖理解個人對方言群認同的高低層次，及其對組織產生的影響與效應，避免忽略認同中和（Identity-neutrality）的過程，以準確發掘方言群認同表面下的社會實體現象。

三、客家與方言群認同

回顧麥氏的研究，可發現這批資料似乎只適用於早期的星馬地區，且華人流動之特性，並無法完整陳述當時的社會情境而顯得不合時宜；此外，石碑大多缺漏或內容有建構之嫌，而有眞實性的討論，特別是星馬在獨立建國後，面臨全球化的快速變動，華人社會不再依賴親緣的情感紐帶，英語也逐漸代替方言的使用，故認同作於當代更顯得微乎其微，儘管如此，方言群認同存在於經驗世界中的討論，仍可作用於客家研究的視野。

首先，麥留芳將方言群認同的概念分爲廣義與狹義兩種，前者爲人口普查資料中既定的分類概念，後者是衍自碑文中更精細的祖籍單位，由於星馬地區的華人多以契約勞工的形式從事種植與採礦工作，無法如中國傳統集約式水稻所構成之社會生態，有著相對穩定的維生模式，海外華人更需要擴大祖籍的範圍，包容不同的方言群體，爲一種互惠互利的生存策略。故地方士紳建立的會館組織，多包含了因地緣關係存在的不同方言群。陳其南（1980）認爲方言群認同只不過是鄉黨觀念的一個特化案例，爲

多數認同的其中一種類型，籍貫才是實體社會根本的分類法則，方言群只是強化了籍貫的概念。但無論是廣義的官方分類，或是狹義的祖籍單位，客家之組成可為超越地緣關係的方言組織與分類型式，但必須注意的是，其聚集是勞動力市場供給與需求的結果，只有表現在群體活動時才能成為我群的認知或他者的分類；同時，方言群的界線可能與地緣位置交互重疊，而存在人群因應現實環境所可能選擇的族群認同（林正慧，2005），是為個人意識選擇而非方言群體意識下的壓力。因此客家認同之意識，就麥氏的研究看來，只有當群體活動開始運作時其認同才會浮現，在此之前是屬於個人層次的，只有自己才會知道誰與自身操著相同的方言。

再者，官方的統計資料顯見客家族群的獨特性，儘管他們在新馬地區的華人數量中佔據少數，但並未影響他們的結群。麥氏提到，客家人在新加坡所創立的各類團體大部分完成於1887年以前，或許在19世紀初期已相當鼎盛，但卻未能紀錄在官方資料中。的確，客家人赴新馬地區開發的時間很早，自18世紀中葉就有開採金礦與錫礦的紀錄，甚至在西婆羅洲已有武裝自衛的蘭芳公司，具有團結鄉親，增進效率之外，最多則是增加與蘇丹的交涉能力（張維安、張容嘉，2009）。其自我管理、訓練的組織模式，或許與客家人處在中國邊境長年被忽視的原因有關，而這樣的背景也使客家人更為團結，不僅早已形成方言或地緣型的會館，同時在許多地方擔任經濟型或社會型的領袖，於吉隆坡、馬六甲等地區具有一定的影響力。而個人越幫參與的觀察，也顯示客家人較其他族群更為開放，特別是廟宇及公塚的活動皆有頻繁的合作紀錄，故在利益的考量下更願意開放並向外尋求合作的

機會，且是其他群體優先考量的合作對象。

　　最後，方言群之聚集雖然與勞動力市場的供給與需求相關，且反映在特定的行業類別，但實體社會的運作上，不同方言的人群在面對會館、會黨與廟宇等組織，仍有認同強弱之差異，因此在尚未形成方言社群的活動時，並無法加以分類其所屬之群體。故「客家」並非是一個具體、有形、界線的框架，視語言為族群存在之必要因素，或將族群之間的衝突事件作為認同選擇的來源。麥氏提醒著，衝突只是認同中和作用浮現的現象，真正的根源是認同中和運作以前的另一種認同，宜注意避免落入視方言群為團結或分裂根源的陷阱。因此，我們須重新思考當客家被社會界定成一種分類形式時，如何跳脫將其視為研究的基本單位，改以日常的慣用俗語、意識形態、歷史敘事、分類系統、思維等角度（Brubaker，2002），而非將群體視為一個實體去討論，忽略群體為不同族群間的交互作用，是由多孔、富變化、非封閉的邊界所構成，且並未脫離原始文化脈絡的克里奧爾化（creolisation）之體現（Mandal，2018）。

四、客家與華人研究

　　麥留芳的研究透過文獻資料對客家族群的觀察有所描繪，特別是族群之特性，不單是語言上的差異，或行業識別與聚地而居的描述，更多的是客家與其他族群之間的互動狀態，且從越幫參與的行為模式可以發現，其認同就個人而言有著層次的高低，並不受方言群體的直接影響。儘管如此，麥氏的研究，卻非聚焦在客家族群的實體社會運作，而是華人在新馬地區的視野，也就是

說，客家族群的觀察是建立在海外華僑研究的基礎上。蕭新煌、林開忠（2007）指出：

> 直到20世紀80年代初，多數的台灣學者在研究東南亞華人時仍沿襲「華僑研究」的傳統，其重要假設之一爲將「海外」華人視爲一個整體，並從東南亞各國家的政治、經濟和文化環境之角度來探究他們的遷居模式，而較少把東南亞華人的内部差異作爲一個重要的研究課題。

　　從其背景來看，台灣長期以中華民族爲主體觀察海外華人，試圖探究何謂「華僑」，但麥留芳並未以此觀點作爲通盤的論述，相反地是以移民本身、移入地及移出國的立場試圖梳理「海外華人」的實體。其研究指出，星馬地區在獨立建國以前，移民多認定自己屬於中國人（或唐人），在碑文上多刻有「南遊」一詞，表達與中國原鄉不可分割的緊密關係，而作爲移入國的殖民政府，則明確地視華人爲輸入勞工，或以方言群的差異稱爲部族（tribe）利於人口的普查；至於作爲移出國的中國，早期幾乎認定海外移民爲海盜、逆賊等亡命之徒，採取漠不關心的態度，僅於海禁期間勒令移民返國，並未有任何的配套政策，直到清末才正視華僑的存在，草擬以血統爲主的國籍法，而東南亞各國的國籍法則在獨立之後才紛紛施行，使海外華人面臨到國籍選擇的問題。

　　麥氏依據國籍、文化認同與種族／血統的不同，將海外華人分爲四種類型，並依中國傳統文化之認同程度排序爲華僑、當地華人、華族及華裔。其作用爲指出研究海外華人的官方文件中，

統計資料的華人多為指涉「華族」或「當地華人」，而忽略「華僑」的存在，亦有學者使用「華僑」來概括其他三類的海外華人，但上述四種海外華人的類型，任一類似乎都不能視為同質的群體，尤其是官方的人口普查資料，儘管為祖籍或方言群之統計，但仍可能包含上述的變項。由此可知，麥氏在當時的社會情境下，對所謂的「華僑」有著深刻的解析，並試圖對「華僑」作出界定，而未針對單一個族群進行全面性的研究，只是透過方言群的分類，去釐清個人對方言群認同層次的高低，及其對組織產生的影響與效應。

海外華人的研究，早期多建立在國家對民族想像的基礎上，而視方言群為共同體的成員之一。但從過去的研究文獻可發現，華人社會的整體並不能完整體現各方言群，其同時存在不同的認同形式，特別是東南亞地區的海外華人，雖然生存路徑有著一致性，但內部卻有相當程度的差異，尤其語言所造成的分類與辨識，使在與他群互動的過程中容易被區辨為某一類華人，或吸引到相同方言的人群進入，而影響族群在空間上的分布，反映在行業、經濟或與生產型態上，且在與其他族群互動時產生的混雜性。因此華人研究並不能單從一個整體去了解方言群的全貌，甚至亦不能視方言群為海外華人的亞民族（sub-ethnic groups）身分。史書美（2017）已強調「離散有其終時」的狀態，群體是不斷變化、開放且過渡的階段，客家族群就是一個相當特別的現象。在台灣不僅形成獨有的意識，且在社會菁英的努力下有了新的文化內涵，是為原鄉脈絡的延續與台灣本土經驗的結合，其研究漸從海外華人、華僑身分轉移成主體意識的追求，且從東南亞區域研究的經驗中，探討本土社會的文化、宗教、政治與經濟發

展，以及華人與當地各族群之間的交互關係，並透過跨國／跨境的比較研究，瞭解人群流動的經驗，以此照映多維視域的客家研究視野。

　　客家意識的浮現並非憑空地現形，而是原鄉聚合及離散拉扯下所產生的結果，故客家與華人研究並非一體的兩面，相反地，是層層堆疊下的沉積作用，特別是20世紀50年代中期之前，東南亞的華人社會一直是以方言群爲分類原則和主要分野，來組織各自的社會、經濟、文化、甚至政治活動（吳小安，2011）。因此重新檢視海外華人的研究，可從早期的方言群分類形式、海外華人之界定去解析客家族群形成的脈絡，或回溯其社會情境了解客家意識於生成背景，儘管其研究並不完全適用當代社會，卻也無法否定是客家研究奠定的基礎。

五、結論

　　回顧麥留芳的研究，其將方言群認同視爲一種抽象的概念，爲一種特殊的群體意識。當這個意識表現於群體活動時，它便成爲一種社群的分類法則。因此客家之認同並不能假設它爲實體存在，相反地，只有在群體活動運作之時才會浮現，其認同並非是一種特定的組成模式，而是取決於更現實的經濟、政治等因素。因此方言是爲一種認同形式，而非族群的全貌，其聚集不只是祖籍的崇拜、反抗、凝聚，或是族群性格的表現，無論是否爲母語，重要的是它如何表達自我同時向外展現。

　　此外，客家之認同意識在台灣與東南亞有著不同的視野，前者從過去因流動而組成的親緣組織，及面對政治體系的變動，爲

請願而出現的集會遊行，到文化尋根的方言書寫等，皆造就了特殊的群體意識；後者缺乏提高群體性之事件，而使認同仍偏向華人／華僑的泛中國認同，以方言或地緣性會館爲概念表達中國境外使用華語地區的人群，是爲亞族群。

　　新馬地區慣稱華人爲華族，故廣義的華語包括華族社群中所通行的各種方言（楊貴誼，1990），而狹義的則是指新馬地區在推行「講華語運動」後，排除方言的中國人所稱之普通話或漢語（許維賢，2018）。從表面上來看，在官方的推波助瀾下，狹義的華語似乎成爲代表新馬地區華人的語言，但筆者於2019年7月28日參觀位在馬來西亞砂拉越古晉市的華族歷史博物館之時，仍以「各籍貫方言」介紹華族，表達了在馬來西亞的華人之方言群運作，且體現在行業識別與方言群據地而居的情形。由此看來華語似乎包羅了所有方言，是爲複數，表述一種包容性，和一種複雜的語言形態（唐宏峰、馮雪峰，2011）。然而展覽中卻將方言群視爲一種「分類」，表達了華人不同的樣貌，卻也無法將方言群去除，以單一華語展示所有華人的文化，故方言群認同似乎仍存在於當代的新馬社會，並未被建國後的英語群／華語群所單一替代，其群體意識概念化地標示在博物館這類的公衆場域中，是爲某一種的呈現形式。但可質疑的是，華族歷史博物館是由中華總商會（Chinese Chamber of Commerce in Sarawak）所經營，故所謂的方言群認同之存在，是否僅是商會的視野？或者，如果從國家博物館的角度來看，華人之間的界線是爲模糊的單一華語群概念，還是清晰的祖籍地或方言群等更細微的狀況，需要未來進一步地釐清。

　　無論是在地視野或是國家觀點，皆無可否認華語與方言的主

客體界線已日益模糊，甚至在全球資本主義的時空壓縮下，彈性公民（flexible citizens）的身分使華人游移在不同的國籍間，且同時面對中國、亞洲、西方等不同種類的現代性衝突，而無法再維持傳統家庭模式和基於關係的特殊性的網絡，而必須尋求第三種文化（third cultures）來形成新的自我認同（Ong，1997）。故方言成為一種新的表現形式，它與過去強調地緣性的情感凝聚不同，更彰顯於文字、音樂與影像的創作，同時彈性公民的流動特質，挑戰了方言群的祖籍概念，其不再是區域性的語言，更是跨國的溝通工具。由此可知，社會體系不再完全依賴親緣的情感紐帶，方言作用於當代社會已逐漸式微，過去華人研究並無法反映地方社會的實體運作，但卻是重要的生成背景，用以觀照當代客家文化及與其他族群互動之內涵，在此概念下，如何連結客家族群的流動形態，共享不同區域間同質或異質的文化經驗，是值得省思的課題。

註釋

1　包括福建人、潮州人、客家人、詔安人、海南人、福州人、廣府人、興化人、雷州人、三江與其他。

2　田汝康認為方言和地緣的關係密不可分，故「領地」也是「方言」公會含括的要素之一，因此同一個省分操不同方言的人，如果沒有對應之公會組織，則可依地緣作為選擇。

3　三州府為英屬海峽殖民地（1826-1946），包括新加坡、檳城與馬六

甲：馬來屬邦俗稱五州府，爲馬來半島上英屬殖民之馬來王國組成（1895-1946），包括雪蘭莪、吡叻（霹靂）、森美蘭和彭亨；非聯邦的馬來洲地區包括玻璃市、丁加奴、吉打、吉蘭丹與柔佛。

4　麥氏認爲華人的社會組織其中一個就是地緣性的社群，更具體的說就是方言群，見麥留芳（1985），頁64。

參考文獻

田汝康、林青青譯，2013，《砂拉越華人：社會結構研究報告》。砂拉越：砂拉越華族文化協會出版。

吳小安，2011，〈移民、族群與認同 東南亞華人方言群的歷史特徵與發展動力〉。頁3-22，收錄於黃賢強編，《族群、歷史與文化：跨越研究東南亞和東亞（上冊）》。新加坡：新加坡國立大學中文系、八方文化創作室聯合出版。

吳龍雲，2009，《遭遇幫群：檳城華人祖會的跨幫組織研究》。新加坡：新加坡國立大學中文系、八方文化創作室聯合出版。

史書美，2017，《反離散：華語語系研究論》。台北：聯經。

林正慧，2005，〈閩粵？福客？清代台灣漢人族群關係新探——以屏東平原為起點〉。《國史館學術集刊》6：1-60。

洪馨蘭，2012，〈以區域觀點為運用的客家研究回顧（1960-2010）〉。《國立高雄師範大學高雄師大學報》33：131-160。

陳其南，1980，〈清代台灣社會的結構變遷〉。《中央研究院民族學研究所集刊》49：115-147。

唐宏峰、馮雪峰，2011，〈華語電影：語言、身分與工業——葉月瑜教授訪談錄〉。《文藝研究》5：72-80。

麥留芳，1985，《方言群認同：早期星馬華人的分類法則》。台北：中央研究院民族學研究所。

許維賢，2018，《華語電影在後馬來西亞：土腔風格、華夷風與作者論》。台北：聯經。

張維安、張容嘉，2009，〈客家人的大伯公：蘭芳公司的羅芳伯及其事業〉。《客家研究》3 (1)：57-88。

楊貴誼，1990，〈華文在多種語言社會中的交流作用〉。《新加坡世界華文教學研討會論文集》。新加坡：新加坡華文研究所。

劉宏，1996，〈東南亞華人社團與跨國社會和商業網路：兼論客屬與非

客屬之異同〉。頁379-399，收錄於徐正光編，《第四屆國際客家學術研討會論文集——歷史與社會經濟》。台北：中央研究院民族學研究所。

蕭新煌、林開忠，2007，〈東南亞客家認同的形成與侷限〉。《台灣東南亞學刊》4 (1)：3-28。

Brubaker, Rogers, 2002, *Ethnicity Without Groups*. Cambridge, MA: Harvard University Press.

Kuhn, Philip著，李明歡譯，2019，《華人在他鄉——中華近現代海外移民史》。新北：台灣商務。

Mandal, Sumit K. ,2018, *Becoming Arab: Creole Histories and Modern Identity in the Malay World*. New York: Cambridge University Press.

Ong, Aihwa, 1997, Ungrounded Empires: *The Cultural Politics of Modern Chinese Transnationalism*. New York: Taylor & Francis.

第 5 章
回望馬來西亞客家聚落研究：柯雪潤的布賴經驗及其影響

楊忠龍

摘要

　　今日的東南亞客家研究呈現跨領域的深度議題，結合著跨地域的研究學者，但在1960年代之前，其難以著錄爲華人研究的一個小節，且華人研究也僅是廣大東南亞研究的一部分。縱使有零星的文章或研究者，如對吉隆坡華人先驅葉亞來的關注，英國學者Barbara E. Ward（1954）及James C. Jackson（1970）探究婆羅洲客家採礦公司，仍無法導引目光於東南亞的客家研究，遑論關懷馬來西亞的客家聚落。1980年美籍人類學家柯雪潤博士（Dr. Sharon A. Carstens）完成在馬來西亞北部吉蘭丹布賴村 *Images of Community in a Chinese Malaysian Settlement* 的博士論文，之後在2005年出版 *Histories, Cultures, Identities: Studies in Malaysian Chinese Worlds* 一書，促使人們對於馬來西亞客家聚落的研究興趣。2007年她又發表 "The Spiritual World of a Hakka Village"（客家村莊的精神世界）闡述布賴的精神信仰在時空中定位，並探討當地心靈習俗與信仰的轉變。柯博士對於布賴聚落的研究相當深入，舉凡歷史遷徙、經濟活動等，尤其對宗教信仰

的觀察更是鉅細靡遺。如今研究馬來西亞華人（客家）聚落時，除借鏡柯博士的布賴經驗與研究成果，更能理解到華人亞族群的日常生活與社會文化，不受限於華人整體性的窠臼。因此，本文不僅回望布賴研究，思索客家聚落的日常生活及其核心，亦納入她對布賴研究的延續觀點，影響後繼研究的取徑，能體認華人（客家）聚落多元性文化。

關鍵詞：馬來西亞客家、方言群認同、華人新村、 Sharon A. Carstens

自中國東南沿海如波潮般的移民們至新天地後，其移民社群逐漸落地生根，也因而東南亞華人自視或被認定爲一個獨特群體，其在境內民族國家形成前的移墾與定居，後又面對國家認同與尋求自我定位，東南亞華人呈現出因地制宜及因時變化的各種樣貌，發展出多元的華人社會文化。然而，作爲學術研究，學界並未關注東南亞華人亞族群社會，箇中原因或許是華人一體性的外在過於強勢，對於亞族群的研究則顯得力有未逮，而馬來西亞客家聚落研究更是從未被正視過，直到1980年美籍人類學家柯雪潤博士（Dr. Sharon A. Carstens）完成論文後，方知馬來西亞華人亞族群研究是多麼有趣且廣泛。因此，透過布賴的歷史、人群遷移到水月宮凝聚地方共識，更能理解到一個傳統馬來西亞客家聚落的變遷，尤其是客家人如何自待。

一、來自布賴的經驗

　　1967年日本天理大學的前田清茂（Maeda Kiyoshige）完成 *Alor Janggus：A Chinese Community In Malay*[1] 田野報告，其報告是他在1964年跟隨京都大學東南亞研究所在馬來亞吉打州 Alor Janggus 村所作調查的觀察成果，他提到一年一度的宗教儀式與日常生活的家庭儀式與原鄉有密切關係，從原鄉帶來的宗教信仰（關帝、觀音）持續被當地華人祀奉，而家庭中儀式一般由年長婦女所負責。傳統節慶從新年、元宵、清明、端午、中秋到冬至，無異於原鄉節慶，因此，不論在風俗、語言上，村子儼然像個小安溪（福建），前田認爲華人內部有方言群之分，但是整體華人社群明顯區隔於馬來社會與文化，並有強烈的我群意識。至

於，馬來西亞客家方言群是何種情況，就必須借重柯雪潤的研究成果方能得知一二。

　　柯雪潤教授現今（2020）任職於美國波特蘭州立大學人類學和國際關係學系，早期的研究興趣主要從文化人類學的視野理解中國漢語與東南亞地區（以馬來西亞為主）的華人文化，2005年後從事漢語與英語的雙語教學的研究，2010年至今則關心馬來西亞華人年輕世代語言文化與意識形態。今日論及她對於馬來西亞客家人的研究，首先要談起在布賴的經驗。1980年柯雪潤完成研究馬來西亞吉蘭丹州話望生縣布賴村（Kampung Pulai, Gua Musang, Kelantan）博士論文 *Images Of Community In A Chinese Malaysian Settlement*，她以人類學的民族誌方式詳實紀錄所見所聞，此論文研究背景中提到布賴村是一個客家村，19世紀村民開採金礦，礦業沒落後改以農業為主，布賴村開採黃金已有二至三百年之久，是早期馬來半島的華人聚落之一，亦有可能是客家人第一批抵達馬來半島時的落腳地。1948年至1960年的緊急命令狀態期間，村民被移居到登嘉樓州的蒲萊新村（Pulai Baru），蒲萊新村附近是福建人與馬來人的居住地，且土地是沙地不利農耕，這對部分布賴村民維生有困難。60年代政府解除「黑區」限制，村民申請重返布賴村。即使緊急狀態結束後，宵禁仍存在（1977年作者進行田野時），原因是政府認為當地共產黨人並未消失。當時（1970年代）華人約佔總人口的34%，馬來人為47%，印度人約9%。由於文化差異與殖民政策，華人文化沒有被馬來文化所同化，但也不意味著中國文化毫無改變。

　　柯雪潤的布賴研究促使外界對於布賴人客家身分和文化的新

興趣，亦鼓勵她重新思考亞族群的歷史及在當代身分存續的意義，觀察客家認同長期影響著客家人日常生活。其中，性別關係與社會階層改變了文化邊界（Carstens，2005：189）。為此，須從布賴的歷史談起，從客家先民移居過程中探索為何能堅持傳統文化，又卻能適應於環境變遷。

（一）大歷史的轉變

柯雪潤首先從歷史轉折作為開端，明清中國東南沿海的移民開始大量抵達南洋，檳城、馬六甲、新加坡等地逐漸成為馬來半島華人移民聚居地，他們在柔佛州種胡椒，在雪蘭莪州與霹靂州挖錫礦，在新加坡與檳城從商。當時華人心態是快速致富後返回中國，但多數失敗的經驗導致移民們沉淪於鴉片與賭博，加上1860年代前中國婦女甚少至東南亞地區，單身貧窮的華人男性社會長久處於不穩定狀態。19世紀晚期中國婦女陸續來到馬來半島，或與土著婦女通婚，家庭羈絆讓華人男性返回原鄉變得不再熱絡。此外，甲必丹與祕密會社是東南亞華人社會特有的制度與組織，且在英殖民政策底下，馬來人專注農業與低階公務，華人與印度人則在種植園、錫礦、貿易商工作。來自中國的商人發現利益出自於服務英人而非馬來貴族，因此隔閡便難以消弭。20世紀前葉華人多在橡膠種植園工作，1930年代橡膠價格下跌讓華人勞工轉向農業活動。1941年日軍佔領後，華人組織游擊隊抗爭，這些反抗軍日後轉為馬來共產黨（Malayan Communist Party, MCP）。1948年至1960年的緊急狀態期間，超過50萬的農村華人被安置在新村，消滅了大多數「自然」聚落。1965年新馬分家，1969年的大選與種族動亂呈現馬來西亞社會內部實

質分裂，1971年NEP政策承認族群間的經濟差距，聯邦政府扶助貧困的馬來農村，鼓勵外資與本地企業，希望消除馬來人的貧窮和重組馬來西亞社會。從整個華人移居馬來西亞的歷史經驗看到，原本鬆散的地方社會在緊急狀態時期後產生許多變化，不僅是移居所帶來的適應問題，更有國家政策的限制，其影響可見諸於馬來西亞華人新村。

雖然華人遷徙至東南亞地區後，很快地形成一個「移墾社會（frontier society）」。但不是完全複製中國傳統文化價值觀。客家人基於原鄉經驗的困頓，加上本地排擠因素，迅速發展出屬於自己的本地社會，不論是採礦公司、幫群社會或會館組織都是扶助客家人建立起自身的本土勢力。換言之，客家人若將自身歷史想像困在原鄉經驗上，勢必阻礙他們在移居社會的發展，而就現實狀況來說，客家人並沒有畫地自限。此外，客家人沒有全盤接受國家與社會的壓力，一方面接受住居地歷史想像，將其轉化爲自身的生活歷程，另一方面成爲守護中華文化的堡壘。

（二）布賴村的過去

布賴村的歷史是社會上由華人農夫、金礦挖掘、跨族通婚構成，而在二次大戰後的三十年中，政治層面受到共產力量的入侵。早期布賴村歷史是複雜的，傳說故事與事實常混淆不清，村內流傳著香港海盜張保仔故事，但可確定19世紀黃金開採引進華人礦工。1952年布賴村遺存的紀錄可回溯到1909年吉蘭丹州受著英國保護，1933年鄰近東海岸鐵路大約有700至800名客家人，臉孔黝黑依稀是昔日華人結合Aslis或Siamese的通婚證據；住戶散居，房子由黏土與竹子所建築，村內有觀音廟等寺廟，還

有中文學校；馬來蘇丹任命一位華人甲必丹管理當地，有權解決村內糾紛。因此，從各種跡象顯示，布賴村依舊維持著中國教育與宗教觀，本地華人社會穩固堅實。

1941年日軍來到後，布賴村民以金換鹽，與共產黨人接觸組織抗日軍。[2] 戰後，殖民政府施行緊急狀態期間，布賴村民被迫遷居到登嘉樓州的蒲萊新村，政府提供資金與工作讓村民種植橡膠或從業，但村民不領情。60年代前後布賴村民返回故地，依靠自給自足農業過活，試圖恢復過往的生活。

布賴人自豪於自己歷史文化，熱烈參與宗教活動與儀式和節慶日，強烈維繫家庭與社會的關係。本地不同族群職業不難分辨，像是馬來公務人員與華人商賈，布賴村則是農村田園景象，所有布賴家庭講客家話，1970年代村內主要經濟活動是梯田種植與割膠，有以中文教學的小學（至四年級）。布賴村民們表示每一個家庭都有挖金礦的回憶，也包含自給自足與水稻種植。一旦家庭沒有男性繼承，則會把土地捐獻給寺廟神明，再由失地家庭承租，換言之，資產流動僅限於村內，外村人不得其門而入。布賴村周圍縱使有自然環境可以憑藉，但家中長輩會告誡後代不要進入叢林討生活，因此布賴人選擇貧困的生活，但也讓共產勢力得以生根。雖然貧困，但是布賴人樂於分享剩餘生產，亦不求非親屬的回報。村內早期婚姻對象以當地女子最佳，再來是吉隆坡與鄰近區域福建女孩，最後是暹羅婦女，而這取決家庭的經濟實力。[3] 隨著華人婦女增多，布賴婚姻模式來得靈活許多，照顧家庭與孩子是婦女的責任，家庭中的祭祀主要為父系的祖先牌位及清明墓葬的祖先，兩者有所區隔。原先布賴家庭與地方社會關係密切，可以透過婚姻維持，但因跨族與跨地域的婚配，連帶讓

親屬關係產生變化，加上經濟模式改變（布賴家庭與社群的關係立基於經濟合作），社會結構不再穩固。在性別關係上，從地域政治、家庭結構、社群組織等公共領域層面來看，布賴男性村民地位高於女性，但村內女性並非長期受典範及規範壓制，她們自有一套日常生活實踐（如「婦女會」）。客家族群的性別差異有助於維護傳統文化的延續，客家女性不裹小腳，婦女可以外出工作，如同於東南亞土著社會裡的婦女們能從事農活等粗重工作。布賴客家家庭中的非華裔婦女亦可扛起家中粗活，贊助或參與水月宮的觀音轎遊行，使自己融入華人的中國儀式，至於客家認同是否能在她們身上得到答案，這個疑問柯雪潤並沒有給予明確解答。

（三）重返布賴村

　　1980年柯雪潤提出她對於布賴村的觀察，[4] 但也遺留不少問題，就像前田清茂（1967）與韓銑豐（1975）的研究，各自就其學科提出不同視角，至於華人方言群的結構組成與維繫，為何社群認同能長久不墜等問題並未獲得解答。2005年綜合過往觀察出版 *Histories, cultures, identities: Studies in Malaysian Chinese Worlds* 一書。本書以特定主題來劃分歷史時期，先論述移民如何適應當地環境，接下來談客家領袖葉亞來，客家族群的發展、文化認同與認同轉向，最後辯證華人的跨國認同或在地認同。其中，柯雪潤認為葉亞來模式其實是一個複雜的社會關係組合，將政治權力基礎建立在文化價值上，是一種互補和矛盾的心態。支持他崛起的關鍵權力可能透過祕密社團固有的價值觀，而不是組織結構本身。因此，他不是單一依靠他的祕密社會地位，無論是

經濟或政治上的支持，加上英國關切本地日益增長的治安和行政責任，而葉亞來創造一個情勢，有利於英國領導和控制著富裕及根深蒂固的中國商人階級。書中引自 Jonas Daniel Vaugha（1825-1891）[5] 在檳城的觀察，提到當時檳城的廣東人從事木匠、鐵匠等勞力產業，亦有從事店主、商人與園主的潮州人。這些移民從多樣性的原鄉（多族群、多語群）移居馬來亞所呈現的原始面貌，因華人方言群界線區隔出職業專有化、財富差距、性別關係、教育程度與城鄉差異，然而方言群界線並未阻絕葉亞來的成功，傳統中國觀念是不可忽視的關鍵，這也是研究華人族群共同性格與辯證華人認同時，一再被強調與視為主體性的原因。

　　不同於檳城，布賴是一個內陸靠山的封閉聚落，方言群差異並不存在。雖然大多數的布賴客家人聲稱傳統客家文化仍維持，但是客家身分與意義在布賴被淡化，可能為日後尋求就業問題，強調客家身分不利於在外界工作。再者，婚域的擴大，1950年代幾乎是村內婚，到了1970年代一半配偶來自外村，三分之一非客籍，其影響了客家日常家庭的生活，進而產生微妙的變化，[6] 早期「華與非華」的通婚記憶已逐漸埋藏，村民們並不願多談跨族婚姻的故事，其會影響華人身分與認同的一脈性。因此，當村民面臨著新的認同挑戰，不論是外族進入家庭，或馬來西亞立國後的國家認同，便將自身伏拜於水月宮的信仰儀式中，透過行動實踐凝聚認同，而這是代代相傳的心靈良方。

（四）布賴村的精神世界

　　1970年布賴村民重建水月宮，[7] 廟內供奉觀音並作為村廟。布賴水月宮主祀神為觀音（Kuan Yin），其聖誕為農曆二月十九

日，廟宇中其他祀奉神祇有大伯公（農曆二月初二）、天后聖母（農曆三月二十三日）、譚公爺（農曆四月初八日）、關帝（農曆六月二十四日）及叔婆太（農曆七月十三日）。水月宮的觀音誕是村內盛事，布賴村民皆會參與，[8] 在廟內食用齋飯，祈禱村莊平安。布賴的水月宮主導了布賴地方社會，即使1970年重建也不損其威望，甚至更增強以水月宮為核心的布賴認同。柯雪潤（2012）撰文談到水月宮不只在地方信仰體制發揮作用，其在經濟領域、家庭生活甚至性別關係上都有影響力。就拿性別分工來說，男性負責廟宇儀式與流程，女性從旁輔助清潔飾品，至今並無改變，而且女性參與水月宮事務的效益亦能強化她們社會體系的地位。其次，村內流傳神靈們的傳奇故事，使得村民在日常生活裡受得庇護，將己身緊密連結在水月宮的信仰體系中，水月宮透過地方信仰凝聚了布賴人，同時也主導人群網絡，在神明之前不分階序，深化了布賴人的內聚力，而從布賴人的認同，可以看到在不同時空具有特色的文化模式，即便他們承認或尋求更廣泛的社會認同時，仍保有自身傳承已久的使命感，此精神世界正是這個客家村莊存續的基石。

　　水月宮在成為信仰中心與社會生活重心的同時，人們對於認同的歸屬仍存在多樣性。以爐主身分為例，二次戰前水月宮爐主是由神明決定，二次戰後起了變化，而從今日馬來西亞檳城或柔佛的客家廟宇兩地來看，[9] 箇中原因是年輕世代的疏離感，隨著年輕人出外工作，又或者對於宗教事務的刻意遠離，使得參與者越來越少，爐主代表於是在幾戶人家中兜轉，或集眾人之力合拜而不設爐主。爐主身分的轉變反映了新村公共事務面臨到世代青黃不接，這也是新村人口老化與亞族群文化逐漸凋零造成的效應

之一，進而窺見華人在認同上的變化與傾斜，人們在國家、族群、文化及地緣等等的形貌皆須一一梳理方能呈現其認同多元性與層次。

二、華人與亞族群認同

柯雪潤自進入布賴田野後，參與水月宮觀音誕，與村民共同生活，提出對布賴日常生活模式的觀察成果，最終，她提出一個問題，要如何去辯證華人認同，或者說客家認同。除了服飾、飲食或慶祝儀式等細節外，是否有一個核心的行為模式或認同模式，能將客家自馬來西亞華人或東南亞其他地區族群中區分出來，而這可能是一項深遠且複雜的課題。而在過去四十年裡，我們看到吉蘭丹州布賴村陸續有來自各地的學者、學生與遊客進入布賴村或重返布賴村，而柯雪潤也藉此提出對馬來西亞客家聚落研究的可探性議題，而同樣受業於美國康乃爾大學（Cornell University），並在1965年提出 *Peranakan Chinese politics in Indonesia*（印尼土生華人政治）博士論文的 Mary Somers Heidhues 也相繼發表多項在印尼西加里曼丹的華人研究，尤其細微觀察西加省客家人的日常生活，因此馬來西亞布賴或印尼西加省的研究成果可作為對參，進而比較兩地或不同族群的同異之處，例如客家人對中原想像的一致性體現在歷史敘事與傳說上，接納寧化石壁傳說、中原遷徙論甚至部分原鄉不存在的土樓建築，均顯示客家群體認同符號的普遍性，也造就客家人身處海外仍無法割捨對中華文化的情感，致使外界將東南亞華人視為一體性。其次，自我認同的多樣性，群體認同形式是多元的，可依血統、氏

族、地緣作爲認同的依據，更可納入在一個「客家」框架底下，因此客家的族群想像具有多重面貌。不論是歷史的普遍性或認同的多元性受到客家族群遭逢的際遇所影響，因此他們的歷史記憶與日常生活逐漸型塑了族群性格，形成今日的在地客家。

（一）苦行與苦難的歷史記憶

　　明清時代的封建王朝雖採取擴張主義，透過移民不斷將邊界向外延伸，但南洋並不屬於擴張區塊，[10] 相較於朝廷的消極放任，東南沿海省分的居民採取了積極進取的移民方式，19世紀中葉至20世紀初期是第一波移民浪潮，隨著中國戰禍不斷，移民強度也隨之增強。在馬來西亞或印尼華人先民們所流傳的移民故事裡，敘述他們如何跋山涉水，跨過重重難關，艱苦的行路到東南亞地區，而身上除了包袱外，就剩傳統文化、家鄉情感與神明圖像，這些苦行故事或口語，或行文傳遞給後人，而於今日馬來西亞新村華人而言，己身或父祖輩歷經大戰砲火，更遭受像集中營般的壓制，新村人在原鄉困頓的經驗儼然已被集中管理的苦難所取代。不論是千里跋涉或高壓管理均給予新村華人難以磨滅的記憶，支撐他們的可能是信仰力量，如同水月宮觀音庇護布賴村民數百年，又如柔佛士乃的三山國王廟保佑河婆人在混沌中重建秩序；亦可能是中國傳統文化與政治結構灌輸我群價值觀，但並不是完全複製原鄉法則，因爲千里之外的祖國與原鄉社會很快成爲想像，華人必須建立屬於自己的本地社會，從移民社會轉變爲本土社會（從臨時的草寮變成永久村庄）；或許是客家人特性使然，依舊傍山而居耕作，這些人群並非東南亞區域的傳統中國商人（既非富豪亦不是頭家），主要是由小販、店主、農民與漁

民組成，有些華人甚至只求溫飽而已，故他們藉著集體參與，才能夠在叢林裡生存。

（二）華人與亞族群的分際

方言作為移民群體的界線是最早期星馬華人的社會分類法則，而同族聚居與族群經濟劃分了方言群的政治社會及文化生活空間。爾後，英語群與華語群的認同壓縮方言群認同，華人移民土著化過程中產生新的社會群體意識（或國家認同），而對於華人與客家人的分野，柯雪潤並未明顯區隔出兩者，客家人既是華人，如福建人、潮州人亦是。從柯雪潤與 Heidhues 的東南亞在地客家研究確實賦予了東南亞華人與亞族群研究的新思維，透過觀察亞族群的日常，了解到一個地方人群有其獨特的社會生活，也看到傳統中國觀或宗教信仰維繫了人群關係，不過尚未在她們的研究看出華人與客家亞族群的分野，一來是地方的人們並未覺得自己有階層關係，華人與客家人是並存狀態。其次，單一個體或群體不容易解釋自我認同的定位，猶如鐘擺聲般迴盪不已。然而，柯雪潤提出客家認同相對於華人認同是較為薄弱，至於客家認同為何薄弱，其因是華人認同向來是本地面對外族所呈現的趨向。進入到華人內部時，才有方言群之分，此時的亞族群認同又強化了不少。因此，多數研究東南亞華人的學者，大都是將華人一體性涵蓋其研究對象，[11] 亞族群的研究僅是一個社群文化，這種觀點直至今日並未有太大變化。但不可否認，柯雪潤能將馬來西亞客家人作為一個研究議題，已讓馬來西亞或其他區域的華人社群，逐漸思考華人可以是一個社會公約數，但不是一個集合體，[12] 重視我群文化不是分離彼此，而是尊重彼此之間的差異

性。

（三）集體行動與分享認同

人集合了，那認同呢？東南亞華人內部團體，像是血緣、地緣、方言與祕密會社體現出自然形成的社會團體，當同一群體不斷增強內部認同時，同時間可能削弱家庭關係。以布賴的例子來看，水月宮作爲布賴村的公共村廟，不屬於個人、家族或單一團體，村民們共同承擔祭祀活動，主動參與廟宇活動，而共同的祭祀活動與神靈祀奉，把鬆散的家族村落形成一體的布賴村，水月宮是村民認同象徵，區隔了馬來村庄的伊斯蘭文化，因此水月宮的發展牽動了布賴的命運，既能調解紛爭，也能安撫村民，透過廟產經濟扶助弱勢。每年一度的觀音轎游神儀式以游神、地域崇拜、宴客及作戲賦予每一個村民共享的權利及義務，個人不能置身事外。柔佛士乃三山國王廟聖駕出游繞行客家人居住區域，使當地客家人聚集成爲一個客家地域，不僅是一個祭祀範圍，亦收編了華人亞族群體，更有我群與他群的辨別。印尼華人公司則是另一個例子，Heidhues（1997）論述17至19世紀華人內部群體如何凝聚、協助與控制華人社會，最明顯的例子爲合股公司。19世紀後半葉荷印政府解散公司後，華人內部群體並非消失，如政治性的私會黨、讀書會；社會性的方言、同鄉會；經濟性的商會、公會；文化性的學校及宗教性的寺廟等組織。以宗教廟宇爲例，即使印尼政府一方面削弱華人宗教與限制宗教活動，另一方面華人廟宇仍不斷地凝聚著華人身分認同，維繫著華人社會結構的穩定。

（四）華人認同的辯證

走出布賴，可見伴隨東南亞華人經濟勢力的壟斷，因而導致東南亞國家想盡辦法要同化華人，1960年代Skinner（施堅雅）提出的同化論，可以在泰國與印尼觀察到此現象，他認為海外華人能永遠保持著中華文化而不被本土社會所同化，是一種神話，泰國華人已完全被同化或正被同化，第四代華人的身影僅是一種想像。施堅雅指出東南亞華人同化於本土社會，不僅是歷史上普遍的現象，也是歷史發展的必然趨勢，是華人唯一的出路。

馬來西亞雖為後殖民區域，結合著殖民經驗與資本主義，卻難以見到施堅雅的論證。1980年代以來，質疑同化論者便引用「多重認同」論述來辯駁，使得同化論遭受嚴重挑戰，多元認同論述不同於中華文化持續論或同化論偏向單一途徑或趨勢，而是採用相對視角與自我認同，華人具有國家認同、族群認同、身分認同、文化認同，多重認同表現在個體，強調認同之多重性與可變性。他們重新批判泰國單向的同化政策，尤其是泰國華人被視為完全泰化，他們認為同化是一種雙向的動態過程。過分強調單向同化與將群體二分法，容易導致理論與現實的矛盾與落差。施堅雅以泰國華人同化現象去看待馬來西亞或印尼華人時，忽略了根深蒂固的傳統中國文化仍保留在地方華人社群裡，即使經歷過通婚或遷徙，華人身分並未消除，特別是東南亞客家社區。

柯雪潤（1980）與Heidhues（1992）的研究觀察中提到客家話作為日常生活語言一直流傳至今，雖然部分口語受到馬來話影響，但無損客家話作為社會語言主體性，其維繫核心來自中文讀寫、中文學校、父權結構及傳統儀式等因素。以早期布賴例子來說，同中國認同相比，馬來西亞和客家認同比較薄弱，男性控制

公共領域，顯示較爲保守的中國的價值觀，不同於印尼土生華人或馬六甲峇峇，發展出一種揉合土著與中國文化的當地特色。在布賴，二次大戰前的客家移民即使婚配土著婦女，村內居民仍然清楚華人身分和實踐中國文化，內化的中國文化反映在村內的各種社會政治關係。Heidhues（1997）以 Fredrik Barth 的「族群邊界的存續（ethnic boundary maintenance）」作爲論述基礎，認爲外在因素如語言、宗教、血統都會影響到身分變動，而身分作爲一種承載，仍根植於他們的族群。印尼西加省的華人如何維持他們的中國性，其原因可能是強大的中國傳統文化與民族主義。歷經馬來蘇丹與荷蘭統治，即使華人公司被消滅，華人仍維持原始（primordial）的身分認同。她指出當地的達雅婦女透過通婚，可跨越族群邊界，進入到華人或馬來人社會，反之華人婦女卻謹守著華人邊界。馬來西亞與印尼的華人向來理解內部亞族群的差異性，但本質上仍繼承原始的中國性，20 世紀華人身分辨識上以宗教與語言最爲明顯，而華人社會功能性足以維繫內部各族群。從宗教來看，華人宗教雜揉多重宗教信仰，但家庭裡持續祖先崇拜，舉行中國農曆節慶活動，恰恰是中國文化的核心。以語言爲例，東南沿海方言與普通話有著差異性，普通話可以是公衆語，但公私領域卻有分際。普通話並非華人的標誌，華文教育選擇普通話可以是維持華人身分的途徑。事實上，華人公開或私領域使用著普通話或方言，保持著華人身分。

東南亞客家的歷史想像不僅是來自原鄉經驗的傳承，更有在地化過程後的文化再生產。因此，分層差序認同與隱形化是過去十幾年台灣或國外學者們對於東南亞客家提出的兩個面向，認爲族群認同是多層次和多族群的身分是可能的，族群認同的形成與

本地生活經驗息息相關。本土化也影響華人如何生活在民族國家底下維持其文化身分；再者，族群身分離不開國家民族主義，其歸屬於在一個國族之下。在公共領域裡，客家認同受到當地民族主義所擠壓，也受到華人作為一個整體的華人性所限制，因此現今大多數東南亞國家中的客家認同或客家性，都與當地特殊的社會結構脈絡有關。自我（族群）認同取決於個體或群體行動與參與，客家族群作認同抉擇在於如何展現個體，個人能作為東南亞國人、華人、客家人等多重身分，或東南亞客家人，又或單純的國家主義擁護者，端看我者如何面對他者且辨識我者，且認同模式持續建構中，是一種動態的過程。

三、啓迪馬來西亞客家的研究

　　柯雪潤自1980年發表博士論文後，研究關懷並未離開馬來西亞，除了重返布賴外，她持續發表了對於馬來西亞客家人的研究成果，我們從中可以看到原本對於使用「華人」一詞對外發表，改採用「客家」作為論述主題，如1996年 "Form and Content in Hakka Malaysian Culture"、2001年 "Border Crossings: Hakka Chinese Lessons in Diasporic Identities"、2007年 "The Spiritual World of a Hakka Village" 及2012年〈馬來西亞客家文化的形式和內容〉等文章，除了學術分科化、學術社群的建置及研究能量的擴展外，學術圈（主要集中在中國、台灣及東南亞）能夠接納非常小眾的馬來西亞客家研究，而這也是柯雪潤跟許多學者多年來的研究熱誠所促成。另外，她的馬來西亞客家研究可與 Heidhues 的印尼西加省客家研究作為比較分析，其例之一是柯雪

潤（2005）指出早期福建移民，混血後代如印尼土生華人或馬六甲峇峇，發展出自我特色，包含土著與中國文化，但在類似情況下的客家移民結合本地婦女進入客家地區時，依然保有華人身分並傳承中國文化且不斷在生活中實踐它；Heidhues（2003）亦認為華人的定著性讓西加華人與達雅人的後裔接受中國傳統與文化。從兩位學者的研究可以擴展馬來西亞客家家庭與其他方言群家庭的差異性議題，亦可去探尋非華人如何自處於客家族群裡，從其個人生命史來論述己身、家庭到社群之間的關係。另一方面，議題的擴展可觸及未知的歷史，或者在全球快速變遷下族群邊界與國界不再阻隔外界交流，衝擊到亞族群文化的發展。

（一）馬來叢林裡的祕密

當代布賴人並不願對外公開說明第一代婚配的對象與歷史，把這段歷史視作為一個公開的祕密（簡美玲，2007：155），那麼對於馬來西亞共產黨的關係更當作是一個絕不能說的祕密。19世紀末中國動盪不安，大量的新客進入到東南亞地區，衝擊到原本的華人在地社會，強烈的民族意識與中國認同席捲了整個地區，1930年代布賴一度也有同盟會的蹤跡，去協助被日本欺壓的中國同胞。當然，這種同袍情感也影響了日後對於馬共的觀感，柯雪潤引1965年V. Purcell的作品提到：「馬來西亞的客家人特別被共產主義運動所吸引」（Carstens，2001：202），貧窮的布賴農村客家人參與了MCP（馬來西亞共黨）的活動，而這段歷史記憶卻隱沒在附近的叢林裡，從柔佛州南部士古來幾個客家新村的昔日共黨活動亦是如此神祕，村民們不約而同談到自己的新村是如何艱困，但對於共黨記憶卻絕口不談，即便望著破敗

的鐵籬，村民選擇遺忘這段歷史。[13] 雖然 V. Purcell的觀點並不一定讓人信服，但自洪秀全的太平天國，孫中山的辛亥革命，到中國共黨的崛起，動盪的中國東南省分移民們難以擺脫革命起義的影子。如今談論這段歷史，不應視其來自何方或地區使移民們加入革命，而是要思考爲何他們要加入，貧困的日常生活、弱勢的社會階層及被壓制的族群身分可能促使他們不得已選擇，亦可能是無法割捨的原鄉情懷所催化。此外，政府推行一連串的公共建設試圖降低新村內部的敵意，1950年代卻也是地方社團或祕密會社大量發展的年代，尤其新村的領導人大多來自個人魅力（Siaw，1983：170）。對於這段共黨歷史，可以作爲一個研究切入點，就像台灣二次大戰後有共黨活動，視其爲一個學術討論而不是刻意迴避。

1980年代中期，一些布賴華人開始僱用泰國人割膠，一部分人僱用泰國年輕男子種植可可樹。1980年代後期，越來越多的布賴人造訪3小時車程外的泰國邊境城鎮Golok，在那裡進行性交易（Carstens，2001：190），雖然這種交易無法攤在陽光下高談闊論，但跨境交易在邊境城市再日常不過。事實上，人群流動也影響地方社會的變動，柯雪潤的時間軸線在新村開放後初期便斷線了，即使再短暫造訪布賴，仍無法觀察到跨境流動在布賴所帶來的效應。爲此，簡美玲與邱星崴的觀察填補了此段時間空缺，他們看見布賴女性遷移（離開布賴）做爲她們日常生活很重要的面向，呈現著多點移動的現象（簡美玲、邱星崴，2012：196），而回到布賴的因素與水月宮有密切的關連，從儀式參與到美化觀光，反映布賴女性積極參與新村公共事務；另一個日常跨境例子是柔佛南部相鄰新加坡的客家新村，人群一日之間的跨

境看似平常，在心裡與社會層面卻帶來巨大衝擊，許多的客家青年希望透過每日的跨境累積資本，最終能跨國至其他地方尋求安生立命，而英語的便利性與2000年後中國的經濟發展所需人力給予他們一個機會。

（二）中國崛起與英語世代

1990年代隨著穩定的電力供給，老人與年輕人迎來更多的聲光娛樂，尤其是講粵語或華語的節目，收看馬來肥皂劇有助他們理解語言中的馬來文化。至於國際層面，中國經濟開放與積極的外交，讓布賴人逐漸接觸到中國商人，當然，國內政治也開放了高等教育的限制，承認中文文憑。這些布賴人也試圖去中國探訪，即使是與布賴現實生活相異的原鄉客家，喚起他們遙遠的客家記憶，也促使他們或外界對於布賴客家的興趣與正視，而復振亞族群文化就成了一個新興議題。與此同時，中國、香港或台灣的大眾傳播陸續進入馬來西亞，以李安的《臥虎藏龍》為例（Carstens，2005：198），馬來西亞華人認為並不夠「道地」，揉合西方與東方的元素不適合解釋傳統中國武術內涵。21世紀中國經濟勢力的崛起，連帶推展文化浪潮至東南亞地區，首先是華人身分的再顯化（如菲律賓第11任總統Corazon C. Aquino提到祖先來自中國福建），並利用經建與基建走入東南亞國家，對於華商或華人確實帶來很大影響，但亦可能如大眾傳播娛樂了外在，卻未走入內心深處。事實上，來自境外具有「中國元素」的大眾傳播並不會大幅增強在地華人的認同，其自身內在認同依舊強大，但是缺乏存在感。[14] 馬來西亞多元文化仍會持續，但是華人意識到自己族群漸漸弱勢與減少；在印尼，Heidhues（2003）

指出即使不會說中國話（如年輕一代），西加華人身分依舊維持，這是華人文化的一貫性，卻也阻礙國家與民族認同。華人文化的繼承性是透過語言、家族主義與儒學傳統為基礎。當代的論述強調個人主義與流動性，是一種動態過程，不把自己囚禁著，因此印尼華人的多重身分並不矛盾，但存續多久仍是未知的謎題。

　　馬來西亞立國後，中華文化並未禁制，但華人們努力忠誠於這個國家，並試圖讓政府聆聽他們的心聲。1999年短暫訪問布賴後，柯雪潤提到現今中國運用政治與經濟力量大舉進入鄰國，跨國的大眾媒體與科技改變了人們日常生活，性別與社會階層是東南亞客家人文化變遷的因素，社會地位的不同影響了他們對於外在文化衝擊的反應與適應，而成為華人或客家人始終取決於現實狀況，其來自本身環境與地方社會、國家政策甚至全球化，但並非永遠不變。其次，現今的馬來西亞認同主要是透過政府推動語言、藝術與宗教，但對布賴人而言馬來文化相對疏離。布賴人依舊選擇華文小學，證明他們承繼祖先遺留下的文化取向。布賴人對於土著與馬來有不同觀感，馬來人統治國家，土著則是未開化。我們可以看到國家力量對於布賴的影響，不僅是聚落社會，也影響族群文化，是可以共享國家認同，但文化認同未必一致，布賴、客家、華人、馬來西亞人各是一個認同層次。因此，柯雪潤（1980：16）認為馬來西亞華人研究的課題往往是先探討華人經濟；其次，論述政治上對於中國的嚮往，便完成對華人社會的觀察，其實前述問題忽略華人內在的中國文化，且又如何定義馬來西亞華人，是誰去定義他們，還是他們自我認定，這些問題尚待釐清。

柯雪潤完成布賴客家研究之後，她的研究領域轉向於社會語言學領域，尤其是漢語教學層面。她曾到訪馬來西亞、台灣、中國等地的學術單位或客家研究社群，也發表二篇關於布賴的研究回顧，但未深入去探討馬來西亞客家社會本土化，雖然她提出大馬華人逐漸關心本地著作，以本土語言作為社會溝通媒介，然華人內部仍存在世代差異，儒學世代與英語世代即是一個明顯對比例子。現今客家認同或意識存於客家公會或家庭裡，多見於移民第一代或第二代，[15] 但在移民浪潮時，客家社會組織的出現有助於增進群體意識，同質性的社會組織是東南亞客家最明顯的族群表徵，客家組織在宗教、社會、慈善福利與仲裁有具體功能與權威。在慈善上，給予同鄉實質互助；在仲裁上，殖民政府法制無法下達至客家社區，便由客家團體自治。隨著時代演變，客家社會團體逐漸失去功能，年輕世代逐漸脫離客家文化框架。這種文化疏離感不僅在東南亞地區出現，亦存在於中國原鄉或台灣客家文化圈裡。我們看到東南亞客家的歷史想像來自於原鄉經驗及本地生命歷程，與其他方言群有著不同之處。在原鄉經驗不斷被淡化與質疑時，本地經驗成為一種優勢，但不表示客家認同不存在。

四、結語

柯雪潤在第一屆（2012）馬來西亞華人研究雙年會專題演講時，她發現華人新村是一種基於農業文化的產物，發展到後來毗鄰城市的新村獲得更穩定發展的機會，而鄉村的新村人口卻不斷下跌，大馬人口從鄉村遷移至城市的趨勢非常明顯，從1970年

代總人數中有28.4%是城市人口，增長至2004年的64.4%，鄉村人口流失不僅出現在華人新村裡，也可在馬來甘榜裡看到人口移動的現象，其爲一個經濟發展的整體趨勢，而我們所要關心的是，不論在城市或鄉村的華人，他們如何自待。須知，在大馬受英文教育和中文教育的人擁有不同的思維方式，對事情有不同的看法。人們在家庭中使用方言交談，如福建話、廣東話、客家話等，在華人社交場合也可能使用福建或廣東話，而普通話或英文則是受教育及未來職業所需（Carstens，2018：28）。當一個受英語教育的華人無法使用華語而有失落感時，其因是他／她身爲一個華人理當會講華語，旁人也認爲理所當然，這也是馬來西亞華人教導下一代要能講華語，方有華人身分的延續性。畢竟，對許多具有「中國文化」底蘊的大馬華人而言，華語是最能辨識彼此的符號。從布賴研究的經驗可以看到村民在日常生活裡講客家話，不僅是語言溝通的便利性，更是分辨我者與他者的最速捷徑，而講客家話代表著我們是同一群人，即便此人不具有華人外貌。此外，她也談到馬來西亞華人身分總是不斷在日常生活中修正，從宗教、學校和家庭、中英文報紙和其他形式的媒體與消費文化。作爲個人和作爲社會團體的成員，馬來西亞華人積極參與本地社會，其中的華人身分可能會被忽略、質疑、抵制、重新發現、稱讚，或抹去，這意味著馬來西亞華人是多重的，複合體，不斷變化的，而這些有助於了解馬來西亞華人。華人身分可視爲一種恆定的動態過程，具有「中國性」的問題可以不被討論，而是去論述在什麼樣的情境之下，華人如何選擇認同或不認同。至於客家身分如何維持或再族群化，以台灣客家族群運動集中在政治層面的例子來看，這在東南亞是不可能發生的，因此馬來西亞

客家人要怎麼成爲在地客家而不是海外客家仍有長遠之路。

最終，她對於客家的研究呈現歐美學界在東南亞華人亞族群的關懷，接納東南亞客家人作爲一個學術議題，其從她學術著作中客家作爲主題得知一二，這也是受近二十年台灣、中國及東南亞地區將客家作爲學術分科之一，且學術市場願支持小眾的東南亞客家研究。今人可從布賴經驗裡，去探尋地方人群的日常生活，思索各亞族群之間的同異之處，他們如何建構自我認同，對於原鄉與本土化採取何種態度與進程，因爲復振亞族群文化與建構本土化可能彼此衝突或者是協調後產生的結果，其有賴於未來關注東南亞客家研究與地方人群的人們細細品味。

註釋

1　1961年京都大學東南亞研究中心籌備委員會成立，1963年在泰國曼谷成立聯絡處。1964年7月起爲期六個月，京都大學東南亞研究中心地域研究班在馬來亞吉打州進行田野調查，他們調查對象有馬來人及中國人聚落。田野中，研究團隊淡化研究對象（華人）色彩避免馬來人的反感。中心簡史請參閱 https://kyoto.cseas.kyoto-u.ac.jp/organization/history/（取用日期：2019年11月5日）。

2　1970年代中期，新加坡左派學生到訪，使得十幾戶村民被指控違反內部安全法（Internal Securities Act）而被逮捕。現今布賴人對於村內共黨的歷史與記憶幾乎是斷絕的，而政府向來禁絕任何共黨活動，包括它的歷史。

3　亦有童養媳問題，跟馬來人並不通婚，即使馬來人懂客家話，也受限於伊斯蘭文化。通婚家庭的土著婦女講客家話，但穿著沙龍意味原生

文化並未消失，身後牌位與墓碑會取一個中文名字。

4 1982-1998年多次探訪布賴村，1996年她觀察到村子樣貌與1980年代改變不少，像是村子已有基礎民生建設。

5 Vaugha, Jonas Daniel, 1879, *The Manners and Customs of the Chinese of the Straits Settlements*. Singapore: Mission Press.

6 Laurence, K. L Siaw（1983：32）在知知港（森美蘭芙蓉）的研究舉通婚為例，原本不遵循中國傳統規範的人，因為沉重的社會壓力而變得有責任去尊重與服從。

7 現今（2020）水月宮對面的公主山有一紫霞洞，裡面供奉由石像雕刻而成的觀音像。公主山是當地馬來人的稱呼，紀念馬來公主化身為守護神。布賴客家人現在塑造成一個觀光景點，對望於水月宮。

8 除了觀音與媽祖外，神明稱謂與親屬稱謂有關係，像是譚公爺與大伯公。

9 正文中提到柔佛（2007-）與檳城（2017-）的例子是楊忠龍在當地的觀察，柔佛案例集中在士乃到古來區域的客家新村（如士乃新村、加拉巴沙威等），檳城個案是以檳城海珠嶼大伯公廟為中心，分別至其屬下五個會館訪談並參與年祭或例祭。

10 傳統中國的封建王朝自恃為陸權國家，向來認為邊境外患均來自四方蠻夷，海洋僅是商人與海盜的活動區域，即使明成祖派鄭和多次出使，也不過是探尋與獵奇，其用意不在佔地為王，故到清末鴉片戰爭後，清朝廷才意識到海外威脅。

11 二次戰後研究東南亞華人的學者，以海外華人作為主體論述是常見的研究議題（顏清湟，2010），也有如施堅雅對於泰國華人所提出的「同化典範」。

12 「華人」作為一個認同符號，乃基於中國文化、語言、宗教信仰或其他因素的共通性，各群體視其為代稱並有別於他種族。集合體的概念是將各亞族群一律通稱為華人，如福建人、廣東人、客家人、海南人等人群合為一體，不論此亞族群身在何時何地。

13 1950、60年代，英國人以馬共為題材撰寫小說及戰地報導。當時

（1952年）英國人梁康柏（Leonard Francis Comber，任職馬來亞警察政治部）與韓素音夫婦倆定居新山，日後各自撰寫並出版了探討馬來亞緊急狀態下的馬來亞社會，而韓素音以自身見聞所寫成的《餐風飲露》（*And the rain, my drink*）一書更忠實呈現緊急狀態時期柔佛的華人新村居民活在恐懼陰影下的生命故事。

14 柯雪潤指出部分因素是來自社團組織內部的鬥爭，表現出華人不團結的一面。原本社團組織設立宗旨是團結同鄉，但方言群界線卻讓各社團成了不團結的團結。

15 可參見Hsiao, Hsin-Huang Michael and Lim, Khay-Thiong, 2007, "The Formation and Limitation of Hakka Identity in Southeast Asia." *Taiwan Journal of Southeast Asian Studies* 4(1): 3-28.

參考文獻

簡美玲，2007，〈歷史民族誌的書寫與 Pulai 女人的研究：馬來西亞華人客家認同經驗的探索〉。《客家研究》2：151-158。

簡美玲、邱星崴，2007，〈日常、儀式與經濟：布賴女性的移動敘事與在地認同（1960-2011）〉。頁190-209，收錄於林開忠主編，《客居他鄉──東南亞客家族群的生活與文化》。苗栗：客家委員會客家發展中心；南投：國立暨南國際大學東南亞研究所。

韓鐵豐，1975，*The Chinese In Sabah East Malaysia*。台北：東方文化出版社。

Carstens, S. A., 1980, *Images of Community in a Chinese Malaysian Settlement*. Ph.D thesis, USA: Cornell University.

──, 1996, "Form and Content in Hakka Malaysian Culture." Pp. 124-148 in *Guest People: Hakka Identity in China and Abroad*, edited by Nicole Constable. Seattle: University of Washington Press.

──, 2001, "Border Crossings: Hakka Chinese Lessons in Diasporic Identities." Pp. 188-209 in *Chinese Populations in Contemporary Southeast Asian Societies: Identities, Interdependence and International Influen*ce, edited by M. Jocelyn Armstrong, R. Warwick Armstrong and Kent Mulliner. Richmond, Surrey, UK, Curzon Press.

──, 2005, *Histories, Cultures, Identities: Studies in Malaysian Chinese Worlds*. Singapore: Singapore University Press.

──, 2007, "The Spiritual World of a Hakka Village." 《台灣東南亞學刊》4 (1)：29-63。

──, 2012, 〈馬來西亞客家文化的形式和內容〉。《客家研究輯刊》2：152-164。

──, 2018, "Multilingual Chinese Malaysians: The global dimensions of language choice." *Grazer Philosophize Studie*s 89: 7-34.

Heidhues, M. S., 1997, "Chinese Identity in the Diaspora: Religion and Language in West Kalimantan, Indonesia." Pp. 201-210 in *Nationalism and Cultural Revival in Southeast Asia: Perspectives from the Centre and the Religion*, edited by Sri Kuhnt-Saptodewo, Volker Grabowsky, Martin Grossheim. Germany: Harrassowitz.

—— , 2003, *Gold diggers, Farmers, and Traders in the Chinese Districts of West Kalimantan, Indonesia*. USA: Cornell University Press.

Hsiao, Hsin-Huang Michael and Lim, Khay-Thiong, 2007, "The Formation and Limitation of Hakka Identity in Southeast Asia." *Taiwan Journal of Southeast Asian Studies* 4 (1): 3-28.

Kiyoshige, Maeda, 1967, *Alor Janggus: A Chinese Community In Malay*. Kyoto Japan: Center for Southeast Asian Studies, Kyoto University.

Siaw, Laurence K. L., 1983, *Chinese Society in Rural Malaysia: A Local History of the Chinese in Titi, Jelebu*. London: Oxford University Press.

第 6 章
砂拉越客家研究的發展與特色：
以房漢佳、田英成爲例

陳琮淵

摘要

　　東南亞客家議題廣泛且深具特色。雖然官方檔案記錄有限，但客家社團的紀念特刊及民間學人編彙的客家文獻，爲相關撰述提供了基本線索。由此延伸，進行跨學科跨領域研究，恰可呈現全球客家社群的發展特色；比較不同學者對於同一田野地的研究過程及成果，更能得到啓發及借鑒。本文從描繪馬來西亞砂拉越客家社群的歷史出發，回顧砂拉越客家研究的發展，展望未來可行的研究方向。本文將透過房漢佳、田英成爲研究個案，說明砂拉越文史工作者的客家研究，在主題、材料、方法及學術關懷等面向，有哪些區別於其他地區及國家的特色。

關鍵詞：客家研究、馬來西亞、砂拉越、房漢佳、田英成

一、研究問題

　　東南亞客家族群相對集中，各地客家社團的紀念特刊、華族人物志及史料文獻編彙，也爲當地客家研究提供了重要基礎。1960年代以來，羅香林所著《羅芳伯所建婆羅洲坤甸蘭芳大總制考》（1940）、《西婆羅洲羅芳伯等所建共和國考》（1961）等書的出版及再版，引發學界關注。1980年代起，更多學者投入東南亞客家社區、歷史、村鎮及文化的研究。然而受限於一手資料及田野調查的缺乏，早期的客家研究更多是宏觀討論及歷史概述，深入細膩的分析較爲少見。直到1990年代中期，東南亞客家研究方有更顯著的發展，當中的變化轉折值得探究。

　　如同陳松沾（1998）所言，客家人廣布在東南亞各地聚族而生，「如馬來西亞吉蘭丹的蒲萊村等，有一些聚落則以客家人爲主，如印尼廖內群島中的勿里洞、邦加島、西婆羅洲的坤甸等，這些鄉鎮所展現的客家屬性（Hakkaness）十分突出。其保留多少源自中國的客家本質，又有多少因地異時移所形成的本地特性，值得從比較的方法去研析。」政治參與、墾拓開發、行業經濟、社團組織、信仰習俗、語言使用皆是值得發展的議題，他主張以跨學科、比較研究及團隊合作的方式來進行東南亞客家研究。多年來，上述議題及倡議得到很好的實踐，其中，又以台灣、新加坡及馬來西亞學者的研究成果最爲顯著，團隊建設、社會推廣也頗有進展（劉堉珊，2016；黃賢強、賴郁如，2013；劉崇漢，2005）；多項大型國際研討會／工作坊的舉辦，學術刊物、史料彙編及研究書系的出版，見證了東南亞客家研究的勃興。

要進一步拓展東南亞客家研究，「跨域視野」及「比較方法」仍值得持續推廣，用黃賢強（2015：9）的話來說，就是「不再局限於一地的客家研究，而是擴及在地與他地或原鄉的互動與比較，並可借助政治學、社會學、人類學、傳播學、文學等理論和方法，結合傳統的史學、民俗信仰等知識，強化客家文化的深度和廣度。」就前者而言，地理因素確實是影響客家族群生存發展的關鍵之一，早在現代民族國家成為國際建制之前，客家人已在東南亞各地活動發展，殖民勢力分野及國境線的劃定，也難以切斷源自客家文化及移民歷史所形成的紐帶。活躍於印尼西加里曼丹及馬來西亞砂拉越地區的客家族群即為顯例。本文認為，跨域研究是一門追蹤研究對象如何遷徙、活動與發展的研究途徑，跨域視野高度契合於客家研究的特性。就後者而言，比較既是人類思考問題的基礎，也是社會科學研究方法的核心，客家研究在個案及資料累積到一定程度後，就應適當開展地方與地方、區域與區域，族群（方言群）與族群、以及國家與國家的比較研究，由此確認各地客家的共性或特性。當下的東南亞客家研究早已跳脫以往以單一社團或人物的論述，針對客家產業經濟、宗教信仰及飲食文化進行比較，成為熱門議題（蕭新煌，2017；黃賢強，2018；黃賢強等，2018；蕭新煌等，2020）。由此可見，「跨域」與「比較」不僅在研究方法上相輔相成，也是客家研究的新趨勢。

　　尤有甚者，來自不同地方及知識社群的客家研究及研究者，也可作為跨域／比較研究的對象。這是因為研究論述出自學者手筆，學者從事研究、形成論述又受到身分認同、時空條件、制度資源等主客觀因素的影響，必須置於相互參照的學術脈絡下方能

有較好的理解。也因此，廣義的客家學研究對於**誰研究客家？研究哪些議題？使用哪些材料及方法？還有待開啓一門關於客家研究（者）的知識社會學研究**。這樣的努力離不開前述「跨域」視野及「比較」方法，方能得到有益的進展。

本文簡要回顧砂拉越客家研究的發展，描繪當地客家歷史及族群特色，從而展望未來可行的研究方向。我嘗試以房漢佳（1936-2010）、田英成（1940-）爲焦點個案進行比較，聚焦於砂拉越本地學人的客家研究，考察其於問題意識、核心關懷、方法與資料等方面有哪些特色及演進。從作者較爲熟悉的砂拉越客家研究及研究者入手，主要考慮到劉伯奎、張肯堂兩位先驅者的客家研究集中在河婆客家人，且已有相關討論（蘇慶華，2006）。此外，1985-87年間曾任石隆門（Bau）縣長，後轉任農業部官員的鄭八和（Chang Pat Foh）之英文著作（1995、1997、1998）、饒尚東處理與客家高度相關的人口及移民專論（1995、2005），以及楊謙俊的客家礦工研究及客家史事彙編（1996、2013ab、2014ab），也有一定的重要性，但作者所掌握的資料並不全面，乃決定以房漢佳與田英成爲主要探討對象。

二、砂拉越客家移民脈絡與客家研究的進展

砂拉越位處世界第三大島婆羅洲北部，現爲馬來西亞土地面積最大之一州。客家族群曾是砂拉越最大華人方言群，祖籍來源主要是河婆、新安、大埔、惠東安等地，砂拉越客家人物在馬來西亞政治、經濟、社會、文教等諸領域貢獻卓越。

（一）砂拉越客家移民脈絡

　　早年客家族群在西加里曼丹與砂拉越之間的往來移動基本不受拘束，直到西人勢力東漸，明確劃分勢力範圍後方有改觀。砂拉越原屬汶萊蘇丹轄下，19世紀中葉英國探險家詹姆士・布魯克（James Brooke）因襄助平亂有功，獲封拉者（Rajah），成爲砂境統治者，家族王朝統治延續到二戰後讓渡英國成爲殖民地爲止。布魯克王朝治砂採取保守自足方針，專注於經濟發展，籠絡各族首領以遂分而治之。對華人社群，砂王於1912年始設華人裁判庭，由華人總僑長領各屬頭人爲之。早在布魯克政權肇建前，客家族群已以公司（kongsi）形態在西婆羅洲各地從事礦產採掘，砂拉越的華人公司更與西加里曼丹的蘭芳公司淵源深厚。1830年前後，一批約三千人的華工輾轉來到石隆門發展，漸成氣候。以客裔爲骨幹的華人公司初期尚能與布魯克政府和平相處，直到後者進一步插手礦產利益，終釀成1857年石隆門「華工抗暴起義」事件，幾乎顛覆布魯克統治。經此一役，當局雖對華人存有戒心，卻仍正視其經濟潛能及發展貢獻。二代砂王查爾斯即位後，大量招募華工來砂，投入碩莪（sago）、甘蜜與胡椒等經濟作物的發展。布魯克王朝的發展政策，即是促成福建屬王友海（1818-1893）、詔安屬田考（1824-1904）及潮州屬劉建發（1835-1885）等早期華人三大鉅富家族發跡的重要背景，其中來自閩粵交界地帶詔安的田考，更被石隆門客家社群視爲財神（李恩涵，2003：236），他的傳奇經歷經過渲染也吸引了更多客家移民前來砂拉越發展。

　　1898年，一批廣東客家移民以墾場方式到古晉市郊墾殖，得到古晉聖公會的協助及布魯克政府的鼓勵。1901年鄧恭叔與

查爾斯・布魯克簽約在詩巫（Sibu）建立廣東墾場，當中有許多新安客家人，他們之中有一部分因經濟大蕭條的原故選擇再次移居到美里。20世紀初，美里因開採石油而發展起來，不少客家承包商及工人聞風而至。1930年代中期，砂拉越經濟逐漸走出全球大蕭條的陰霾，油田公司的建築工程、政府公共建設需要大量石材及木材，進一步帶動客家人移到美里及附近市鎮。1939年的人口統計顯示，美里共有9,846名華人，其中又以客家人和廣府人爲多，客家話和廣府話在市區普遍通行。當時，大埔客和嘉應客主要在市區經商、新安客在市郊珠芭從事養殖業和種植業，河婆客則在時稱「大山背」的廉律地區種植胡椒、樹膠和其他經濟作物，也有一些客家人在美里的衛星市鎮從事礦業、伐木和種植。

砂拉越客家族群的分布，與移民史脈絡高度相關（余德廉，1962：78）。在古晉郊區的石隆門與西連（Serian）鎮沿路，成邦江（Simanggang）、三馬拉漢（Samarahan），以及美里廉律（Riamroad）地區，皆可見客家族群高度聚居的情況。

二戰後不少客家人毅然棄農從商，1970年代以來，都市發展、地價升值進一步改善了客家人的生活條件，也有不少人選擇移居他地或海外，大規模油棕種植也取代了傳統農業，砂拉越各地客家聚落的社會結構及經濟形態已大爲改觀（房漢佳，2001：174、192、217）。

1980年之前，客家一直是砂拉越華人人口中人數最衆，佔比最高的一群，至今也仍是砂拉越華人的重要組成部分，早期多半投身農礦及商業，後來更積極組織社團、參與政治。砂拉越客家社團有以行政區劃組成，如詩巫客家公會；也有以祖籍地州、

縣聚合,如嘉應會館、河婆同鄉會;甚或以特定姓氏組織形式出現,如楊氏、房氏宗親會等,其中又以砂朥越客屬公會最具歷史及規模。砂拉越客家人才備出,積極帶領政治變革及社會發展。楊國斯(大埔)、文銘權(新安)、黃紀作(河婆)、賴漢儒(大埔)、陳華貴(河婆)等客家菁英活躍於當地政壇,呈現了客家精神的一些特色。曾任砂拉越人民聯合黨主席的楊國斯便指出:

> 華人的幫派觀念很重,在客家人中尤其顯著。有些成功客家人當了老板,成為社會領袖,照顧鄉親們的福利,並帶領客家人參與政治活動。我認為,一個好的政治家必須時常以鄉親們的福利為懷。若他有權力帶來社會變革,他就要善用它,以期在各族之間締造和諧的生活。大埔客人對政治的興趣很濃,他們以力爭上游的精神,爭取出人頭地。我就是遵從我的家族傳統,結果置身於政壇(楊國斯,1998:5)。

概觀而論,砂拉越各時期的客家移民有其特色及不同發展,卻也有著一定的關連性及相似性(徐雨村,2016:37)。客家人無論先後來到,總是胼手胝足、努力打拼,共同創造出砂拉越客家社群發展的基本格局。砂拉越客家的移民脈絡、宗教信仰、社團組織、政治參與、產業經濟、跨族通婚等議題也引起國內外學者關注,進行若干探索及研究。

(二)砂拉越客家研究概述

學者的研究以面向學術世界為天職,所撰寫的研究報告強調

方法及格式的專業性，希望出版後能廣泛地被同儕專家閱讀、評論、引用，甚至是在課堂上講授。文史工作者雖也從事研究，能提出有意義的發現或創見，立意卻更為個人化、本地化，寫作通俗不拘格式，更多地從業餘愛好者、文化傳承者及理念傳播者的角度進行資料收集及寫作。這兩種不同的取向時常被高聳的學術門牆所隔，有時卻也相輔相成，彼此借鑒。吾人不能完全忽略由地方史工作者編寫，一定程度上代表某種「在地觀點」的文本。

本文也認為，砂拉越的客家研究，雖可置於東南亞或馬來西亞客家研究的脈絡下來理解，但亦不可忽略國家與國家間的差異，以及國家及區域內的複雜性及動態聯繫。在歷史上，砂拉越客家與西加里曼丹客家有較強的淵源（Heidhues，2003；Hui，2011），在區域內，砂拉越又與沙巴客家在僑鄉來源、殖民遺緒、教會因素及地理分布上有許多可資對照之處（沙巴客屬公會聯合會等，1990：7）。

早期的砂拉越客家研究，多半是地方文史工作者基於鄉里情懷及歷史興趣所進行的地方史研究，涉及的主要議題是原鄉史話、地方掌故、文獻彙編及民間信仰。如果說劉伯奎與張肯堂為戰後砂拉越客家研究奠下根基，房漢佳、田英成及其同時代本土研究者可謂發揮了承先啟後的作用。

1990年代以來，砂拉越客家研究最值得關注的發展之一，便是台灣學者的參與。台灣在獨特的族群政治背景下，經由學者及各界的努力，在全球客家研究興起的過程中扮演重要角色。早期的海外客家研究，更多被統攝到海外華人研究當中，作為「方言群」或「族群關係」研究的案例，學者們選擇從事客家研究也僅出於議題衍生性、地緣關係等考量，客家研究的「主體性」並

不顯著。在台灣,隨著客委會、客家系所的成立及系列獎助、研討會的常態化進行,確實起到引導及鼓勵客家研究的作用,學者們更願意思考自己所從事的研究與客家的關連性,也有越來越多學者或學生以客家為題進行專門研究。

《砂拉越華人史研究》(1999)出版於上世紀末,是一部結合大量文獻及實際調查而成的通史性著作,書中雖未以客家為主,卻探討了不少高度關連的現象,可從中演繹出「砂、印邊境的客家聚落」、「西婆羅洲客家聚落發展史」與「砂拉越客家社群與布魯克王朝的歷史關係」等重要議題。黃建淳也是較早觸及砂拉越客家研究的台灣學者之一,本文作者在黃氏的指導下,對砂拉越的客家及福州兩個方言群進行比較研究(陳琮淵,2006),並翻譯了一篇客家人高度聚集的砂拉越美里廉律地區的調查報告(陳琮淵,2010)。出身馬來西亞在暨南國際大學東南亞學系任教的林開忠,當屬台灣學界最專注砂拉越客家研究的學者,林氏主編《客居他鄉:東南亞客家族群的生活與文化》(2013)等書,著有多篇馬來西亞客家研究論文(林開忠,2007;林開忠、蕭新煌,2008、2009),更由砂拉越客家歷史出發,從人類學的角度探索了當地客家發展(2002、2011a)、客家公司(林開忠、莊英章,2002;林開忠,2003)、客家再現(2009)、日常生活(2011b)、跨族通婚(2016)等面向,除了馬來西亞,他的研究觸角也廣及台灣、越南與新加坡等其他東南亞國家客家社群。

近年來,台灣的砂拉越客家研究持續發展,有更多來自不同學科的學者及新生代加入。《全球客家研究》期刊曾出版「砂拉越客家專題」,收錄了客家與當地族群通婚(林開忠,2016)、

殖民時期客家公務員生命史（Chew，2016）、河婆客語調查比較（吳中杰、陳素秋，2016）、客家人的國族認同與政治參與（羅烈師、陳敏萱，2016）等四篇專題論文，呈現了砂拉越客家社會的特質及最新發展情況。其中，任教於交通大學（現為陽明交通大學）的羅烈師多次赴砂拉越古晉、新堯灣等地進行田野調查，出版《阿娘的土地：砂拉越新堯灣的信仰與歷史》（2018）及多篇關於當地客家信仰、儀式的論文（2014、2015），也指導多位學生完成與砂拉越客家有關的碩士論文（陳敏萱，2014；劉郁忻，2016）。這些著作的選題及成果反映了台灣東南亞客家研究在學術交流開放及平台建設持續完善下的發展，也見證了台灣與砂拉越間綿密的學術合作網絡，能夠促成新生代研究者及相關資源的投入。

近年來，客家女性及客家與土著族群跨族通婚的議題得到很大關注，在砂拉越當地較具代表性的學者是砂拉越大學人類學暨社會學系的蔡靜芬，她的研究課題包括砂拉越客家婦女與婚俗、砂拉越大伯公廟，以及砂拉越客家、潮州社群船販貿易網絡等課題，著有《「舊」娘？「新」娘？：馬來西亞砂拉越州客家社群的婚姻儀式及女性》（2013）一書及砂拉越客家研究論文十多篇，近年來，她又將研究延伸到同為客家聚居地且與砂拉越關係密切的印尼山口洋（蔡靜芬，2020）。

三、房漢佳及其砂拉越客家研究

房漢佳（另署房漢家，筆名方笑天），祖籍中國廣東東莞樟坑徑村，1936年出生於砂拉越古晉，1958年畢業於古晉中華第

一中學，1963年獲台灣國立師範大學教育學士學位。房氏以
《1949年以來中國教育的發展》為題寫作碩士論文，介紹新中
國成立後的中國教育發展，於1968年獲得美國夏威夷大學教育
碩士學位，後在美國伊利諾大學教育研究所進修，研究高等教育
哲學與中國教育發展論。1969年至1987年間在詩巫砂拉越師範
學院、古晉巴都林當師範學院、以及民丹莪拉讓師範學院任教，
主講中國文學與教育學，歷任講師、科主任、副院長等職；後因
政府工作需要，1987年調至政府中學任副校長之職，直至1991
年退休。房氏2005年獲美國華盛頓國際大學博士學位。2006年
與林韶華等人籌組砂拉越華人學術研究會，任籌委會主席及創會
會長。

　　房漢佳先生在研究教育改革和工作之餘，勤於寫作，與人合
編有傳記文學《英雄的故事》（1998）、《許如玉博士的傳奇故
事》（1997）、《世界著名攝影家黃傑夫》（1995）、《中國愛
國學者田汝康教授》（2004），文集《文化與教育》（1998），
專著《砂拉越拉讓江流域發展史》（1996）、《砂拉越巴南流域
發展史》（2001），論文數十篇（見表1），並譯有《比較教育
制度》（1969）、《砂拉越掌故》（1976）、《馬蘭諾族風俗與
禁忌》（1976）等書。房氏活躍於當地華社，時常出國考察，赴
海峽兩岸各地訪問交流。房先生生前曾任古晉惠東安公會主席及
名譽主席、砂拉越清河堂房氏宗親會會長、美里筆會會員，晚年
十分注重砂拉越客家歷史的研究，特別是惠東安客家的研究。多
次受邀到台灣及中國雲南、河南等地參加客家相關研討會或專題
演講，他的〈砂拉越客家社會的歷史與現狀〉一文在「第四屆國
際客家學研討會」上引起共鳴，也為砂拉越客家研究提供不少歷

表1：房漢佳的客家研究著作

著作名稱	出版情況
〈砂勝越打馬庚華人社會之變遷〉	房漢家，《亞洲文化》第12期，1988年，頁56-63。
〈倫樂華社之今昔〉	饒尚東、田英成編，《砂勝越華族研究論文集》，砂勝越華族文化協會，1992年，頁75-91。
〈砂拉越客家社會的歷史與現狀〉	房漢佳，《東南亞區域研究通訊》第6期，1998年，頁116-140。
〈打馬庚鎮（Tebakang）的多元文化客家社會〉	房漢佳，《客家・族群・多元文化研討會論文集》，2003年，頁179-190。
〈砂拉越古晉嘉應同鄉會的成立與發展〉	嘉應大學講詞，未刊稿，2008年。
〈砂拉越古晉的客家族群與客家公會〉	房漢佳、林韶華，《第七屆河洛文化國際研討會》，中國河洛文化研究會，2008年，頁1-10。
〈嘉應州人在海外的遷移、適應和融合〉	房漢佳、林韶華，《客家研究輯刊》第2期，2012年，頁143-151;164。

資料來源：本研究整理

史資料（表1）。

綜觀房漢佳的生平履歷與相關作品（表1、表3），可見他晚年明顯轉向從事砂拉越客家，特別是惠東安客家社群的研究。可惜的是，房氏並未有比較完整的客家研究作品面市，早年相關的論著，則以砂拉越客家移民歷史脈絡的介紹，以及因任教之便所進行的客家市鎮調查爲主。茲將其客家研究的內容概述如下。

房漢佳第一篇客家相關的研究是刊載於《亞洲文化》「汶萊・沙巴・砂勝越研究」的專題論文，題目是〈砂勝越打馬庚華人社會之變遷〉，出版於1988年。文章源起及資料基礎，是房漢佳時任當地政府中學副校長（1987-1991），得以就近到當地

訪察，對耆老及社區領袖進行口述歷史。此文主要描述了砂印邊境的客家小鎮——打馬庚（Tebakang）所經歷的興衰及華人移居的過程。文中以打馬庚中華公學的興衰作為此鎮發展的縮影，羅列政治、經濟、交通、種族關係變化帶來的影響。他提到19世紀中葉，有不少西婆羅洲的華人因反抗荷人統治失敗，跨境移到砂拉越的打必祿（Tebedu）、打馬庚、石隆門等地。此後朱、官、黃、鍾等姓人家在此落戶，務農並開設商店販售鐵器、陶瓷、布匹、油、鹽、糖等日常用品，也時常到附近的比達友族（Bidayuh）長屋收購金沙、燕窩、香料等土產，打馬庚漸漸形成市鎮，1920-60年代有過一段繁盛歲月。但隨著交通條件改善，政府單位相繼遷往西連，打馬庚也漸漸失去發展動力。此文並沒有明顯提到客家，主要還是將打馬庚視為一個華人市鎮進行討論。直到15年後，房漢佳應邀到苗栗參加「亞太客家文化節——客家‧族群‧多元文化研討會」發表論文，才在此文的基礎上加以擴充，強調打馬庚鎮是客家聚落且具有多元文化特質。

在這篇以〈打馬庚鎮（Tebakang）的多元文化客家社會〉為題的文章中，描述歷史發展的部分基本援用舊作，但不同於前作的主要差別在於，作者補充了有關地方社會發展及民族文化交流的訪談及田野調查，並更新了統計資料及人口數據。打馬庚的華人主要是1850、60年代來自上侯（Sangau）的西婆羅洲華人礦工，當中多半是梅縣及大埔的客家人，也有部分是從打必祿輾轉來到打馬庚。1920年代，再有一批客家人移居到此從商或務農。1950年代，當地約有300名華人，與馬來人、比達友人形成三足鼎立之勢。然而到了2000年初，當地華人僅剩100多名，比達友人、馬來人則成長到千餘人，客家小鎮的急遽變遷從人口消

長之勢可見一斑。即便如此，作爲砂拉越客家聚落之一，客家文化在打馬庚仍有明顯影響，客家人與當地土著關係和睦、通婚普遍，透過日常生活的交流及融合呈現出極具特色的多元特質。一方面，客家人將農耕、工藝和商業知識傳授給當地土著，也從對方那裡習得了新的飲食及衣著習慣，出現各種極富創意的混搭；除此之外，在學校及節慶場合，當地各族也能融洽的在一起交流活動。房漢佳還舉了受訪者的親身經歷，說明多元文化客家社會的具體內涵：

> 官有華先生說，幾乎所有華人的家庭都有異族親戚。華人領袖本固魯就有兩位女兒和一位姪女嫁給馬來人。他的第二個兒子娶比達友女子。他的弟弟則娶內陸民族（Orang Ulu）女子。……官有華先生的母親就是比達友人。他的母親除了烹煮客家菜餚給孩子們吃之外，她也會爲自己準備比達友菜，一種很少用油和鹽的比達友族傳統菜餚。……打馬庚的客家社會異族通婚非常普遍，所以當地的客家人都能操兩種以上的民族語言。……年長一代的比達友人都能講流利的客家話。在 1960 年代，砂拉越人民聯合黨在打馬庚舉行會議時，比達友族的黨員都用客家話發言。這也是其他地方很少見到的現象（房漢佳，2003：185-186）。

在這兩篇文章之間，房漢佳的客家研究還散見於〈倫樂華社之今昔〉（1992）、《砂拉越拉讓江流域發展史》（1996）、《砂拉越巴南河流域發展史》（2001）中對於美里、樂倫（Lundu）、尼亞（Niah）及峇都尼亞（Batu Niah）等幾個砂拉

越客家市鎮發展的描述，筆法及行文結構近似於前文。房氏眞正集中探討客家也較常被引述的文章是在台灣發表並出版的〈砂拉越客家社會的歷史與現狀〉（1998）。作者稱此文「不過略述客家人跨海徙居砂拉越（Sarawak）之歷史梗概，以就正於通人，不敢以言學術也。」（頁116），並感嘆「客家人本來具有很獨特的歷史背景與文化特色，現在，隨著國家社會的進步，以及本身條件的改變，客家文化的特殊色彩已日漸被沖淡。」（頁134）

　　這篇文章以18世紀婆羅洲客家公司的興衰帶動的遷徙爲歷史背景，依序介紹19世紀以來砂拉越客家的移民過程、社群發展（社團、學校及政治參與等）及重要事件（石隆門客家礦工起義、客家人的集體／墾場移民、「十年動亂」、「新經濟政策」等）。總體而言，這篇文章對砂拉越客家社群的歷史進行扼要的梳理，是一篇可讀性高的歷史書寫。

　　房漢佳晚年還有幾篇與妻子林韶華合寫的客家文章及講稿在中國發表，討論的主軸跟個案沒有太大變化，也未提出新的論點，比較接近舊作的補遺及擴充。例如介紹砂勝越客屬公會、嘉應同鄉會（應和會館）、大埔同鄉會（埔邑公所）、惠安東公會、河婆同鄉會等古晉五大客家社團，以及其所主辦的學校、義山等。這些增補可能與房漢佳身兼惠東安會館主席等要職，並曾多次參與編輯多本砂拉越客家社團紀念刊物有關。此外，他介紹的古晉客家人所組建的學校也值得一提，包括嘉應州人的公民學校、大埔人的大同學校、惠東安人的嘉倫學校，以及客屬公會1935年時將公民及大同學校合併成越光學校，都反映了早期客家人的幫權動態及重視教育的理念（另見大同學校，1928）。

在〈嘉應州人在海外的遷移、適應和融合〉一文中，房漢佳也介紹了楊漢光、伍禪等參加「加里曼丹反日同盟會」（由「北加里曼丹反日同盟會」與「西加里曼丹反日同盟會」合組而成）的砂拉越客家人物事跡，提供了過去比較少被研究者注意到的資訊。其中伍禪的事跡最值得玩味，可視爲砂拉越客家政治參與的又一重要個案。伍禪又名伍昆，中國廣東海豐縣人，曾於早稻田大學就讀，1937年盧溝橋事變前來砂拉越，出任石隆門中華公會校長。日佔砂拉越期間，日軍司令以同窗之誼邀請他出任軍政府要職，伍氏婉拒後，仍授予其石隆門米糧專賣的牌照。伍禪卻將盈利所得悉數交給「加里曼丹反日同盟會」抗日。1952年，伍禪被英殖民政府遣返中國，後歷任致公黨副主席及人大華僑代表，被中共政府視爲重要的華僑領袖。房漢佳生前分享給作者的〈古晉中華公會章程〉中，列明伍禪爲該會執行委員之首。而古晉中華公會正是戰後左翼及中立人士互相串連，爲了取中華商會而代之所組建的，在砂拉越政治史上具有一定意義。

作者寫作博士論文期間常與房漢佳先生通信討論學術，多以手寫書信往還。當時作者打算編輯一部砂拉越客家研究論文集，房氏殷切關顧躍然紙上（相片1）。

四、田英成及其砂拉越客家研究

田英成（另署田農，筆名田柯、吳弨、田平、奧斯卡）是砂拉越著名作家、資深報人及歷史學者，著有《砂拉越華人史研究論集》（2011）、《砂勞越華族社會結構與形態》（1977、1991）、《砂拉越華人社會的變遷》（1999）、《田農文史論

琮淵博士

收到你寄來的四本書，和兩封信，非常多謝。

這裡寄來三本印影的砂拉越著作，給你參考。

另外寄來六篇論文，隨你選用，恐怕水準並不高。

目前只等「巴南河流域發展史」譯完，即開始寫這本部長吩付寫作的書。

關於你要出版我的論文一事，那是非常歡迎。除了你提到的那篇之外，「打馬庚多元文化的客家社会」也有它的歷史價值。

耑此　敬請

文安　師母代為問候

房漢佳

本書

越史，

版

即看

相片1：房漢佳致函聯繫客家研究論文集事宜

資料來源：作者自存

集》（2004），以及《歲月章回》（2006）等。客家研究雖非田英成的關注重點，但讀者仍可從其相關著作中得到些許研究靈感及啓發。

田英成1940年出生於砂拉越古晉，接受華文教育啓蒙，中學升入古晉中華中學，「古晉中中」是砂拉越華文中學的最高學府。田氏弱冠之年便大量閱讀及寫作，主編出版《心聲月刊》、《文藝生活》等左翼雜誌。田氏考慮中國廈門大學函授求學不便，毅然於1961年以同等學歷入讀香港新亞書院，後轉香江書院，1966年取得經濟學學士，1978年再度返港進修政治學碩士生課程。同時期傾心閱讀《南洋文摘》、《南洋學報》等刊物，成爲他學術養分的重要來源；搜求閱讀馬新歷史文獻，也形成一股推動力，將田英成引入砂拉越華人社會研究（文海編輯小組，2016：61）。

1963年9月16日，砂拉越與北婆羅洲、新加坡及馬來亞合組成馬來西亞，這對砂拉越的政治發展產生鉅大影響。由動亂到和平，戰後砂拉越政治發展歷經許多重大轉折，年少時期的田英成是積極的左翼分子，他沒有拿起槍搞武裝鬥爭，而是拾起筆來，透過文字促進社會的改革與發展。少作《子夜詩抄》（1965）反映時代青年在黑暗的現實下，努力追求自由與社會進步。在港期間創作的《砂勝越共產組織研究》（1990）剖析砂拉越共產組織的形成與發展，肯定其歷史功績，但也毫不避諱地指出：「由於戰亂，砂拉越農村破產，民生困苦……爲此，華人群眾不免思索一個問題：是否繼續反對已經實際存在的馬來西亞，以及對共產組織的態度問題」（1999：111）。眾所周知，砂拉越共產勢力活躍於客家墾殖區，而北加里曼丹共產黨及砂拉越人

民聯合黨的要員中更是不乏客家人士。田英成的政治評論，見證了從武裝鬥爭的風起雲湧，也談論了客家政治參與情況。

1971年田氏到美里出任《衛報》總編輯，1973年返回古晉先後出任《砂拉越晚報》、《世界早報》主筆並撰寫社論。1970年代起，田英成利用工餘之暇進行資料收集與研究，當時他身兼主筆、總編輯及社論撰稿人，視野廣、管道多，得以靈活分配時間，從事鄉土研究。其所著《砂拉越華族社會結構與形態》（1977）梳理華人方言群的社會結構和幫派主義，關注華人認同轉變的過程，此一基本觀點一直延續到《砂拉越華人社會的變遷》（1999）。據田英成自述，在他的研究生涯中，1980年代中期關於華人社會結構的田野調查與訪談研究，開啓了他對客家等方言群的關注，奠下研究的資料基礎（文海編輯小組，2016：62）。

1988年，田氏受聘《詩華日報》任主筆及編輯經理，直到2000年退休。1980、90年代，砂拉越華人權益因「土著政策」明顯受到擠壓，讓田英成備感憂心，筆下不時流露出對現實政治的批評。1997年，田英成赴中國南京大學中文系進修交流，修讀中國現當代文學博士課程，工作性質及個人愛好使田氏關注的焦點更偏於政治與文學，重拾客家研究已是多年之後，卻早沒有當年的精力投入田野調查。田英成退休後筆耕身教不倦，亦曾出任多個社團及學術機構職位，包括美里詔安會館副會長、美里筆會主席、馬來西亞華文作家協會理事、馬來西亞華社研究中心學術董事、砂拉越中華文史研究所所長等。

綜觀田英成生平履歷與相關作品（表2），他關注的主題、研究方法與客家研究的關係是：

表2：田英成的客家研究著作

著作名稱	出版情況
〈砂勝越華族會館組織〉、〈砂勝越華族社會的結構與形態〉、〈砂勝越華族結構中的幫派主義〉、〈戰前古晉華族社團的組織與功能〉、〈砂勝越早期華族社會的領導層〉諸章。	田英成，《砂勝越華族社會結構與形態》，新加坡：聯合文學，初版，1977年，頁 4-10；11-31；32-38；39-43；57-68。（吉隆坡：華社資料研究中心，第二版，1991年）
〈戰後砂勝越華人社會的變遷〉	饒尚東、田英成編，《砂勝越華族研究論文集》，砂勝越華族文化協會，1992年，頁 52-64。
〈導言——美里華族社會的結構與形態〉	徐元福、蔡宗祥編，《美里省社會發展史料集》，美里：美里筆會，1997年，頁 1-7。
〈一個客家村鎮的社會變遷——美里廉律地區的調查研究〉	田英成，《砂拉越華人社會史研究》，詩巫：砂拉越華族文化協會，2011年，頁 142-168。（1998年12月重修）
〈砂拉越客家人的移殖、農業經濟及社團組織的考察〉	田英成，《砂拉越華人社會史研究》，詩巫：砂拉越華族文化協會，2011年，頁 204-221。（曾宣讀於2003年「客家、族群、多元文化學術研討會」）
〈砂拉越客家族群的政治參與初探〉	田英成，《砂拉越華人社會史研究》，詩巫：砂拉越華族文化協會，2011年，頁 222-235。（曾宣讀於2006年「從「客人」到馬來西亞客家人：第二屆客家學研討會」）
〈砂拉越客家社團組織的考察〉	田英成，《歲月章回》，美里：砂拉越華文作家協會，2006年，頁 46-53。

資料來源：本研究整理

　　1.砂拉越華人歷史：在傳承本地文化的使命感驅使下，砂拉越華人史的資料收集和研究貫穿其一生。立論於「會館組織」及

「幫權政治」等華人社會結構特徵以分析砂華歷史發展動態，田英成強調方言群動態及彼此競合的張力，是推動華人歷史發展的力量。他主張「研究砂拉越華族史，華族社會的組織應該是重要的章節」，影響了不少後進研究者。田英成兼具報人的敏銳與廣泛的社會觸角，俾利其發掘研究議題，筆鋒亦流露人文關懷。透過砂拉越各方言群社會經濟的研究，田英成發現過去「多偏向較大方言社群的研究，對人口居少數的方言群，少有論述。」、「晚近以來，研究海外華人社會的變遷，大都著眼於人口較多的城市，而忽視了人口較少的鄉鎮。」他在〈砂拉越客家社團組織的考察〉（2006）、〈一個客家村鎮的社會變遷——美里廉律地區的調查研究〉（2011）、〈砂拉越客家人的移殖、農業經濟及社團組織的考察〉（2011）等文中對當地客家社群的研究，很大程度彌補了上述不足。

2.砂拉越左翼運動史：在砂拉越左翼運動高漲的年代，田英成兩度赴港求學，但對故鄉的關心從未稍減，回鄉後也多次辦刊、開書店宣揚理念，往返於不同社會的生涯，給了他一個冷靜客觀的距離來分析砂拉越左翼運動。這部分的歷史雖未以「客家」為名，但實際上卻涉及不少客籍人物及客家聚落。包括砂共（北加里曼丹共產黨）的領導層多來自學生運動領袖，武裝分子則多來自農村華裔子弟，砂拉越農村又是武裝分子的最好掩護等，皆可找到與客家相對應的其人其地（文銘權、黃紀作；以及晉連路一帶的客家新村等）。他在〈砂拉越客家族群的政治參與初探〉一文中強調不能忽略客籍領導層的政治影響力，並指出：

許多客家人以同鄉在政治上與社團領導有特出表現為榮，他

們在族群人認同上，例如同是客籍即以客家話作為交談的語言。……在二戰之後，以至五、六十年代左翼運動火紅的日子，鄉村客家人特別是古晉的客家青年熱情的參與森林裡的鬥爭，這一方面可以理解為他們所居住地理與聚落分布的環境因素，或也是「客家精神」抗爭意識的表現，但這一切都有待進一步的研究（田英成，2011：235）。

3. **客家區域的閩南認同**：田英成以詔安田考家族出身為豪，詔安位於閩粵交界地帶，有很高比例的客家族群，也有「詔安客」的說法。但從社團組織及自我表述看來，田英成並不是客家出身的客家研究者。他提到曾經想過從事砂拉越聚落與中國僑鄉的比較研究，很明顯的是將之置於「福建學研究」而非「客家學研究」的脈絡下進行。他的原話是「福建那邊是我們的原鄉，閩南人詔安籍貫的佔多數，美里的閩南人，詔安人佔85%以上，能不能將詔安跟砂拉越做一個比較研究？……後來，因為考慮要很長時間待在中國，受一些客觀因素的限制，就取消了這項研究計劃了。」（黃曉堅等，2014：337）方言習慣與祖籍地認同如何影響研究者的選題及研究進行，是非常有趣的議題，田英成的情況，也可與劉伯奎、張肯堂、房漢佳等本地客家學者形成對比。

4. **研究方法與經驗**：田氏因研究及撰文所需，深入田野搜羅隱逸，踏察史跡遍訪宿耆，勾稽出橫跨文學、政治、歷史、社會的華族發展史研究領域。他對客家社群的解析落實到社區個案上，而有人類學色彩且能進一步提煉社會學意涵。他在廉律客家社區的調查中便指出：「在一個變遷的大環境中，每一個體系固

然不得不變，但各部分變遷的速度並不一致，相互影響即互動關係也有某種程度的差異。人口增加必然導致生態環境的變遷，當商業經濟逐漸趨於強勢，將弱化了農業經濟，職業構成也受到互動影響。從整體上看，隨著社區的發展，社會與政治體系，文化體系和心理體系互相推動，加速了社會變遷。」（田英成，2011：167-168）田氏研究的資料來源除了在地文獻史料，還時常佐以統計數據，這可能與他的經濟學訓練有關，如遇相關史料或數據缺乏，他也盡可能透過口述及實地調查補齊，相互搭配。他在受訪時也提到：

> 因為學經濟學先涉及社會學，曉得政治社會是難免的。後來，我長期在新聞界工作，特別是當報紙的主編，又接觸到一些社會的事。即使是在這段時間做歷史研究，經濟學大概都還是有用的。所以，我的很多華人研究都是寫經濟形式的演變，這些相關的專業基礎，都會有用的。因為它們有相互的關係。後來，我在進行一些歷史研究時，經濟學它對我的幫助也是挺大的。……在砂拉越這裡，你要憑這個文獻資料，當然會有一點點。但是，你真的要去研究，也只能靠社團，不過還是靠不多，你只能問一些前輩。……有時候，一杯咖啡可以聊半天。所以，這一方面，主要是口述的訪問比較多。到一些會所和廟裡，都可以看到很多東西（黃曉堅等，2014：327、334）。

總體而言，田英成是將客家作為砂拉越華人方言群來進行研究，研究方法方面明顯受到田汝康及李亦園等人的影響，特別著

重幫權結構、產業經濟、社團文教及政治參與（相片2），道明
砂拉越客家產業經濟及社會參與的變化，對於年輕一輩不願加入
社團、參與政治的情況提出建言。他同時也肯定劉伯奎及劉子政
等民間學者的貢獻，認為新生代的學者可以在前人的基礎上繼續
深化研究。

相片 2：田英成客家社團研究論文手稿（局部）

資料來源：田英成提供

五、討論與結論

客家是中國主要民系之一，更是東南亞華人社會重要的方言
群體。歷史上梯山航海的多次遷徙，造就出客家社群廣泛分布範
圍及強韌的生存意識。研究不同地方的客家社群，可以深度挖掘

其精神面貌的塑造及延續，通過跨域比較研究，更能探索客家文化的多元融合與再造。客家精神與文化，同時體現在物質或非物質的層面，研究者得從以從家訓倫理、民俗歌謠、婚喪儀式、藝術創作、飲食養生等看似日常的活動中，離析出客家人的人生觀、世界觀及行為模式，甚至是各國制度及族群關係差異所帶來的影響。本文也要指出，要邁向更全面的客家研究，盤點各地學者的研究成果、研究方法及材料來源，是必不可少的一步。本文以房漢佳及田英成為例（表3），呈現砂拉越本地客家研究及研究者的若干特色，除了豐富客家知識體系的建構，也從側面描繪了客家研究如何在戰後逐漸從東南亞研究及海外華人研究脫穎而出，不斷追問、追蹤研究主體性的過程。

表3：房漢佳與田英成生平簡概

房漢佳（1933-2010.11.21）	時間	田英成（1940-）
出生於砂拉越古晉。	1936	
	1940	6月15日出生於砂拉越古晉。
畢業於古晉中華第一中學。	1958	
獲台灣國立師範大學教育學士學位。	1963	在香港新亞書院、香江書院留學。
獲得美國夏威夷大學教育碩士學位。	1968	
在美國伊利諾大學教育研究所進修。	1969	
在詩巫砂拉越師範學院、古晉巴都林當師範學院、以及民丹莪拉讓師範學院任教，主講中國文學與教育學，歷任講師、科主任、副院長等職。	1970〜1976	開始在報界工作，主要是撰寫報章的社論。期間在人聯黨《衛報》當了兩年主編。
	1978	在古晉第三中學教授華文及經濟學一年後，重返香港攻讀研究生。

	1978〜1982	在香港進修碩士課程。
	1983	主持砂拉越文化叢書。
轉任政府中學副校長。	1987	
	1988	舉家遷往美里，出任《詩華日報》主筆及編輯經理。
退休。	1991	
陸續出版多部中英文著作。	1997	赴中國南京大學交流學習。
	2000	退休。
	2001	在吉隆坡的大專院校授課。
獲得美國華盛頓國際大學博士學位。	2005	
	2013	獲得文壇長青獎，表揚其寫作超過半世紀。

資料來源：本研究整理

　　砂拉越客家研究的重要性及特殊性，誠如史學家孔復禮所言：「客家人的情況最值得關注，他們在中國就擅長於拓荒、採礦，因此在抵達婆羅洲之後，同樣篳路藍縷。……而且一直在族群內維繫著客家特殊的方言與習俗。他們不僅習慣在艱苦的生活環境中謀生，而且還習慣為自己的生存與其他族群抗爭，並在必要時建立起自己的武裝。在客家人進入婆羅洲的最初歲月，他們需要面對的主要競爭對手是當地民族達雅克人（Dayaks），然後，值得注意的是，不少早期客家人先驅娶了達雅克女子為妻，這就使雙方關係呈現出相關微妙的情境，顯然，既競爭又融合，這是客家人在婆羅洲叢林中相輔相成的生存策略。」（2019：120-121）

婆羅洲客家社群長期被視爲東南亞客家發展模式的重要典型，主流的學術作品多以英文寫就，更多從外來者的立場及華人研究的關懷書寫客家，有其觀點及資料上的侷限性（劉堉珊，2020：168-169）。加之晚近東南亞客家研究的跨界整合趨勢下，中文文獻的重新解讀及在地史料的發掘蔚爲風潮，在地學人基於愛鄉情懷投身鄉土資料收集及調查，刻畫風起雲湧，嘆詠滄海桑田，雖未必充分體現學術作品的嚴謹性，但從本地視角及客家關懷進行砂拉越客家研究仍深具意義。砂拉越作爲婆羅洲的重要組成部分及北方重鎮，客家社群的發展有其一定的代表性，本研究透過砂拉越客家歷史及研究發展的簡要梳理，以及田英成、房漢佳兩位在地學人的生平及其客家著作評析（表1、表2、表3），嘗試歸納並探討以下議題。

　　1.田野地點：包括房漢佳、田英成在內的砂拉越當地學者，多以古晉及美里爲主要田野地點，這一方面與當地客家社群分布的情況有關，同時由於這些本地研究者並非嚴格意義上的學院學者，而是另有本職的文史學人、教育工作者或社團文書編審，因此多半會選擇工作住居上有地利之便的區域或市鎮爲田野地點，這點從房漢佳在倫樂、打馬庚所進行的口述歷史，以及田英成在美里廉律地區的田野調查中表露無遺。另考慮到社團、政黨也是客家研究重要的研究對象及場域，房漢佳及田英成發揮各自從教杏壇、任職媒體及社團參與的優勢，有利於進入上述研究場域，可能也進一步鞏固了對於田野地點的選擇。但比較可惜的是，房漢佳長居古晉並曾出版過一部美里巴南河流域發展史的專著，田英成長居美里且有古晉家族源淵及網絡，但他們都未能對古晉及美里的客家社群進行有系統的比較研究，也幾乎很少論及詩巫及

砂拉越其他地方的客家社群。

2. 研究視野：由於婆羅洲華人移民脈絡的特殊性，房漢佳及田英成都十分強調馬來西亞砂拉越與印尼西加里曼丹客家社群的歷史連結。他們的研究主要觀照客家族群由婆羅洲西部北遷砂拉越的過程，對於明顯有所區別的沙巴及馬來亞客家社群，採取存而不論的處理。他們對於砂拉越客家聚落形成的解釋及行文邏輯也相當一致，皆對各地客家移民的歷史進行簡要介紹，集中在姓氏家族的遷入故事、當地交通生計發展、族群關係及社區領袖的發跡史等，並且強調應從社會經濟變遷的角度來看待客家社群分布及與其他方言群的競合關係。兩人對於客家人組織結社、政治參與的評價也比較高，並將帶有革命性質的社會運動視為改變客家社群乃至於整個華人社會轉型的關鍵所在。房、田兩人早期皆將客家研究視為華人方言群研究的組成部分，而非研究重點，晚近在學界風氣及對外交流的影響下，才導入更多客家元素或客家表述，但研究的視野並沒有因此改變或擴大到砂拉越以外。

3. 客家特性：房漢佳及田英成對砂拉越客家族群屬性皆持正面肯定的看法，他們對於客家特性的描述，亦不超過一般對於客家人吃苦耐勞、堅毅卓絕、重視教育及熱衷政治的基本認知。他們一方面承繼了殖民官員及前輩學人的觀察，主要從職業選擇（行業壟斷）、城鄉差異及政治參與來描述大埔、河婆、嘉應州、惠東安等客家次群體各自有別的特色，並且也都指出二戰後，這些差異已隨著教育普及與民族融合漸漸消失。比較有趣的是，房漢佳對於客家研究的撰述明顯有著更高的熱情，這很可能與他的客家身分認同有關。田英成出身詔安，但關於客家社群的研究，卻也是他方言群系列研究中著墨較多的一個，這是否在一

定程度上反映了客家研究的重要性，或僅是出於某種偶然的個人學術興趣，還有待進一步釐清。最重要的問題可能是，他們能否將客家研究很好地從海外華人研究中區分、獨立出來？就本文的閱讀及研究心得而言，房漢佳、田英成與其他砂拉越本地研究者相似，他們所界定或描繪的「客家特性」基本上是相對於本地的福建（漳泉）、潮州、興化、詔安、海南等其他方言，而不是與馬來西亞或世界其他地方做參照，對於中國僑鄉及本地客家特性的區分，也更強調內在延續而非斷裂再造。

4.研究重點：房漢佳的客家研究則更側重客家移民的歷史脈絡，集中探索幾個客家小鎮的發展興衰，以及客家社團、學校、廟宇的發展。田英成客家研究的重點在於砂拉越客家人的社團組織、經濟發展及政治參與，更重視二戰後客家人的自我認同及外在處境的變化。兩人在客家政治、經濟、社會的探討上有較多交集，他們大部分的作品都可視為以華人移民史為主軸的砂拉越地方文史研究。至於兩人的作品是否具有客家元素，答案是肯定的。然而，受限於前述所及的視野因素及資料來源，以房漢佳及田英成為代表的砂拉越本地客家研究，更像是對東南亞華人研究基本框架及分析模式加以「套樣挪借」後，再填入若干「客家」色彩、個案或相關內容。兩人在砂拉越華人史研究的脈絡下「兼做」客家研究，反映在行文上，不免出現若干與客家「關連」不高或「客家屬性」不甚明確的論述，從而削弱或模糊了客家作為研究對象的主體性。

5.方法途徑：房漢佳及田英成皆未以理論來框構研究的進行，在研究方法上，兩人深受田汝康等人的影響，田英成（1999）以專文及譯序介紹田汝康的經典研究《砂拉越華人：社

會結構研究報告》（2013），房漢佳（2004）甚至編寫了一部田汝康的傳記，他們也因此都很重視以口述訪談及田野調查，來輔助歷史資料的收集與撰研。但共同的基礎上，兩人仍有一些區別，房漢佳強調口述史料的呈現，利用較多外文資料及中國古籍。田英成的論文更多結合既有的調查報告及文獻，寫下綜合性的觀察。不可諱言的是，兩人在寫作及引注格式上並不像學院學者般規範，對於某些資料來源或數據的掌握也不夠精確，可能產生引用及查證上的疑義。相對仰賴民間文獻及在地網絡的文字工作者的通病之一，便是下筆易有過度渲染史實及評價人物之虞。這部分更需要適當引入理論概念以放寬視野，並積極投入不同客家社群的比較研究。

　　6.主要貢獻：房漢佳及田英成兩人客家研究的主要貢獻在於，為研究者提供了砂拉越客家的重點面向（議題）、研究素材及歷史背景，有其勾沉隱逸，保存史料之功。砂拉越客家的研究充實了馬來西亞客家研究的內容，並且可以與馬來半島、沙巴的個案進行比較；充分利用婆羅洲島上多國多中心的特殊性來開展客家研究，既能打破民族國家界分所帶來的思維框限，也可與島國台灣的客家研究相互參照。對於有志於從事相關研究的學者或學生而言，正可以在此基礎之上深度挖掘、進行比較研究或開展新的課題。比如砂拉越客家新村的研究，以及結合精神象徵、草藥知識及儀式傳統來研究砂拉越客家擂茶。在馬來西亞，河婆客、海陸豐客都傳承了日常及特定節日吃擂茶的傳統，海陸豐客家人以味覺為導向稱之鹹茶，但鹹茶之名現已逐漸消匿。反到是河婆客多務農，既完整地保存擂茶習俗，又因地制宜使用當地草藥。如今河婆擂茶不僅在砂拉越流傳甚廣，河婆同鄉會甚至還舉

辦了全國及世界的擂茶節。作為客家傳統文化的象徵之一，河婆擂茶的融合發展與全球化，特別值得關注，也可開展跨地區及跨國的比較研究。

綜上所述，砂拉越客家社群的發展及研究有其獨特的歷史及人文脈絡，未來相關研究的開展應結合實地考察與理論思考，進一步投入本地及其他地區、國家的比較分析，從而有助於提升全球客家研究的質與量。

＊本文承蒙田英成老師接受訪談；蕭新煌教授、徐雨村兄等提供寶貴修訂意見，在此謹表謝忱。

參考文獻

大同學校，1928，《埔邑公所大同學校季刊》。古晉：大同學校。

孔復禮（Philip Kuhn）著，李明歡譯，2019，《華人在他鄉：中國近現代海外移民史》。台北：台灣商務印書館。

文海編輯小組，2016，〈曲折寂寞的文史探索道路——專訪田英成先生〉。《文海》6：60-65。

田汝康著，林青青譯，2013，《砂拉越華人：社會結構研究報告》。詩巫：砂拉越華族文化協會。

田柯，1965，《子夜詩抄》。香港：香港漢學出版社。

田英成，1977，《砂勝越華族社會結構與形態》。新加坡：聯合文學出版社。

——，1990，《森林裡的鬥爭：砂拉越共產組織研究》。香港：東西文化事業公司。

——，1991，《砂勝越華族社會結構與形態》（第二版）。吉隆坡：華社資料研究中心。

——，1994，《解凍的時刻》。美里：美里筆會。

——，1999，《砂拉越華人社會的變遷》。詩巫：砂拉越華族文化協會。

——，2006，《歲月章回》。美里：砂拉越華文作家協會。

——，2011，《砂拉越華人社會史研究》。詩巫：砂拉越華族文化協會。

田農，1983，《文學與社會》。詩巫：拉讓出版社。

——，2004，《田農文史論集：族群・政治與文學》。詩巫：砂拉越華族文化協會。

——，1962，〈砂勝越的華族〉。頁77-85，收錄於余廉德，《砂勝越民族叢談》。古晉：婆羅洲文化局。

吳中杰、陳素秋，2016，〈砂拉越古晉石角區甲港客語音韻及詞彙調查

與比較研究〉。《全球客家研究》6：121-178。

李南林、田農合編，1985，《砂勝越華族史論集》。古晉：砂勝越第一省華人社團總會史學組。

李恩涵，2003，《東南亞華人史》。台北：五南。

沙巴客屬公會聯合會等，1990，《沙巴客家人》。亞庇：沙巴客屬公會聯合會、世界客屬第十次懇親大會、沙巴博物院暨檔案局。

沙勝越古晉中華公會，1946，《古晉中華公會章程》。古晉：沙勝越古晉中華公會。

房漢佳，1996，《砂拉越拉讓江流域發展史》。詩巫：民眾會堂民族文化遺產委員會出版。

──，1998，《文化與教育》。古晉：砂拉越留台同學會古晉分會。

──，2001，《砂拉越巴南河流域發展史》。古晉：砂拉越人民聯合黨部研究與資料中心。

房漢佳、林韶華，1995，《世界著名攝影家黃杰夫》。福州：海潮攝影藝術出版社。

──，1998，《英雄的故事──砂拉越華僑抗日機工》。古晉：國際時報。

──，2004，《中國愛國學者田汝康教授》。古晉：砂拉越人民聯合黨部研究與資料中心。

林開忠，2002，〈文獻中的砂勞越早期華人（客家）移民與馬來統治者和Brooke的關係以及他們跟Bidayuh文化社會互動的初探〉。《亞太研究通訊》16：52-69。

──，2003，〈砂勞越石隆門客家人的十二公司：問題與討論〉。《海華與東南亞研究》3 (2)：20-60。

──，2007，〈私與公領域中的客家意識──馬來亞大學客籍學生之探討〉。《客家研究》2 (2)：1-30。

──，2009，〈以Batu Niah客家家庭的田野調查談論客家再現的問題〉。論文發表於「2009年台灣的東南亞區域研究年度研討會」，台北：中央研究院亞太專題區域研究中心，2009年4月24-25日。

──，2011a，〈布洛克時期砂拉越河婆客家移民的流動、根據地與行業的發展：從蔡氏族譜略傳談起〉。頁931-954，收錄於莊英章、簡美玲

主編，《客家的形成與變遷（下）》。新竹：國立交通大學。

——，2011b，〈日常生活中的客家家庭：砂拉越石山與沙巴丹南客家家庭與日常生活〉。頁403-444，收錄於蕭新煌主編，《東南亞客家的變貌：新加坡與馬來西亞》。台北：中央研究院人文社會科學中心亞太區域研究專題中心。

——，2016，〈砂拉越新堯灣周邊客籍華人與達雅族的異族通婚家庭〉。《全球客家研究》6：45-77。

林開忠、莊英章，2002，〈沙撈越石隆門客家人的十二公司與祖先崇拜〉。頁263-294，收錄於郝時遠主編，《海外華人研究論集》。北京：中國社會科學出版社。

林開忠、蕭新煌，2008，〈家庭、食物與客家認同：以馬來西亞客家後生人為例〉。頁57-78，收錄於財團法人中華飲食文化基金會編，《第十屆中華飲食文化學術研討會論文集》。台北：財團法人中華飲食文化基金會。

——，2009，"Is There a Transnational Hakka Identity?: Examining Hakka Youth Ethnic Consciousness in Malaysia"。《台灣東南亞學刊》6 (2)：49-79。

徐元福、蔡宗祥編，1997，《美里省社會發展史料集》。美里：美里筆會。

徐雨村，2016，〈導言：砂拉越客家研究〉。《全球客家研究》6：33-44。

許如玉博士的傳奇故事編輯委員會，1997，《從挑柴的孩子到著名的企業家——許如玉博士的傳奇故事》。古晉：許如玉黃愛蘭慈善基金。

陳松沾，1998，〈東南亞的客家研究〉。《東南亞區域研究通訊》6：108-115。

陳國偉，2007，《想像台灣：當代小說中的族群書寫》。台北：五南。

陳敏萱，2014，《「新生」的17哩：砂拉越客家華人新村的地方感與集體記憶》。新竹：國立交通大學人文社會學系族群與文化碩士班碩士論文。

陳琮淵，2006，〈砂拉越華人資本發展探析——以福州與客家兩個族群為中心〉。《淡江史學》17：295-320。

——，2010，〈廉律華人社會經濟情況〉。頁157-178，收錄於陳琮淵著，《文學歷史與經濟：砂拉越華族社會發展探思》。詩巫：砂拉越華族文化協會。

黃建淳，1999，《砂拉越華人史研究》。台北：東大。

黃賢強，2015，〈跨域研究客家文化的方法論與實踐——導論〉。頁1-10，收錄於黃賢強主編，《跨域研究客家文化》。新加坡：新加坡國立大學中文系、新加坡茶陽（大埔）會館客家文化研究室、八方文化創作室。

——，2018，《會館、社群與網路：客家文化學術論集》。新加坡：新加坡國立大學中文系、新加坡茶陽（大埔）會館客家文化研究室、八方文化創作室。

黃賢強、賴郁如，2013，〈新加坡客家：研究機構和近年研究綜述〉。《全球客家研究》1：185-214。

黃賢強等，2018，《中國與東南亞客家：跨域田野考察與論述》。新加坡：新加坡國立大學中文系、新加坡茶陽（大埔）會館客家文化研究室、八方文化創作室。

黃曉堅等編，2014，《從森林中走來——馬來西亞美里華人口述歷史》。廣州：廣東人民出版社。

楊國斯，1998，《楊國斯自傳：人生奮鬥政治經歷》。古晉：作者自印。

楊謙俊，1996，《華工起義：1857年砂勝越石隆門華工推翻白人統治始末》。詩巫：砂勝越華族文化協會。

——，2013a，《砂拉越客家人社團》。古晉：砂拉越客家文化歷史編撰委員會。

——，2013b，《客家人南遷砂拉越百年奮鬥史》。古晉：砂拉越客家文化歷史編撰委員會。

——，2014a，《鐵血客家人》。古晉：砂拉越客家文化歷史編撰委員會。

——，2014b，《砂拉越客家人物志》。古晉：砂拉越客家文化歷史編撰委員會。

劉郁忻，2016，《砂拉越古晉巴剎華人方言群及其產業（1840-

1950）》。新竹：國立交通大學人文社會學系族群與文化碩士班碩士論文。

劉堉珊，2016，〈台灣客家研究中的東南亞視野〉。《民俗曲藝》194：155-203。

──，2020，〈未被書寫的歷史：Mary Somers Heidhues 歷史民族對當代印尼客家研究的啟發〉。《台灣東南亞學刊》15 (2)：155-192。

劉崇漢，2005，〈馬來西亞客家研究現況〉。頁141-143，收錄於文平強編，《華研20週年：乘風破浪濟滄海》。吉隆坡：華社研究中心。

蔡靜芬，2013，《「舊」娘？「新」娘？：馬來西亞砂拉越州客家社群的婚姻儀式及女性》。桃園：國立中央大學出版中心；台北：遠流出版公司。

蔡靜芬著，陳琮淵、盧裕嶺譯，2020，《印尼山口洋的神廟與乩童傳統》。北京：中國社會科學出版社。

蕭新煌，2017，《台灣與東南亞客家認同的比較：延續、斷裂、重組與創新》。桃園：國立中央大學出版中心；台北：遠流出版公司。

羅香林，1940，《羅芳伯所建婆羅洲坤甸蘭芳大總制考》。長沙：商務印書館。

──，1961，《西婆羅洲羅芳伯等所建共和國考》。香港：中國學社。

羅烈師，2014，〈新堯灣：多元族群裡的馬來西亞砂拉越客庄〉。《全球客家研究》3：355-372。

──，2015，〈英雄與大伯公：砂拉越新堯灣劉善邦廟的落童問事〉。頁411-437，收錄於張維安、連瑞枝編，《族群、社會與歷史：莊英章教授榮退學術研討會論文集（下）》。新竹：國立交通大學出版社。

──，2018，《阿娘的土地：砂拉越新堯灣的信仰與歷史》。古晉：新堯灣水月宮理事會。

羅烈師、陳敏萱，2016，〈棄國還鄉：砂拉越華人國族認同之頓挫（1959-1974）〉。《全球客家研究》6：179-252。

蘇慶華，2006，〈馬來西亞河婆客家學研究拓展史略──兼談二位河婆籍先驅學人劉伯奎、張肯堂〉。《亞太區域究論壇》36：1-15。

饒尚東，1995，〈東馬客家移民史略〉。頁48-64，收錄於饒尚東著，《落地生根：海外華人問題研究文集》。詩巫：砂羅越華族文化協

會。

——，2005，〈東馬客家人口之增長與分布〉。頁127-140，收錄於饒尚東著，《馬來西亞華族人口問題研究》。詩巫：砂拉越華族文化協會。

饒尚東、田英成編，1992，《砂朥越華族研究論文集》。詩巫：砂朥越華族文化協會。

Chang, Pat Foh, 1995, *The Land of Freedom Fighters.* Kuching: Lee Ming Press.

——, 1997, *Heroes of the Land of Hornbill.* Kuching: Chang Pat Foh.

——, 1998, "Radical Relationship and Influence of Chinese Hakka in Sarawak, Malaysia." Paper presented at The Fourth International Conference on Hakkaology: Hakka and Modern World, Taipei: November 4-6.

Chater, W. J. 著，房漢佳譯，1976，《砂拉越掌故》。古晉：婆羅洲文化局。

Chew, Daniel, 2016, "A Hakka Civil Servant in Sarawak." 《全球客家研究》6：79-120。

Heidhues, Mary Somers, 2003, *Golddiggers, Farmers and Traders in the "Chinese Districts" of West Kalimantan, Indonesia.* New York: Columbia University Southeast Asia Program Publication.

Hui, Yew-Foong, 2011, *Strangers at Home: History and Subjectivity among the Chinese Communities of West Kalimantan, Indonesia.* Leiden: Brill.

Jamuh, George 著，房漢佳譯，1976，《馬蘭諾族風俗與禁忌》。古晉：婆羅洲文化局。

Moehlman, Arthur H. 著，房漢佳譯，1969，《比較教育制度》。台北：中華書局。

第 7 章
婆羅洲移民第三代筆下的砂拉越客家：
以周丹尼著作爲例

蕭宇佳

摘要

周丹尼來自砂拉越古晉客家華人家庭，是移居婆羅洲的第三代。從博士研究階段的華人研究開始，到 2011 年後的砂拉越客家研究，他持續關注族群互動、族群關係和身分認同，尤其在於華人和原住民的關係，進而產生的認同。以英吉利利爲他主要田野地點，經由歷史文獻、政府文書、統計數據和訪談調查等資料，彙整分析後對砂拉越客家，乃至於馬來西亞客家的身分認同表現提出他的觀點，從田野地點的觀察經驗，使他認爲身分認同是多元且可變動的，而且不只是在他的田野研究地點，同樣的推論應可對應到州或國家層次。

關鍵詞：身分認同、族群邊界、族群互動、族群關係

一、前言

　　周丹尼來自砂拉越（Sarawak）古晉客家華人家庭，是移居婆羅洲的第三代。砂拉越位於世界第三大島婆羅洲的西北方，面積約12.54萬平方公里，人口據2010年馬來西亞人口統計報告公民總人口數約為252萬人，其中伊班人佔30.3%、華人佔24.5%、印度人佔0.3%、其他土著（含馬來人）佔44.5%、其他非土著佔0.4%。砂拉越分為五省，古晉即為第一省的省城，同時也是砂拉越的首都，城內人口組成以華人為多，其中有客家、潮州、福州等，郊區是比達友族原住民多而華人少，華人則是客家為主。

　　周丹尼從博士研究階段的華人研究開始，到2011年後的砂拉越客家研究，他持續關注於族群互動、族群關係和身分認同，尤其在華人和原住民間的互動關係，進而產生的認同轉變。馬來西亞聯邦成立時，政府將馬來人和沙巴、砂拉越（簡稱沙砂）原住民統稱為「土著¹」，而歸類的定義在馬來西亞憲法中並未註明，憲法內土著指的是馬來人、砂拉越原住民和沙巴原住民。馬來人的定義則是：第一，以馬來語為母語；第二，信奉伊斯蘭教；第三，遵從馬來人風俗。沙砂原住民在憲法內主要根據血緣做根據，但沙砂原住民在憲法內仍有不同，因為砂拉越原住民民族是正面表列在憲法中，沙巴原住民僅以原住民稱之，也因此砂拉越華人與友族（非華人）通婚第二代僅能選擇一種族群代表，而沙巴原住民則有跨族群的第二代分類。

　　在馬來西亞多種族、族群、方言群的社會環境，長期的社會互動通婚、混居等之後，對於身分的認同會因為情境而有選擇，

但華人的身分在法律層面上與原住民面對相當不同的境況。周丹尼以英吉利利爲他主要田野地點，經由歷史文獻、政府文書、統計數據和訪談調查等資料，彙整分析後對砂拉越客家，乃至於馬來西亞客家的身分認同表現提出他的觀點，從田野地點的觀察經驗，使他認爲身分認同是多元且可變動的，而且不只是在他的田野研究地點，同樣的推論應可對應到州或國家層次。

二、來自廣東新安客家庭的周丹尼

（一）砂拉越發展概述

1、砂拉越[2] 石隆門（Bau）的開發

第一批近代時期抵達婆羅洲是 1772 年在坤甸（Pontianak，荷屬婆羅洲）登陸的客家人。他們形成了荷屬婆羅洲後期華人在組織「公司」（Kongsi）制度的核心人物，1778 年羅芳伯建「蘭芳大統制」於坤甸（蔡增聰，2003：6）。在逐漸受到荷蘭殖民勢力的逼迫時，部分礦工開始尋出路（田英成，2011：223）。早期石隆門一帶雖有礦藏，但無人開採，從三發（Sambas）越境的華工就地開始採礦，但客家人自何時開始在石隆門開採金礦未詳，只知他們最初也是個別或三五成群而已（周丹尼，1991：29）。

1830 年左右，一批礦工輾轉到石隆門和倫樂一帶，在石隆門的帽山（Mau San）建立公司制度，以劉善邦及其他十一人爲首，故稱「十二公司」，他們也從帽山向外發展至北歷、砂南坡和短廊。在歷史上首個大宗華人移民到婆羅洲在 1854 年，起源於荷蘭與大港公司發生戰爭，有一批爲數三千人的「三條溝公

司」成員及難民農夫爲了逃避戰禍，從荷屬婆羅洲的邦戞（Pemangkat）遷移而至。他們留在石隆門，分散居住在砂拉越河的支流，如實拉朗河、德邦河及新堯灣河一帶，當時石隆門因爲有這群人入住而產生改變，已有100間商店以及同等數目的亞答屋（周丹尼，1991：29-30；蔡增聰，2003：4、7；田英成，2011：223）。

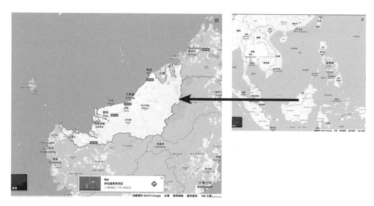

圖1：砂拉越石隆門位置圖 （擷取自 google map）

2、布洛克（Brooke）政權

James Brooke自英國駐印度軍隊中退職，爲了探險前去婆羅洲，他深受萊佛士影響，意欲在印度尼西亞群島建立英國勢力。他聽說砂拉越發現銻礦，便於1839年7月首度到達砂拉越，並協助汶萊蘇丹平定動亂（周丹尼，1991：21），因此在1841年9月24日被封爲砂拉越拉惹（Rajah），1842年由汶萊蘇丹簽約承認，簽約當時的統治範圍是達督海角到三馬拉漢河止，也就是現今砂拉越第一省古晉砂拉越河流域及口岸一帶，到1905年才達到目前的砂拉越州土地範圍，Brooke家族歷經三代，對砂拉越

的統治從1841年至1946年長達105年（劉子政，1997：2、19、33），在1942年到1945年第二次世界大戰期間，當時的布洛克政權統治者逃往澳洲，被日本佔領，並將砂拉越、北婆羅洲和汶萊一併劃入北婆羅地區，直到日本戰敗投降。

3、殖民統治到馬來西亞

1946年7月1日最後一任拉惹將砂拉越的統治權轉移給了英國政府，開始了英國在砂拉越的殖民統治，直到1963年為止。依據1963年9月16日，由馬來亞聯合邦[3]、英屬砂拉越、英屬北婆羅洲[4]以及英屬新加坡[5]共同簽署《馬來西亞聯邦協定》[6]組成馬來西亞聯邦[7]，協定裡對於沙巴和砂拉越另立篇章協議，砂拉越因此享有很多自主權，例如出入境管制權、戶籍管制權、獨立的最高法院等，協定也列入國家憲法之中。在簽署協議之前，馬來半島先一步於1957年8月31日脫離英國殖民統治，馬來亞聯合邦成立，沙巴及砂拉越則是在1963年9月16日後才從英國殖民統治獨立。

（二）自廣東東莞移居婆羅洲

關於周丹尼的生平資料礙於空間距離，現透過網際網路所能獲得資訊甚少，以下說明主要來源為《砂勝越鄉鎮華人先驅》一書的序和前言，以及他寫父親的傳記研究專文〈砂拉越的一位客家公務員〉，其餘資訊則散見於多篇文章註腳內，再依據所述時間順序整理至本文內。

周丹尼是移民砂拉越第三代，他的祖父母在20世紀初從中國遷往婆羅洲，祖父Chew Hon Thin（Chew Yong）和祖母Wong Sin Kiaw都是來自中國廣東東莞的新安客，父親Chew Hon

Fatt、母親 Pauline Hon 是河婆客，從血緣淵源上算客家家庭。
1983 年在澳洲 Murdoch University 取得博士學位，他的研究書寫
語言是英語，閱讀方面以英文為主，此為推測，因為他在〈砂拉
越的一位客家公務員〉一文中特別感謝家族親友協助翻譯文件，
能說英語、華語和客語，2000 年時是「砂拉越發展研究所」研
究人員，期間曾出席在中央研究院辦理的學術研討會，2010 年
以研究題目 "Hakkas in Engkilili, Malaysia; History, Identity and
Community" 獲得蔣經國國際學術交流基金會研究計畫補助，當
年即在砂拉越州各地進行田野調查，2011 年在砂拉越大學東亞
研究所擔任客座研究員。

　　而他的研究文章，分別從馬來西亞「砂拉越華族文化協會」
購得書籍、國家圖書館典藏書庫、《全球客家研究》網頁及經由
網際網路以周丹尼或 Daniel Chew，搜尋在 WorldCat 資料庫[8] 上
的圖書資料循線取得，共計有專書四本（含周丹尼博士論文）、
專書論文四篇、期刊論文一篇、會議論文二篇。接下來將以時間
順序分別簡介各篇文章，並以 2011 年作為切分點，就目前取得
文章歸納得知，周丹尼雖有客家淵源，但 2011 年以前研究尚未
與客家有直接關係，主要以華人研究或華人與原住民比較研究，
或殖民統治下的華人研究，2012 年開始做客家相關研究。

三、博士學位取得後到2011年間發表研究

（一）1990年 *Chinese Pioneers on the Sarawak Frontier, 1841-1941*《砂勝越鄉鎮華人先驅》

　　此書為周丹尼 1983 年完成的博士論文 *Chinese Pioneers on*

the Sarawak Frontier 1841-1871 的修訂本，在1990年分別由新加坡牛津大學出版社發行英文版，由砂拉越華族文化協會發行華文版。作者透過本書希望提供讀者白人拉惹以外不同的史觀視野。砂拉越人口數最多的是原住民（伊班、比達友、馬蘭諾等），其次就是華人人口佔多，當然從1948年開始有社會人文學者田汝康做華人研究，也有西方大學博、碩士生對砂拉越華人的相關研究，作者提出的研究是從「開礦」、「貿易」、「種植」和「打工」四個面向，分析砂拉越郊區的華人社會歷史，透過這些資料進一步探討原住民、殖民統治者與海外華人的關係。

文中資料是作者在1980年10月到1981年9月期間受Murdoch University資助，於砂拉越田野調查所得，運用歷史文獻，如：砂拉越博物院檔案庫館藏、博物館所藏《詩巫新聞日刊》、《華僑日報》微縮膠卷、未出版的第二代拉惹的書信冊、協議冊、手令冊、法庭記錄、縣誌、遺產登記簿，1870年開始出版的《砂勝越憲報》及《砂勝越政府憲報》，參考了文史工作者劉子政、劉伯奎的華文書，和直接前往砂拉越各地對拓荒者與他們的後代做口述訪談整理而成。

由於砂拉越最重要的地理特徵是有貫穿陸地的長河，作者分別以魯巴河、拉讓江、峇南河盆地和河的上下游將砂拉越鄉鎮做概括式劃分。全書有「序」、「前言」、「砂勝越概述」及「第一章1800年至1857年石隆門的礦工先驅」、「第二章1857年至1898年石隆門的經濟變化」、「第三章婆羅洲的傳統貿易方式」、「第四章魯巴河、拉讓江與峇南盆地的華人商販：『烏魯』貿易的起源與先驅」、「第五章『烏魯』貿易的結構：經濟交流與嬗變」、「第六章上游貿易與社會關係」、「第七章新福

州墾場：1901年至1920年下拉讓江經濟以橡膠爲主的開始」、「第八章新福州墾場：1921年至1941年社會關係與經濟嬗變」、「第九章1870年至1941年華人勞工與政府經濟」、「第十章華人與布祿克家族」，最後有「總結」和「附錄」，共231頁。

在「砂勝越概述」裡，作者是這樣描述客家人的：

> 「客家」二字並不代表任何區域，只因他們慣於遷徙，故以「客人」稱之。……客家人既然傾向於鄉區，也就選擇在加里曼丹與砂 越成立「公司」開採金礦，到了19世紀末葉，改行種植農作物。如今他們多住在古晉與三馬拉漢省，小部分在斯里阿曼（成邦江）與美里，多數住在鄉區，以務農爲生（周丹尼，1990：16）。

接下來各章直接寫到與客家人有關的內容集中在「第一章1800年至1857年石隆門的礦工先驅」（該書24頁到38頁）和「第二章1857年至1898年石隆門的經濟變化」（該書39頁到50頁），作者以「客家礦工」爲描述主體，說明客家礦工怎麼從加里曼丹的三發、蒙特臘多、曼多和坤甸，因爲與荷蘭人的衝突，移往砂拉越石隆門，在石隆門再以「公司」制度建立新的聚落，但又和當時的砂拉越統治者布洛克在治理權和經濟權上對抗，最後客家人被迫改以務農爲生。其餘章節對客家人沒有特別描寫，是以華人爲整體說明，穿插零星關於客家人的例子，例如「在成邦江，潮州人則對那些在英吉利利附近的馬鹿開礦的客家人不滿，因爲客家人也到上游做生意。1914年，雙方終於在成邦江

打起來」（周丹尼，1990：120）。和「華人從中國南來的時候，大多讓妻子兒女留在家鄉，賺了錢就寄回去養家。就像客家礦工娶陸達雅女子爲妻一樣，許多商人也娶伊班或其他土著女子爲妻」（周丹尼，1990：121）。此外就再無更多。

（二）2000年 "Chinese-Indigenous Relations in Sarawak: A Historical Perspective"〈砂拉越華人與土著關係：歷史的視角〉

發表於中央研究院「第三屆國際漢學會議」（Program for the Academia Sinica's Third International Conference on Sinology）人類學組「華／漢與南島民族：脈絡化的多數與少數」專題。會議由中研院的歷史語言研究所、近代史研究所、民族學研究所、中國文哲所籌備處、語言學研究所籌備處共同參與籌備。研討分歷史、文學、思想、文字學、語言、人類學、漢籍數位典藏七組分別進行，當時周丹尼在「砂拉越發展研究所」（Sarawak Development Institute, SDI）擔任研究人員。未能取得全文。

（三）2000年 *The Chinese in Sarawak: an overview*《概述砂拉越華人》

此書據WorldCat資料庫記載是由周丹尼撰寫，於2000年出版，出版單位不明，未能取得文本。

（四）2003年 *Approaches on writing the history of the Chinese in Sarawak*《撰寫砂拉越華族歷史的途徑》

此書據WorldCat資料庫記載是由周丹尼撰寫，黃國寶翻

譯，於2003年出版，出版單位不明，未能取得全文。

（五）2011年"Chinese in Sarawak, 1946-63: Education, Land and Belonging"〈1946年到1963年間砂拉越華人：教育、土地和財產〉

這篇會議論文是2011年周丹尼在馬來西亞砂拉越大學東亞研究中心擔任研究員時，在日本京都大學東南亞研究中心發表。尚未能取得全文，在砂拉越大學網頁上有部分摘要公開閱覽，大致內容概述如下，作者從1946年到1963年（當時該領土是英國殖民地）在砂拉越的華人的社會身分，例如對華人歷史、文化認同、中國與海外華人的關係，以及砂拉越殖民政府對華人的態度和政策、原住民對華人的反應等外在因素如何影響華人身分認同。期間經歷1949年中國的轉變，部分暫時移居砂拉越的華人，被迫選擇定居在砂拉越，從移居者到定居者的身分變化和適應。這種身分不斷地適應，重新定義和重建自己，在海外華人中跨越了族群界限。

（六）2011年"British colonial attitudes towards the Chinese in Sarawak, 1946-63"〈1946年到1963年間英國對砂拉越華人的殖民態度〉

2008年由新紀元學院與砂拉越華族文化協會共同舉辦「馬來西亞、砂拉越及北婆羅洲（沙巴）英殖民時期西方圖像」學術交流會，〈1946年到1963年間英國對砂拉越華人的殖民態度〉初稿在此會議中發表。並在後續收錄於由新紀元學院馬來西亞與區域研究所馬來西亞歷史研究中心於2011年出版的《西方圖

像：馬來（西）亞英殖民時期文史論述》一書中，該書包含有馬來西亞英殖民時期文學、歷史、政治、教育等領域文章共九篇，是新紀元學院研究系列第九——英殖民時期馬來西亞華人研究系列第二輯。

〈1946年到1963年間英國對砂拉越華人的殖民態度〉全文共分為五個段落，「前言」，探討殖民地政府對在砂拉越這個多種族社會裡華人的態度。這裡有良好的華文學校網絡，因為華校的關係使華人對自我的身分日益有自信。人口多數從事農業工作，因此有耕地需求等等，成為殖民政府待解決的問題；「對華人的殖民態度」，由於華人對於教育的重視，因此在布洛克統治時期華人就在砂拉越建立了完整的華文教育網絡，但對於英國政府而言，西方價值觀、西方的語言有其優越性，同時華文學校使用華語可能會受到共產主義影響，所以華文教育不被鼓勵；「Woodhead和McLellan對於教育的報告」，寫著Woodhead在1955年和McLellan在1960年紀錄關於華人教育和認同情況，他們認為透過教育，尤其是華校教育是管制共產主義擴散的策略，因為可以及早對年輕一代華人產生影響；「土地改革」，政府一方面保障原住民的土地以及他們的土地使用習慣，但也因此阻止了需要土地的華人取得土地，政府必須在其中取得平衡；「結論」，在英國統治期間，華人的教育和土地需求一直是兩項爭議問題，教育上英國殖民政府擔心華校與民族主義和共產主義有關，因此對華校採取高壓管制，土地也未曾如英國所擔心的有大量無法消化的需求，儘管在中學使用英語作為教學語言的教育政策持續施行，但仍未影響華校的獨立運作。

1946年到1963年這段期間的砂拉越面臨統治者的改變，由

布洛克政權的人治和家族管理，1946年後轉為有完整法理制度的英國政府，對砂拉越當地人需要適應新的統治者，英國政府也在摸索合適的管理制度，華人佔整體人口的四分之一，又遭逢1949年後中國共產勢力擴增，讓英國殖民政府對華人有預期性的防備心態，進而使統治管理政策受到影響。周丹尼在文中使用了當時在砂拉越的英國人的文書資料，以及他們被訪問在砂拉越的所見所聞紀錄，相對缺乏華人和原住民的觀點，族群內部的差異在周丹尼引用的資料中沒有被提及。

四、2012年後發表研究

（一）2012年"Hakka in Engkilili, Sarawak: Community and Identity"〈客家在砂拉越英吉里利：社群與認同〉

本文初稿是周丹尼2011年4月到6月在國立清華大學人文研究中心擔任客座研究員期間完成，正式發表前經過多次改寫，2011年6月在台期間曾在國立清華大學、國立交通大學（現為國立陽明交通大學）和國立暨南大學研討會發表，同年11月在馬來西亞砂拉越大學發表，2012年6月16日至17日國立清華大學舉辦的「季風亞洲與多元文化工作坊：東南亞華人及其周邊」發表後修改定稿，最後正式出版收錄於《東南亞客家及其周邊》一書內。研究田野調查經費由蔣經國國際學術交流基金會在2010年提供，田野調查地點是東馬拉西亞砂拉越州薩馬拉漢市。

希望能經由研究瞭解居住在馬來西亞砂拉越州英吉利利，這個原住民族伊班人口佔多數的城市裡，屬於人口少數的客家人的社會和文化特性，使他們能夠在砂拉越的鄉村維持客家的社群和

認同，並分析客家以群體或個體與原住民鄰居的社會互動和關係。客家人在英吉利利主要居住在五個村落：Jelukong、Mawang、Merio、Marup Atas 和 Marup Baroh，在當地保持著強的自我認同，講客語、華語以及遵循華人傳統信仰，使得他們在英吉利利能傳達客家族群的認同意識和歸屬感。客家人與他們的伊班鄰居的互動則是，客家人學習伊班語言，與伊班人通婚，但仍保有客語和華語的應用能力，這也反映出華人在馬來西亞的定居和適應。作者特別選擇了對當地客家人很重要的傳統信仰儀式，農曆正月初十的慶典活動作爲觀察分析案例，伊班人也一同參與慶典活動，作者說「這裡沒有明確的族群界線區隔客家與伊班」（周丹尼，2012：179、193）。

〈客家在砂拉越英吉里利：社群與認同〉全文分成六個段落，分爲「前言」概述砂拉越現況和發展歷史；「一、自然和人口統計」，說明英吉利利的自然地理環境和人口組成；「二、歷史背景：礦工、貿易商和農民」，分述十五分公司對客籍金礦工人的影響、潮州商人的發展和客籍農民的生活；「三、社會特徵」，華人住宅的建築形式和鄉鎮區域住家、店屋、公部門的配置關係及信仰儀式等，又分以「通婚」、「教育」、「宗教」及「外移」等四項，作者在客家聚居的五個村落裡面訪談了81個家庭，51位男性，如果男性不在則改爲訪談他們的妻子，共訪問了30位，報導人65位40歲以上，16位在20歲到30歲之間，以訪談所得資訊，配合其他統計資料和文獻描述英吉利利的客家；「四、跨族群關係」，主要談的是族群通婚，作者訪談了29個客家與伊班通婚的家庭，分析他們日常使用語言選擇依據、身分認同、宗教信仰的轉變和寬鬆應對；「五、社群儀式：

農曆正月初十的神靈慶典」，作者在 2011 年 2 月 11 日至 13 日間到訪英吉利利，記錄慶典活動時候客家人、潮州人和周邊伊班人參與活動的方式和觀感；以及「六、結論」，客家在英吉利利的客家認同保存著，他們說客語及華語，遵循華人宗教信仰實踐等華人文化特徵，而且他們關注於將客語傳承給年輕一代，並活躍於使用客語，藉由英吉利利的客家族群案例，反映著砂拉越華人客家方言群的歷史和文化經驗，正也表現出華人特別是客家人，如何在多族群和多語言的環境中生活，從而對東南亞及其他地區的華人文化特徵進行比較（周丹尼，2012a：230-231）。

　　客家人 19 世紀中葉因為採礦移居英吉利利，並就此定居當地，周丹尼（2012a：187）寫到，雖然開礦作業僅在 19 世紀 50 年代後期持續一小段時間，但因開礦成立的組織十五分公司，後來延續下來並成立了「馬鹿華人信託委員會」，管理著公司的廟宇、兩個店屋資產，和辦理農曆七月十五的普渡儀式及農曆正月初十的神靈慶典延續到今日，也成為識別客家身分的依據。

　　語言是另一個客家身分的表徵，客家話是客家方言群內使用的語言，華語是就學時候使用的正式語言，伊班話則有助於和屬於人口多數的伊班人溝通（周丹尼，2012a：197-198）。因此周丹尼（2012a：197）表示「認同是有條件的，儘管人們普遍認為馬來西亞華人具有多重身分認同，具體而言取決於家庭、學校、州、國家和海外等，在英吉利利可以感受到強烈的客家意識。」但在族群邊界、方言群邊界逐漸模糊，加上受到中國在全球經濟和文化影響力上升，作者訪問的 29 個客家伊班通婚家庭中有 25 個家庭，都有送他們的小孩到當地唯一的中華小學就讀（周丹尼，2012a：210），強烈的華語學習動機下，現在客家族群身分

認同是否仍延續，可再追蹤調查。

（二）2012 年"Hakka Identity in Engkilili and Siniawan, Sarawak"〈客家認同在砂拉越新堯灣與英吉里利〉

本文收錄於《客居他鄉——東南亞客家族群的生活與文化》一書中，這本書是由 2012 年在國立暨南大學辦理的「東南亞客家研究國際學術研討會」透過研討會邀請國內外研究東南亞客家的學者專家進行學術討論，會後將修訂的研討會文章送外審，最後編輯成此書，會議當時周丹尼是以 "Hakka and Dayak Inter-Marriages in Sarawak" 題目進行討論，本文研究分析了砂拉越的歷史，客家身分認同，客家與原住民族達雅人通婚，客家文化適應以及國家政策對華人身分認同形成的影響。

客家是砂拉越多元文化馬賽克中的華人少數族群的一部分，有悠久的移民歷史。客家人主要在砂拉越州，居住在半城市和農村地區，多從事農業、採礦和以商販維生。因為居住的地區，生活上與佔人口多數的達雅人互動頻繁，從而使客家人很容易由於聯姻跨越兩種文化，他以砂拉越的英吉利利和新堯灣兩地作為主要研究場域。出版時則將題目調整為 "Hakka Identity in Engkilili and Siniawan, Sarawak"。〈客家認同在砂拉越新堯灣與英吉里利〉以砂拉越英吉利利和新堯灣兩地的客家社群，從他們日常語言使用、跟當地原住民通婚以及農曆年節時候的遊神活動等文化展現為探討重點，周丹尼發現這兩個地方的客家身分認同並非排他、單一的，客家身分認同是包容且多重的。

文章分成「前言」、「英吉里利和新堯灣的概況」、「背景」、「目前的公眾身分認同」、「農曆新年慶典活動」、「客

家方言和華語」、「通婚」、「客家華人和原住民間宗教價值觀的互動」及「總結」等九個段落，以下依序簡述：

　　前五個段落說明研究地點背景概況。「前言」，在砂拉越農村地區，特別在進行田野調查的英吉利利和新堯灣，在歷史和政治軌跡上不同於馬來西亞其他地區，客家身分的表達並無明確的利益影響，在這兩地客家人屬於華人中的多數，但相對於原住民又是少數，客家身分在公私領域都得到維護，雖然客家人的身分認同受到族群互動關係的影響，婚姻關係使華人與原住民互相接納，最終客家是如何被看待和回應客家；「英吉里利和新堯灣的概況」，選擇這兩地是因為它們有相似的人口組成，客家華人佔華人人口多數，又與多數人口的原住民有長期密切互動。

　　「背景」，英吉利利和新堯灣有多種相似的背景，分別靠近馬鹿和石隆門，位於州府古晉東方，同樣因為金礦開採而開發，並吸引客家人到此定居，各有開礦組織「十五分公司」和「十二公司」的歷史逸事，又都有在地草根組織推動地方社區文化保存活動等；「目前的公眾身分認同」，因為「公司」的過去，使得英吉利利和新堯灣的客家被注意，更由於一些個人的努力，使得這兩地重新成為社會關注的焦點，因為當地留有具有歷史價值的建築，進而提高當地客家意識。「農曆新年慶典活動」，兩地在農曆新年期間因為客家的傳統而有盛大的神靈慶典活動，離家工作就學的家人會在這段時間返鄉，使平日生活步調緩慢的小地方頓時熱鬧，尤其在農曆正月初十或十五（元宵節、十五夜）更是兩地的重要活動。

　　在結論之前以三個段落說明研究地點的社會文化關係。「客家方言和華語」，講客家話的能力是客家人自我宣稱身分的依

據，普遍認爲在英吉利利和新堯灣的客家人都能同時掌握客語和華語兩種語言，父母都希望子女至少接受六年的中華小學校教育，因爲華語和客家話都被認爲是華人文化的象徵，雖然他們會依照不同的情境和對象選擇溝通語言，但日常使用語言基本是客語爲主；「通婚」，在兩地客家華人和伊班、比達友通婚的例子很多，他們的下一代官方認定爲華人，在這些家庭的語言使用選擇基本上是以父系客家話和華語爲主，母親通常也會要求子女學伊班或比達友的語言，以便於和母系親屬溝通。

「客家華人和原住民間宗教價值觀的互動」，客家人的宗教信仰來自道教、佛教和傳統民間信仰，整個運作系統對精神世界和土地的敬仰，以及農耕的生活型態，慶祝豐收在年末感謝過去的一年和祈求神靈保佑來年，相似於伊班和比達友的傳統信仰觀，因此原住民也會參與慶祝活動，但在宗教信仰的選擇上，客籍丈夫會選擇與原住民妻子相同的宗教，有助於他融入配偶原生家庭和親屬之間；「總結」，客家認同在英吉利利和新堯灣與他們的生活緊密連結，跨族群通婚，語言使用的選擇，宗教信仰，宗教慶典活動的參與等等都反映了他們的互動關係，以及客家身分認同的表達，特別在新堯灣文化復興過程中，客家族群的身分並未被過分表達，而是有效的提高集體利益，以此表現凸顯客家身分的正面意義。

總結而言，客家認同在英吉利利和新堯灣有其本地化因素，跨族群、跨方言群的社會互動關係，歷史觀點以及當下的社會和文化條件都分別且交錯的發揮作用，在英吉利利和新堯灣這樣的客家身分認同研究案例，是砂拉越或是馬來西亞華人身分認同多樣化的表現（周丹尼，2013：222）。

（三）2015年"A Hakka Civil Servant in Sarawak"〈砂拉越的一位客家公務員〉

周丹尼當時是馬來西亞砂拉越大學婆羅洲研究所副研究員，2016年在《全球客家研究》刊登。本篇是周丹尼寫1946年到1963年間曾在英國殖民統治時期的砂拉越政府，擔任公職的父親威廉周漢發（William Chew Hon Fatt）（1913-1985）的傳記研究，全文分為「研究方法和途徑」、「周漢發的生平」、「東莞縣白花洞村」、「傳道人感召」、「法院通譯」、「貿易工會和社團登記單位」、「惠東安公會」、「結語」八個部分寫成。周丹尼寫這篇文章的初衷是「即使有這些限制（父親離世已久，僅能依靠次級資料），但我希望這篇文章能提供一個了解客家在砂拉越生活和工作的幾個有趣主題的窗口」（周丹尼，2015：82）。周漢發生於砂拉越古晉，雙親從廣東東莞移民，父親是中國廣東省新安的客家人。作者表示由於父親周漢發在他撰文時已過世三十多年，父親在世時作者並未有意識的紀錄和了解他的生平。因此撰文係透過家人記憶、口述歷史和父親留下的大量私人信件、文件、照片和新聞剪輯等，將他生命中幾個重要經歷，短暫的傳道人，多語法院通譯，轉任貿易工會和社團登記單位，退休後投入客家事務成為社團創始人一員，重新建構瞭解周漢發十五年的公職生涯，他幾個人生重要轉折和砂拉越客家的生活。

周漢發受中英兩種教育，在第二次世界大戰後的政治社會情勢下，他因為能流利使用華語、英語、華文方言和馬來語，讓他能夠在擔任法庭通譯期間受到重用，並由於這樣的工作經驗和多語能力，讓周漢發在1951年被升遷至貿易工會和社團登記單位（周丹尼，2015：101、112）。他在1968年退休後始進入客家

事務，成為古晉新安客家人的惠東安會館發起人之一，並在1971年正式成立時擔任副主席。作者認為父親直到退休後才投入客家事務，是因為在多種層次族群認同的砂拉越，對於認同是不可能清楚地被擱置，而周漢發得利於他的多語能力，使他能在政府工作，當他任職於殖民政府期間，他選擇忠於工作所屬，讓他得以撫養有十三個孩子的大家庭（周丹尼，2015：112），以上因素是作者認為阻止了周漢發對外表示自己的客家認同或活躍地參與客家事務，故而在退休後才參與客家事務推展。

五、結語

從以上文章試著梳理周丹尼在研究發展的歷程，2011年前後是一個切分點，這一年後他開始將研究從華人更聚焦在客家方言群研究。1986年他的博士論文探討開拓鄉區的華人，並討論了華人和內陸原住民的社會關係如婚姻和商業行為，政府對多族群的統治手段等，提供不同於過去的白人觀點的研究取向。其後他也持續關注華人和其他族群間的社會互動和關係，他認為族群邊界因為社會關係、通婚，以及華人商人和原住民顧客間經濟上的共生合作關係而被打破（周丹尼，2012a：190）。2010年他以 "Hakkas in Engkilili, Malaysia; History, Identity and Community" 獲得蔣經國國際學術交流基金會研究計畫補助，進行一年多的調查，到2012年，他開始發表客家研究，客家不再像在他其他文章，只是另一個隱身在華人之中的方言群，很少被特別提起。

周丹尼以砂拉越英吉利利為主要研究田野，英吉利利位在郊區，客籍華人與原住民混居，人口比例上又是原住民居多，在此

他延續過去的研究關注，他繼續記錄當地的社會關係、通婚、語言選擇，以及經濟上的共生合作關係，客家人和原住民間的族群邊界是模糊又多重的，雖然在法律層面，族群間的界限，特別在砂拉越無法被消除，華人和伊班通婚下一代，如果父親是華人，依法只能被認定爲是華人，但伊班配偶如果同時能說伊班話及客家話，有些例子還能說華語，當被問起他們的族群認同時，他們可以很自在的選擇伊班或華人身分（周丹尼，2012a：215）。

更進一步討論到，方言群間的界線在族群邊界外，由於教育、中華中學校、通婚，商業活動如商店、市場及農場的社會交融，再次被打破（周丹尼，2012a：191），一方面表現族群身分認同的多重和可變，另一方面則也是在提醒，對於族群邊界的思考需要因應時空環境的變化而調整，而且或許正是來自於多元族群的社會環境，使得人們必須對自己的身分認同做出選擇，選擇的過程自然帶有利害權衡，不使自己置身於不利於己的境地，正如周丹尼父親在退休離開公職後才公開成爲一個客家人。

註釋

1　Bumiputera，土地之子。
2　第一省成立於1873年6月1日。（劉子政，1997：XII 1）
3　Federation of Malaya，簡稱西馬。
4　今沙巴。
5　後退出馬來西亞聯邦，於1965年成立新加坡共和國（Republic of Singapore）。
6　Malaysia Agreement，簡稱MA63。
7　Federation of Malaysia，簡稱馬來西亞。
8　線上聯合目錄，由線上電腦圖書館中心（OCLC）所提供，內容涵蓋170個國家、72,000所圖書館。

附錄：所有著作一覽表

項次	年份	篇名	備註
1	1983	*Chinese pioneers on the Sarawak frontier 1841-1871*	博士論文。
2	1990	《砂朥越鄉鎮華人先驅》	專書，由博士論文改寫並翻譯為華文。
3	1990	*Chinese Pioneers on the Sarawak Frontier, 1841-1941*	專書，由博士論文改寫。
4	2000	"Chinese-Indigenous Relations in Sarawak: A Historical Perspective"	未取得文本。
5	2000	*The Chinese in Sarawak: an overview*	未取得文本。
6	2003	《撰寫砂拉越華族歷史的途徑》 *Approaches on writing the history of the Chinese in Sarawak*	專書，英文撰寫，翻譯華文後發行，未取得文本。
7	2011	"Chinese in Sarawak, 1946-63: education, land and belonging"	會議論文，取得摘要，未取得文本，原文發表於 Centre for Southeast Asian Studies, Kyoto University, 24 January 2011.

8	2011	"British colonial attitudes towards the Chinese in Sarawak, 1946-63"	收錄於《西方圖像：馬來（西）亞英殖民時期文史論述》。
9	2012	"Hakka in Engkilili, Sarawak: Community and Identity"	收錄於《東南亞客家及其周邊》。
10	2013	"Hakka Identity in Engkilili and Siniawan, Sarawak"	收錄於《客居他鄉——東南亞客家族群的生活與文化》。
11	2015	〈砂拉越的一位客家公務員〉"A Hakka Civil Servant Sarawak"	刊登於《全球客家研究》第 6 期。

備註：項次9-11為目前可蒐集到周丹尼以「客家」為題的三篇文章。

參考文獻

田英成，2011，《砂拉越華人社會史研究》。馬來西亞：砂拉越華族文化協會。

周丹尼，1990，《砂勝越鄉鎮華人先驅》。馬來西亞：黃順柳。

———，2011，"British colonial attitudes towards the Chinese in Sarawak, 1946-63"。頁99-118，收錄於伍燕翎編，《西方圖像：馬來（西）亞英殖民時期文史論述》。馬來西亞：新紀元學院馬來西亞與區域研究所馬來西亞歷史研究中心。

———，2012，"Hakka in Engkilili, Sarawak: Community and Identity"。頁177-234，收錄於張維安編，《東南亞客家及其周邊》。桃園：國立中央大學出版中心；台北：遠流出版公司。

———，2013，"Hakka Identity in Engkilili and Siniawan, Sarawak"。頁210-224，收錄於林開忠編，《客居他鄉──東南亞客家族群的生活與文化》。苗栗：客家委員會客家文化發展中心。

———，2015，〈砂拉越的一位客家公務員〉。《全球客家研究》6：79-120。

劉子政，1997，《砂拉越散記》。馬來西亞：砂拉越華族文化協會。

蔡增聰，2003，《砂拉越華人研究譯文集》。馬來西亞：砂拉越華族文化協會。

第 8 章
學院與民間視角下的沙巴客家：
黃子堅與張德來的本土書寫

劉瑞超

摘要

　　舊稱北婆羅洲（North Borneo）的沙巴（Sabah）是為當代馬來西亞的一個州屬，早期學術界針對當地華人社群的研究中，多將其置於海外華人研究的範疇，所探討的多集中在早期的殖民歷程、區域史、產業、政治變革等議題，或是在更大範圍中與華人海外貿易與華商在地角色的研究傳統進行對話。研究者除了少數西方學者以外，多是在地學者、文史工作者、民間團體。晚近十餘年也開始有台灣學者關注到沙巴，並逐漸展開客家研究。沙巴客家研究的開展，與台灣客家研究、沙巴客家及基督教網絡皆有密切相關。本文以沙巴本土歷史學者黃子堅，以及民間文史工作者張德來的書寫為例，探討沙巴在地、學者與民間觀點，是否以及如何建構出一個理解沙巴華人、沙巴客家的途徑進行討論。研究初步發現，沙巴本土研究者所建立的客家知識，具有相當的在地性及關懷，亦即華人與華人文化始終是在地社會有意義的政治、社會、文化分類範疇，但其中，全球客家網絡的運作，也同時將沙巴鑲嵌於某種跨國政治、經濟、宗教運作及分析框架中。

最後，因爲沙巴客家華社的在地性，對客家基督宗教社群的關注，也反饋回台灣對全球客家現象研究的視野中。

關鍵詞：沙巴客家、沙巴華人、客家基督徒、黃子堅、張德來

一、前言

　　華人大規模移居馬來西亞沙巴州（Sabah）（前北婆羅洲）
（North Borneo）約莫在19世紀末，沙巴的華人移民歷史具有殊
異於東南亞其他地區的特點，亦即客家基督徒以家庭為單位的計
畫性移民，也造就了今日沙巴華社明顯的客家屬性。今天我們設
定以「客家研究」作為回顧相關研究的視角，尤其是檢視台灣、
中國以外地區的相關著作，經常面臨到在華人研究中摸索客家身
影的現象。當台灣學者帶著客家研究的視角進入東南亞，探索著
在地客家的文化內涵、客家認同、跨國網絡、宗教信仰、族群產
業等議題時，在地學者如何在自身脈絡和關懷上與境外學術研究
產生對話，本文將以馬來西亞沙巴州出生的在地學者黃子堅及民
間文史工作者張德來之本土書寫為核心，針對這些著作中，書寫
者如何看待「華人」與「客家」進行研究重點及方法的分析比
較，並討論兩者在書寫中如何界定客家，是否隱含怎樣的客家族
群性。最後指出兩位作者的著作對馬國或沙巴華人社會、客家，
產生了怎樣的影響。

二、南洋研究與華人研究下的北婆羅洲（沙巴）

　　針對今天馬新地區的華人研究，在學術脈絡上可以追溯到第
二次世界大戰前中國學界的南洋研究。馬來西亞歷史學者廖文輝
（2014：14）認為，從學術史來看，南洋研究是指自1930年代
開始，主要是由一批中國南來的學人和報人在馬新推動和建立的
一種史學研究傳統，也就是今天所謂的東南亞研究。當時的南洋

研究在研究方向上是以整個南洋為關懷重點，而不僅僅專注華僑的研究，研究課題則從國別區域到名物考證包羅萬象。至於華人研究，即是海外華人研究的簡稱，研究對象是中港台以外區域有華人落腳的地區與社群。東南亞是華人聚集最多的區域，東南亞華人乃成為重要的研究對象與課題。但今天所謂的馬新華人研究，強調的是馬新學人所進行的華人研究，研究範圍除涉及個別國家以外，也包括整體東南亞華人的宏觀研究，換句話說，所謂的馬新華人研究，意涵的是馬新學人立足本土所進行的研究。起自中國的南洋研究，其實脫胎於邊疆史地和中外交通研究的傳統，[1]但直到1920年代中國的南洋研究學者才開始運用近代科學方法進行中國海外交通史研究。馬新南洋研究則很大程度受到中國學者的影響，一直到了1970年代以後，尤其是1980年代以後，以華人研究為取向的學術團體、研究機構、文物館、出版社、期刊逐漸湧現，南洋研究已然為華人研究所取代（廖文輝，2014：14-19、155-156）。

北婆羅洲（沙巴）一開始進入華文志書或文獻視野中的契機，也就是在南洋研究的氛圍下以華僑研究之名而登場。1955年起，中華民國僑務委員會出版了一系列的華僑志，此系列叢書為的是加深華僑與祖國及海外各地相互間之瞭解，從而促進團結合作，民主國家集中力量，以阻遏共產集團赤化世界之狂流，為維護正義保障自由作殊死戰（高信，1963：1）。與沙巴相關者，有宋哲美所編著關於婆羅洲三邦華僑志系列書籍《北婆羅洲、婆羅乃、砂勞越華僑經濟》（1957）、《華僑志：北婆羅洲、婆羅乃、砂勞越》（1963）、《馬來西亞華人史》（1966[1963]）等。在其史志編排及內容上，曾被批評有不少缺漏及錯

誤，參塗稚冰（1964：94-101）。筆者也發現，宋氏系列著作中完全忽略基督教會與沙巴當地客家乃至華人社群的關係。例如關於早期華人，他只提到早期移民北婆羅洲的華人有不少是太平天國失敗後逃出海外者，但完全未提及基督徒、巴色會等相關脈絡對形成沙巴客家華人社會結構的重要性。這類官方志書有其時代背景，今日來看確有缺漏，但仍是早期華文官方文獻對北婆羅洲少數僅有的系統性記載，有其貢獻，且該系列志書更凸顯出具有促進「華僑與祖國感情連結」的時代任務。

王賡武（2002：151）認為，孫文引介民族主義思想進入南洋，為的是反抗滿清統治者，也使得華人更自覺地與新中國產生聯繫，並進一步成為民族主義者。這種中國民族主義有很大程度上是透過教育途徑到達。中國國民黨早在1912年便在新加坡成立支部，推動海外黨務事宜，至1918年為止，星、馬地區華文僑校已經由一百餘所擴張至三百餘所。隨著1919年中國發生五四運動，所有星、馬地區的僑校，一律改以中國國語為教學語言。許許多多的教師由中國前往東南亞散播新式教育的種子，年輕一代的華人在新式學堂受教育，也開始思考自己作為一個中國人，對中國的責任（戴萬平與顧長永，2005：321）。至此以各種方言構成的華人社會，獲得了語言上的統一（楊建成，1982：353），使隔閡的僑社，趨向統一（宋哲美，1963：67；Hang，1975：180）。

華人民族主義與新式教育促進了華人社會的形成，但事實上，若考量到沙巴客家社會中巴色會的因素，便可看見東南亞區域間的差異。巴色會（Basel Mission）在客家墾殖區建立教堂，也建立巴色會體系的樂育學校，其他教會如聖公會、天主教等也

各自設立華文小學，讓教友子弟在海外也能接受基礎華文教育。此外，包括客家、福建等籍貫的華團也會創辦華校。雖然新式教育及教材在1920年代已傳到東南亞，但在沙巴當時絕大多數的教職員和學生皆來自同一個方言群，也都以經營學校的族群之方言作爲教學媒介語。因此，直到第二次世界大戰以後，華語才逐漸成爲華人的共同語言（張德來，2002：177）。

早期華僑研究不可避免牽涉到華僑政策與海外民族主義，這種以祖（中）國爲視角，將海外華人視爲中國史的一部分，卻忽略僑居地政府及當地政治脈絡，以及戰後民族國家獨立的過程及影響。但過度強調當地脈絡爲主，卻又忽略了移民與祖國的聯繫。也因此，今天東南亞華人或客家的研究，已經轉向跨國網絡的研究取向。

除了以上屬於南洋研究脈絡下的華僑研究所留下來的沙巴華人紀錄以外，華人各同鄉會館幾乎都有出版我群書寫刊物的傳統。在這種可被歸類爲傳統史料的文獻中，通常不太刊登有學術研究性質的文章，且常以特定紀念特刊爲名。其內容通常包括社團沿革史、社團組織與活動、社團網絡、社團所在地鄉鎮層級的地方文史等。其中，紀念特刊中幾乎都會有來自各地、各類名人或社團代表的題詞，以及各種工商廣告，可藉此看出該社團所處的在地及跨域社群關係網絡中之位置。但值得注意的是，客家會館刊物在各種華團刊物中的特殊表現，亦即族群知識的傳遞，尤其是羅香林的〈客家源流考〉、再輔以轉載其他介紹客家文化特質的文章。這涉及了源自上世紀20年代發軔的全球客家網絡、客家族源建構之工程，在馬新許多客家地區間持續百年至今。

在具有較嚴格學術意義上的沙巴華人研究方面，有早期的

K. G. Tregonning 在 1960 年代所著 *Under Chartered Company Rule: North Borneo, A History of Modern Sabah 1881-1963* 等書，該書研究的重點在於渣打公司的統治過程。Hang Sin Fong（韓銑豐）在 1970 年代於沙巴的離島、西海岸、內陸地區進行調查，並於 1975 年出版了 *The Chinese in Sabah, East Malaysia* 及相關單篇論文[2]。他批評許多華文界的海外華人研究都將華人視為是靜態的、不變的、同質化的社群。因此該書主要是討論各種華人方言群與職業型態之關係，他認為教育與交通逐漸發達，將促成年輕世代的空間移動及社會互動的增加，同時方言語群之間的通婚也因此會增加，並且對原來方言語群的忠誠度將被打破，且這不只是沙巴，而是所有東南亞海外華人的普遍現象（Hang，1978：14）。延續對職業變遷的關注，R. D. Hill 與 Voo Min Shin 也在客家基督徒移民沙巴的起點，西海岸北端的古達進行了客家農村的研究，[3]透過移民第一代客家墾民至第四代後裔之間，在新墾殖區的聚落擴散模式，以及透過提升教育而來的職業與居住空間的流動現象。Hill 與 Voo 這項研究雖是以客家為對象，但在分析上並未觸及華人次族群或方言群的差異性，也就是在缺乏比較的情況下，無從顯示客家本身的特殊性。

關於沙巴華人的研究除了上述南洋研究、華僑研究、乃至稍後帶有社會科學分析方法的少數著作以外，晚近這十餘年更陸續有不同研究脈絡的學術著作產出，包括華教研究、語言學研究、基督教或巴色會研究、東南亞客家或全球客家研究等脈絡。但不同於以上各種研究傳統，接下來本文將以接近當代客家研究意義，以及今天進行沙巴客家研究不得不重視的本土學者，來討論其客家相關著作之內涵。

三、沙巴客家的相關書寫

（一）歷史學者黃子堅及其客家研究著作

黃子堅（Danny Wong Tze Ken）是一位相當多產的學者，其著作中、英、馬來文皆有。他自1993年開始從事沙巴華人歷史的研究，並在馬來亞大學歷史系擔任講師的時代便出版了 *The Transformation of an Immigrant Society: A Study of the Chinese of Sabah*（1998），該書是Hang Sin Fong（1975）沙巴華人研究之後的第一本沙巴華人專著。由黃子堅後續展開的研究回看，本書可謂他馬來西亞華人研究的起步之作。附錄1是黃子堅眾多著作中涉及沙巴客家者，有些題名直接顯示客家，但較多的是研究對象是客家，但未明確指出。

黃子堅的研究議題及區域並不侷限於沙巴及華人，也含括馬來半島及其他非華人族群，甚至早期也有不少關於越南的研究著作。附錄1大致列出與沙巴客家有關的著作。由這些著作來看，黃子堅涉及客家研究的議題至少有幾類：華人史、客家基督徒、抗日、階級流動、認同等。

在華人史的方面，*The Transformation of an Immigrant Society: A Study of the Chinese of Sabah* 這本專書可說是其華人研究起點，該書以移民社會的轉型爲主軸，企圖建立沙巴華人社會的「起源與前史」。因此他採取了類似編年體的方式作爲他的書寫方式，例如：「早期歷史中的華人、移民階段、移民二世代、戰前與戰時」等，皆以特定年份來區分。由他處理的時間範圍來看，幾乎都集中在華人移民起至第二次世界大戰結束止，可說是一種斷代史的概念。

後續的*Historical Sabah: Community and Society*、*Historical Sabah: the Chinese*、*Historical Sabah: The War*這三本書源自於他為沙巴華人所創立的英文報紙Daily Express 撰寫專欄的集結。這個專欄具有開拓研究議題、促進地方史研究、啓發社群史意識、史學大眾化等幾個目的（Wong，2004：vi）。由於一開始是爲了報紙專欄而寫，因此每篇的篇幅都不算太長，議題則涉及沙巴史上的人物、種族、職業、制度、社會組織、社會現象、公共事務等，相當廣泛。

1881年是黃子堅治沙巴史的起點，那是英屬北婆羅洲渣打公司設立的年份，隨後該公司透過巴色會陸續引進客家移民，逐漸形成沙巴社會。伴隨著移民墾殖擴張、行政體系建立、多族群景觀及互動、社會制度、社會組織的出現等，在黃子堅的著述過程中，透過歷史學者的訓練，利用了大量的官方檔案、教會檔案、田野訪談，逐漸地將沙巴社會史的形質內涵建立起來。

我們可以發現，沙巴華人（史）是黃子堅的研究主體之一，他認爲沙巴即便被視爲全球離散華人的一部分，但沙巴有其特殊性，是西馬及其他華人地區看不到的。這些特點包括了：客家人口在沙巴華社擁有壓倒性的數量，讓沙巴成爲東南亞唯一以客語作爲通用語的地方；沙巴是少數由官方主導系統性移民之處；沙巴是東南亞唯一有華北人的地區；沙巴有超過三成以上高比例的基督徒；沙巴更是馬來西亞唯一由華人領導起義對抗日軍，且是唯一沒有共產黨出現的地區（Wong，1999）。這些「沙巴特點」也符合他後來論文產出的部分方向。

關於二戰期間抗日及戰爭下沙巴社會的書寫，在過去十餘年間在沙巴是個顯著的現象，有不少中英文書籍在這階段出版，其

中有華人、西方殖民官員、甚至當初佔領的日軍所著述（參陳冬和，2004、2009、2014；Evans，1999；Hall，2009；Ueno，2012等）。何以在戰爭結束半個世紀的時機點，出現大量關於戰爭記憶的出版，是值得探討的另一議題。在黃子堅的沙巴研究中，神山抗日游擊隊的研究工作從1998年起至今持續了二十年，除了有幾篇中英文單篇論文，以及 *Historical Sabah: The War*（2004）專書以外，這項工作集大成於2019年出版的 *One Crowded Moment of Glory: The Kinabalu Guerrillas and the 1943 Jesselton Uprising*，該書並且獲得該年馬來西亞國家圖書獎最佳歷史書籍的殊榮，也引起華社的回響。

這延續二十年的研究主題，除了是延伸自他早期的沙巴華人研究以外，黃子堅在神山游擊隊系列的著作中均提及，希望透過這樣的寫作喚起人們對沙巴歷史上重大事件的記憶。日軍在1942年元旦登陸納閩島後不到一個月便佔領整個北婆羅洲。日本的高壓政策導致沙巴人民普遍不滿，尤其是自1937年中日戰爭起便視日本爲不共戴天敵人的華人，這種情緒也導致華人在二戰前便想方設法透過金錢及其他方式支助中國政府（Wong，2007：169），沙巴華人並組織了「海外華僑救華協會」、「中華救濟基金會」、「華僑中國救災委員會」等組織支持祖國抗日戰爭（陳冬和編，2009：30）。1943年這支游擊隊以東南亞及沙巴最高峰的神山爲名，象徵保護腳下土地家園的決心。游擊隊成員中各籍貫華人皆有，但以西海岸的客家基督徒爲主，同時也有不少沙巴原住民族參與。黃子堅的祖父在戰前服務於亞庇地區的醫院，並在神山游擊隊起事期間擔任游擊隊的醫護人員，而後於日軍囚禁期間犧牲了。懷著探索祖父遭遇的心情，以及其對華

人歷史研究的學術關懷，黃對神山游擊隊的研究持續長達二十年。

在多數沙巴抗日相關著作中，儘管都指出游擊隊是由多族群所組成，但均未提到參與者中客家與基督徒的身分屬性，唯有黃子堅會提到游擊隊的主幹是來自沙巴西海岸走廊墾殖區巴色會客家基督徒，且是移民沙巴不過二十餘年的惠陽、紫金、河源、五華等地的客家人。雖然如此，但在黃子堅早期著作 "Anti-Japanese activities in North Borneo before World War Two, 1937-1941" 中，尚不曾出現客家及基督徒字眼。筆者推論，一方面可能是二十年前發掘的史料不足，另一方面可能是黃當時並未有意識要在論述中做這樣的身分屬性區分。如何將沙巴抗日放到英屬北婆羅洲渣打公司成立（1881年）起算之「沙巴史」的視野中，在黃子堅的看法，戰後每年由官方舉行的神山游擊隊公開紀念儀式至今不曾停止，這是全馬來西亞唯一的例子。而游擊隊多族群結合的特質，是其最重要的歷史遺產，因爲這些人協助建立了這個州或國家（nation），這個被稱爲家鄉（home）的土地（Wong，2019：206-207）。可以看得出黃氏治史中對所處社會的核心關懷。

客家基督徒社群與抗日，這些都是黃子堅界定與馬國其他華人或客家不同的沙巴客家華人特點。2019年馬來西亞客家公會聯合會承辦了第30屆世界客屬懇親大會，黃子堅在大會中的客家論壇上發表了一篇〈另一種客家人：馬來西亞的客家基督徒〉論文。該篇論文中他將沙巴客家基督徒與檳城浮羅山背、砂拉越、森美蘭文丁等區域的客家基督徒並置，並藉由這些基督徒們在巴色會、聖公會、天主教之間的轉換過程，爲其在馬來西亞客

家社群發展史中做定位，並試圖描繪客家基督徒與馬國其他客家社群的相對位置（黃子堅，2019：41）。

　　黃子堅選擇在世界各國客家社團匯聚吉隆坡時提出這篇論文，由他的文章題名便可看出，相對於信奉傳統華人民間信仰的客家社群而言，客家基督徒或有種揮之不去的「異」的成分。[4]因此他才會提出「成為了基督徒還是客家人嗎？」、「客家身分在他們成為基督徒後還剩多少？」這樣的提問，並且認為宣稱自己的客家身分並不會影響對基督的信仰（黃子堅，2019：53）。在談到沙巴西海岸客家基督徒墾殖區時，黃曾指出教會的客家屬性與該社群移民經驗與方式有密切關係。換句話說，這些來自五華、紫金、河源、興寧、龍川、惠陽等地的墾民，在移民前便已經是客家基督徒了。因此，沙巴西海岸這些巴色會教會的客家性質是從中國帶出海外的（黃子堅，2015：126）。換言之，客家身分與基督徒身分的結合，除了是一種客家性（質）以外，也是一種客家文化風俗。客家基督徒如何保留其客家性，或者基督徒與非基督徒的客家性是否相同，顯然需要對話、或者取得共識的，不只是學術社群，更包括廣義的非基督徒客家社群。

　　黃子堅另一個與客家相關的研究主題涉及了階級流動與認同。沙巴客家社群透過英語教育而獲得職業及階級流動可能性的議題，早在 Hang Sin Fong（1975）及 Hill 與 Voo（1990）對整體沙巴華人及跨世代客家農民的研究中就已經顯現。但是沙巴客家社群比其他華人明顯偏向英語教育是有其背景的，包括受到教會的影響，以及將英語教育當作藉此擺脫墾殖生計的社會流動方法，以期進入政府部門或白領階級職業，如此便避免了與其他早已經從商已久的華人方言群競爭（黃子堅，2005：81）。

從另一方面來看，黃子堅認爲巴色教會對客家認同之維持有貢獻，這可從兩點來看。第一個是物質文化中的食物。他認爲教會在華人日常生活中幫忙引進許多客家特色，例如客家食物之蛋捲、肉圓、釀豆腐、扣肉，且都成爲沙巴的經典中華料理。巴色教會對客家的另一貢獻在於客語的推廣，教會強調客語的使用，確保客語傳播到沙巴其他地方（黃子堅，2011：381）。但隨著教會的成長與擴張，在客語崇拜以外，先後又加入了英語及華語的服務，教會的客家認同不斷受到損害。教會與學校的擴張導致非客家信徒的加入，這些改變了後期教會的客家認同（Wong，2003：145-160）。

　　百年來教會一直在沙巴透過各類活動（尤其是主日崇拜及學校場域）中，扮演維持客家認同的角色。但他也指出，教會不曾強調其主導，或有計畫地去增進客家認同。因爲教會根源本質在於客家（來源地、主要教友群），所以凸顯了教會在客家認同上的角色。相較於此，香港崇謙堂客家基督徒的研究中，客語在當地客家教會中的使用，卻表現出具有相當的意識及目的性。崇謙堂教友們堅持那是個客家教會，必須要使用客語（Constable，1994：72）。黃認爲，沙巴客家認同就是客家認同的機構化，無論是語言或活動，都成了加強沙巴華人族群認同的工具（黃子堅，2011）。我們可以進一步思考的是，沙巴客家透過教育而向上流動，對於客家認同的維持，似乎有矛盾的可能。黃曾以注重教育、與土地有密切關係來界定客家族群性。但在沙巴客家基督徒世代之間的生計方式及城鄉居住空間的轉換，也意味著界定客家的方式是具有流動性的。

（二）傳道文史工作者張德來及其客家相關著作

張德來（Chong Tet Loi）本身是沙巴西海岸的巴色會客家基督徒，曾接受神職教育，有段時間在政府相關部門服務，也曾從商。他在擔任政府部門秘書期間，走遍沙巴各地，這使其對沙巴有全面性的認識，同時因為對文史的興趣，便開始大量收集田野材料，並以客家及巴色教會為主軸，陸續完成了沙巴客家三書及數篇文章（附錄2）。

張德來累積二十多年的調查後，耗時四年完成其首本著作便直白地以《沙巴客家人——客家華人貢獻沙巴州現代化之探討》作為書名於2002年出版，並於亞細安客家第三屆懇親大會上推介給客家大眾。本書原先是出版英文版，後來翻譯成中文版。該書從沙巴的移民人口結構、客家社團、農業、宗教、教育、政治、官僚、企業等切入，呈現客家與沙巴的關係。這算是一本沙巴客家的綜論，但也是沙巴客家基督徒起源故事的華文專書，更被視為是黃子堅1998年英文專著 *The Transformation of an Immigrant Society: A Study of the Chinese of Sabah* 之後，第二本有系統、全面性、有規模的沙巴華人相關著作。書中詳述客家基督徒移民緣由及過程，包括不同移民梯隊登陸以後的發展、巴色堂會的擴展過程，也論及各種華人社團組織、農業、宗教、教育、政治、工商業等。由於這是沙巴少數介紹沙巴華人歷史的中文書籍，同時透過教會主日崇拜與相關活動、書店、博物館的管道流通，有相當比例的沙巴華人都這樣認知沙巴華人史的開端。他在跨國客家組織的懇親大會上提到該書寫作起緣：

> 長時間觀察下，本州甚是缺乏客（家）學研究……當我們要

查本州客家文化、歷史，往往要依賴外地著作，在經過思索後，我決定全面從圖書館、檔案局、公會、舊報紙及走訪元老來匯集資料。希望透過此書的出版，能讓本州華人，特別是客家人瞭解到本身的歷史、文化（沙巴暨納閩聯邦直轄區客家公會聯合會，2002：41）。

由該書副標題「客家華人貢獻沙巴州現代化之探討」可以看出作者對於沙巴客家的某種定位，亦即客家的社群或文化身分仍歸屬於華人之中，作者在寫作中並沒有刻意去凸顯客家作為一種華人方言群的特殊性。[5]

2003年馬來西亞基督教巴色會斗亞蘭區會與亞庇客家公會合辦了「客家人南來夏南南、孟家達、德里福開埠九十週年慶祝大會」，為的是記錄下西海岸這三處聚落客家先人開天闢地的歷史。慶典活動中安排了「拓荒者紀念講學會」，邀請三位沙巴華人研究的專家學者擔任講員，三位講者中除了一位是前巴色差會德籍宣教士，另兩位便是張德來及黃子堅。這場慶祝大會以及所展出的移民史料與研究工作成果，便是2007年出版的沙巴客家三書之一的《沙巴的客家移民實驗：客家人南來夏南南、孟家達、德里福開埠九十週年紀念特輯》（Commemorative Publication of the 90 Anniversary of Arrival of the Hakkas and Founding of Inanam-Menggatal-Telipok towns）。

離開公職重返教會擔任傳道人員的張德來，在繼續發掘各項文獻材料之後，於2015年再度編著出版了《沙巴的客家人故事》一書，作為西海岸客家基督徒墾殖區及建堂百周年的紀念。與第一本專書著作不同的是，後來這兩本乃因應巴色會舉辦相關

活動而出版，同時也開始與亞庇客家公會有人員及資源上的合作。例如巴色會與亞庇客家公會再次舉辦了「拓荒者紀念講學會」，邀請了更多學者及教會人員發掘與撰述客家移民的歷史。同時也舉辦了「沙巴的客家人故事歷史圖片展覽會」，以「說故事的手法順序簡介沙巴的客家人主要經驗的旋律」（張德來編，2015：19）。透過「沙巴的客家人故事歷史圖片展」的簡潔的文字與老照片，觀者能很快獲得沙巴客家華人歷史知識。在接下來的兩三年中，該歷史圖片展也於其他堂會活動、市民公共場合、客家公會相關活動中巡迴展出，最後為沙巴客家公會聯合會的客家文物館所收藏，大大發揮了傳遞沙巴客家基督徒及華人社會移民史的教育功能。

以沙巴的客家人作為書名，除了反映客家是沙巴決定性的華人族群以外，也是響應國際上客家學研究熱潮。張德來即便或因為客家研究熱潮，而以客家來界定他所論述的社群及對象，但基本上是以當代沙巴華社整體形貌回溯早期移民史，並在其中建置了客家華人在沙巴華社中的位置，而此移民早期的故事原型又與具有「共同歷史根源」的客家基督徒緊密相關。

沙巴的客家基督徒一直是從事沙巴華社研究不能忽略的部分，由黃子堅、張德來的著作中皆可看出該社群的重要性。這牽涉到了教會與教育、職業階級流動、語言與認同等等議題。過去，沙巴的基督教巴色會因為會友清一色都是客家人，因此被人稱為「客家教會」。也因此張認為巴色會在其種族和方言的組合保持純粹直到1970年代，實質上該宗教團體是一個「客家方言組織」（張德來，2002：41）。在後來教會宣教合一的風潮中，客家教會與外界教會接觸有限的情形卻被批評為保守、封閉、自

我邊緣化，直到1970年代基督教巴色會開始向部落族群傳教後，導致許多原住民族群成爲教友，教會的人口結構及組織開始多元化，組織也隨之擴張。客家教會的傳統觀念開始有了突破，「客家教會」有了具有深遠含意的革命性變動（張德來，2014b：72）。筆者認爲，由張德來的信仰關懷來看，脫離「客家教會」的標籤，在信仰上是重要的，也是當代基督教信仰事工推動上的重點之一。客家曾經是通往信仰的起點，今天則是路徑之一而非終點。

四、兩位本土書寫者的比較

筆者將黃子堅界定爲學院派的歷史學者，除了他是受歷史學專業訓練出身以外，也涉及他的著述所使用的研究方法。將張德來視爲負有傳道使命的民間文史工作者，除了他個人的生命歷程以外，更表現在他與沙巴客家相關的著述之中。相較於黃子堅研究議題、研究區域的廣闊，張德來完全集中精力在沙巴州、客家基督徒的範圍內，兩者撰述上展現不同之處。相同的是，兩位都是沙巴本土出生，也都是巴色會教友，他們表現出對自我生存土地及社會的終極關懷。在這樣的終極關懷下，以巴色會、渣打公司交織起來的客家基督徒移民史爲根源，沙巴華人社會研究便開枝散葉展開了。這是客家移民的經驗，也是透過各種管道對社群進行再教育，所傳遞下去的集體記憶。隨著墾殖區往內陸及東海岸擴大，學校與堂會建立，新的聚落誕生，也可參照沙巴客家基督徒起源故事的架構，對自我在客家基督徒史、聚落或地方發展史中進行自我定位。

在研究方法上，黃子堅與張德來都相當大量依靠史料文獻，且遍及英文、華文與馬來文的資料，這是寫史的基本方式，但不是每位從事華人研究的學者都能做到。廖文輝（2014：189-190）在談及建立馬新華人研究主體性時，曾指出研究方法的轉變是一項很重要的因素。史料本土化的確立是一項很重要的指標。亦即，早期南洋研究時期偏重於傳統史料的運用，這些傳統史料大致有三類，包括中國文獻資料中有關東南亞的記載，這是研究東南亞古代史時所會運用到的。其次是英國殖民官僚的著述，例如英國皇家歷史學會所出版的大量馬新研究的有關成果。第三種史料則是本土的出版物如報紙、特刊、雜誌、期刊、著述等。相對於傳統史料，戰後尤其70年代以後才陸續為研究者所發掘注意到者，包括殖民政府留下來的檔案文獻、各地宗廟會館的檔案紀錄、社團與義山的金石碑銘、以及鄉紳耆老的口述記錄，甚至相關人物的書信、日記、照片、檔案等，這些都可視為本土史料或在地文獻資料。

而從學科的定位來看，過去的華僑華人學幾乎都是屬於史學研究的領域，注重史料的蒐集、整理、歸納與論證這樣的傳統文史分析法。但是新時代裡如社會學、人類學、民族學等新學科的出現，也帶來新的研究方法，尤其是比較研究與跨學科研究。但在理論上來看，華僑華人學的理論相當薄弱，戰前的華僑殖民論、華僑革命之母論，將海外華人視為中國歷史的一部分。戰後又有華僑社會階級論、華人同化論等開始關注華僑與當地其他族群關係的理論。廖文輝認為，這些觀點及論述，頂多稱為中程理論，在深度與廣度上尚無法被運用到更大的研究實踐上（廖文輝，2014：197-200）。此外，馬新本地的學者在推動具有主體

性的華人研究時，也試圖擺脫英語源流學界以歐洲爲中心的論述，透過本土史料而非殖民者的文字紀錄，讓歷史敘述本土化，才能確立本土歷史的主體（廖文輝，2014：202）。由以上馬新本土華人研究的發展脈絡來看，黃子堅及張德來在研究方法上，有所異同。

首先，黃、張兩位研究者都意識到書寫者的位置，自己身爲被研究被書寫的社群一員，也就是自我研究，這在其撰述過程中多少有些考量。例如黃子堅考量到沙巴近現代史太短，許多事件尚未塵埃落定獲得共識，對於事件及人物的記憶仍存有差異版本，甚至有些當事人或家屬仍生活在此，這些都是寫作時必須的考量。作爲一名歷史學的專業學者，黃子堅使用了大量各類殖民當局、官方或軍方的文書、紀錄等檔案，也因爲他處理的沙巴史區段，大多集中在二戰結束前後約百年之間的沙巴近現代史，因此他也進行了爲數不少的口述訪談，以獲取相關資料。他主要以編年、事件、人物傳記、制度、民俗、教育爲切入點，進行以華人爲核心的沙巴史書寫。

相較於黃子堅是以身爲沙巴華人一分子的立場出發，張德來則是以一個「客家華人的眼睛」對華人做出探討的嘗試，並自承「不想隱瞞身爲該族群一員的主觀情結」（張德來，2002：IV）。在張德來所謂的主觀情結上，筆者的觀察是，這是立基於他身爲一位五華裔的沙巴客家華人身分，在其重要著作《沙巴的客家人》中，欲揭露客家華人對沙巴整體歷史與社會的貢獻，並凸顯作爲最大的華人方言群、具有決定性地位的華人族群的地位。但這個主觀情結並導致作者的論述呈現出一種客家本位、客家優先的立場。這從《沙巴的客家人》一書中，含括了跨種族、

跨宗教、跨政黨的論述可以看出。例如，在論及非基督徒的沙巴華人宗教之時，張德來雖也揭示其他華人方言群的身分，但在述及沙巴各地重要廟宇時，其書寫也透露出他盡可能地從資料中辨識出管理者以及信徒們客家身分的企圖（張德來，2002：142-151）。

在研究議題上，教會背景的張德來，嚴格上來說並非真正的從事學術定義上的「族群研究」或「客家研究」，而是在寫自己的歷史、呈現我群在沙巴及馬國中的位置。所以他並不會去提出人類學或社會學式的提問。議題也侷限在沙巴華社、客家基督徒移民史、聚落與教會發展為主。黃子堅雖是歷史學者，但在他眾多著作中，也透露出些許人類學與社會學的關注，例如階級流動、文化與認同等，這是黃張兩者的基本差異。

關於客家性的探討，黃子堅界定客家的身分及認同的方式是血統（譜系）、方言、宗教。並以此來分辨出馬來西亞的客家。亦即馬來西亞客家的惠州、嘉應州、少數福建區域的來源譜系。在宗教信仰體系上，馬來西亞客家人主要祭拜傳統的譚公、三山國王，但也崇敬仙四師爺這樣的當地神明。譜系、方言與宗教，是黃子堅界定馬來西亞客家性的準則之一，但在這些準則以外，還有另一群客家人存在，也就是他所謂的「另一種客家人」：馬來西亞的客家基督徒。對於這個「另一種客家人」，他認為客家身分與基督徒身分的結合，是一種客家文化風俗，也是一種客家性（質）。換言之，他認為的客家性是可多元多樣並存的。張德來在界定誰是客家這方面，則較無提出具體的指標，基本上是以中國籍貫來辨識，也就是移民來源的縣份。例如他以東莞、寶安和惠州，來界定或推測山打根最早期的客家拓荒先鋒（張德來，

2002：144），並未以語言、信仰進行交叉比對其與客家身分或認同之間的關係。

　　黃子堅由宏觀的區域歷史角度出發，他多數的沙巴華人歷史專書，並非以客家作為主要視角，反而沙巴華人或沙巴人（沙巴漢）才是關注的範疇。此外，他的研究中帶有明顯區域史、地方史的範式，因此他的研究對象是跨出客家的。沙巴的特殊之處，是與馬來半島或東南亞其他地區華人研究進行比較上具有意義。換言之，這是他對馬國或東南亞華人研究的參照範疇。

　　張德來的客家著作，毋寧是一種榮耀上帝的寫作。張德來將《沙巴的客家人》一書定位為研究沙巴華人的書籍，重心在於探討該社群對沙巴現代化與發展的貢獻。張德來長期以來關注客家基督徒在沙巴的發展，也認為客家人對沙巴有很大的貢獻。他擔心在沙巴社會中有如此重要成就的這群人的印象逐漸模糊，為人所不知，更為了不使華人邊緣化，在建國的洪流中失去方向而撰述這本書。與其說是客家研究，倒毋寧是為客家基督徒在沙巴、華人在沙巴、華人在馬來西亞「編史」的角色來定位。

五、結論：對客家研究的貢獻與啟發

　　黃子堅與張德來兩位沙巴本土研究者，其著作無論是否學術性、議題有所異同，對客家研究乃至當地社會均已做出貢獻。首先，他們將把客家多樣性拉進馬國客家研究的光譜裡，這是一個很重要的貢獻，尤其是對於客家基督徒的研究，在馬來半島幾乎較少有人涉入，多數學者研究觸及客家者，還是「本來那一種」的客家。

其次，華人研究中的地方史範式也算是另一種書寫的社會效應。透過大量的沙巴華人歷史研究與客家基督徒的相關著作，包括沙巴移民史、墾殖史、客家與沙巴的關係等等在地知識，某方面來看也是種沙巴（客家）華人史觀的建構工程，逐漸讓沙巴華人建立起我群觀。這樣的書寫也有其後續效應，帶動了地方史風潮，更細緻更多元的發掘地方史的著作在沙巴出現。這類著作大多不是傳統華人社團的業務，而較是民間學者、文化工作者、NGO團體等的產出。後續研究應該走出客家，關注客家與當地其他族群之間的人群與文化現象，例如有為數不少的沙巴原住民族與客家通婚形成 sino 族群[6] 及其社會文化議題（這部分黃子堅已有研究成果，參 Wong，2012）、客家與印度人的族群文化互動等等議題。

在東南亞區域中，對於客家的研究一直是屬於廣泛的華人研究、離散研究中的一部分，也因此早期的研究中，客家如同其他籍貫華人，較少成為單獨的研究議題。2003 年台灣的苗栗縣文化局舉辦了亞太客家文化節，其中並辦理「客家、族群、多元文化研討會」，因台灣的邀請，東南亞地區的學者才與台灣的客家研究網絡產生初次的連結，並各自發表了研究區域內的客家研究議題。

張德來及黃子堅兩位的書寫中，客家基督徒是一個很重要的領域。相較於黃子堅擴大了研究範圍，將沙巴客家基督徒與檳城浮羅山背、砂拉越、森美蘭文丁等區域客家基督徒並置，為其在馬來西亞客家社群發展史中尋求定位，並試圖描繪客家基督徒與馬國其他客家社群的相對位置，張德來的寫作則集中在其虔心事奉的巴色會上，且以沙巴為其主要寫作範圍。兩者之差異來自於

彼此的寫作訓練及專業背景，所關懷者有所不同。隨著台馬兩國研究者越來越多的交流，也開啓了台灣對於客家與基督教的關注。因爲「基督教會」與「客家文化」的相遇，在客家研究的領域看似一個新的議題，推動客家文化復興、客家語言保存的客家運動者，學院的學者在這方面的著墨還不是很多（張維安，2013：4）。國立交通大學（現爲國立陽明交通大學）客家文化學院甚至因此編了一本《基督教與客家文化》的電子書，並展開後續的巴色會研究。此外，近兩年也在中央研究院民族學研究所舉行「『客家、巴色差會與太平天國』策展工作坊」、其研究成果並成爲民族所博物館所推出的「你可能毋熟識个客家──客家與基督教的相遇」特展，增加台灣學界與社會對於基督教與客家的議題的關注，這些都是馬國學者對台灣乃至整體客家研究的啓發。

　　本文以沙巴本土歷史學者黃子堅，以及民間文史工作者張德來的書寫爲例，探討沙巴在地、學者與民間觀點，是否以及如何建構出一個理解沙巴華人、沙巴客家的途徑進行討論。研究初步發現，沙巴本土研究者所建立的客家知識，具有相當的在地性及關懷，亦即華人與華文化始終是在地社會有意義的政治、社會、文化分類範疇，但其中，全球客家網絡的運作，也同時將沙巴鑲嵌於某種跨國政治、經濟、宗教運作及分析框架中。最後，因爲沙巴客家華社的在地性，對客家基督宗教社群的關注，也反饋回台灣對全球客家現象研究的視野中。

註釋

1　一個很重要的原因是清政府開放華工放洋後，海外僑民大量增加，為了拉攏海外僑民取得他們的支持與認同，清政府為了對南洋有進一步的了解，開始這種帶有軍事外交目的情報收集，但還稱不上所謂的學術研究（廖文輝，2014：14）。

2　Hang, Sin-Fong, 1978, "Inter-Group Marriages Among Chinese Speech Groups in Sabah, East Malaysia: Continuity and Change." *Southeast Asian Journal of Social Science* 6 (1/2): 1-16.; "1975 Hailam Chinese in Sabah: A Study of Occupational Patterns and Changes." *Journal of Southeast Asian Studies* 6 (1): 25-37.

3　Hill, R. D. and Min Shin, Voo, 1990, "Occupational and Spatial Mobility in an Overseas Chinese Agricultural Community: The Hakkas of Kudat, Sabah, Malaysia." *Sojourn* 5 (2): 194-218.

4　2019年在台灣中央研究院民族學研究所博物館推出「你可能毋熟識个客家──客家與基督教的相遇」特展。這個客語發音的「毋熟識个客家」（不熟悉的客家），其實也意味著有相對熟識的另一種客家之存在。

5　事實上，巴色會總會內部的部分高層人士便反對再將基督徒與客家進行過度的連結，認為「客家人基督徒」、「客家人的巴色會」這種自我與保守風格，在教會迅速發展的今日已經不合時宜，反而是種侷限（涂恩友，2015：126）。

6　Sino 源自英國殖民者，廣義上指的是華人和當地原住民的通婚後代，不同人群對他們有不同的稱呼，當地報章將之翻譯成「華嘉族」╱「華嘉巫混血裔」╱「華嘉混血裔」╱「華嘉巫混血兒」╱「華嘉姆混血裔」等名稱，客家人則稱這群人為「半唐番」（吳佳翰，2019：1）。

附錄 1：黃子堅客家研究相關著作

著作名稱	出版資訊
The Transformation of an Immigrant Society: A Study of the Chinese of Sabah	London: ASEAN Academic Press, 1998.
Chinese Migration to Sabah Before the Second World War	*Archipel* (Journal of the Interdisciplinary Studies on the Insular World, Ecole Des Haute Etudes en Sciences Sociales, Paris) on No. 58, Vol. III, 1999, pp. 131-158.
The Hakka in Sabah, 1882-1946	*Sabah Society Journal*, 2000, pp. 1-36.
Anti-Japanese activities in North Borneo before World War Two, 1937-1941	*Journal of Southeast Asian Studies*, 2001, 32 (1): 93-106.
The Search for Modernity: The Chinese in Sabah and English Education	Michael Walter Charney, Tong Chee Kiong & Brenda Yeoh (eds.), *Chinese Migrants Abroad: Cultural, Educational, and Social Dimensions of the Chinese Diaspora*, Singapore: Singapore University Press & World Scientific. 2003, pp. 145-160.
〈沙巴州早期的客家商人與企業家 1882-1941〉	收錄於周錦宏編，《2003 亞太客家文化節：客家、族群、多元文化研討會論文集》，頁 235-247。苗栗：苗栗縣文化局。
The Chinese Population in Sabah: A Historical Survey	In Voon Phin Keong (ed.), *The Chinese Population in Malaysia: Trends and Issues*, Kuala Lumpur: Centre for Malaysian Chinese Studies, 2004, pp. 147-162.

Historical Sabah: Community and Society	Kota Kinabalu: National History Publications (Borneo), 2004.
Historical Sabah: the Chinese	Kota Kinabalu: National History Publications (Borneo), 2005.
〈沙巴客家移民與英文教育〉	《海洋文化學刊》創刊號（2005. 12）：67-85。
Chinese Migration to Sabah before the Second World War	In Geoff Wade (ed.), *China and Southeast Asia, Volume 5: The Republican Period and Southeast Asia (1912-49)*, London: Routledge Library on Southeast Asia, 2008.
Kinabalu Guerrillas: The Inanam-Menggatal-Telipok Basel Church Connections	In Zhang Delai (Chong Tet Loi) (ed.), *The Hakka Experiment in Sabah*, Kota Kinabalu: Sabah Theological Seminary, 2007, pp. 166-188.
〈馬來西亞巴色基督教會與沙巴客家特質的認同〉	收錄於丘昌泰、蕭新煌編，《客家族群與在地社會：台灣與全球的經驗》。台北：智勝文化；桃園：國立中央大學出版中心，2007，頁369-384。
Historical Sabah: the War	Kota Kinabalu: Opus Publication, 2010
The Basel Christian Church of Malaysia and the Hakka Identity in Sabah	收錄於蕭新煌編，《東南亞客家的變貌：新加坡與馬來西亞》。台北：中央研究院亞太研究中心，2011，頁367-402。
The Hakkas in Sabah and English Education	收錄於黃麗生編，《東亞客家文化圈中的儒學與教育》。台北：台大出版中心，2012，頁189-208。
The Hakka in Sabah Before World War Two: Their Adaptation to New Environment, Challenges and the Forging of New Identity	收錄於張維安編，《東南亞客家及其周邊》。桃園：國立中央大學出版中心；台北：遠流出版公司，2013，頁235-260。

〈基督教巴色會與沙巴的 130 年歷史〉	收錄於張德來編，《沙巴的客家人故事》。沙巴：沙巴神學院，2015，頁 71-87。
〈巴色教會與客家女子教育的發展〉	與張翰璧，張維安合著。收錄於張維安編，《客家文化，認同與信仰：東南亞與台港澳》。桃園：國立中央大學出版中心；台北：遠流出版公司，2015，頁 143-160。
〈夏南南—孟家達—德里福的客家基督徒在百年歷史的情境裡作定位〉	收錄於張德來編，《沙巴的客家人故事》。亞庇：沙巴神學院，2015，頁 119-138。
Early Chinese Presence in Malaysia as Reflected by three Cemeteries (17th-19th c.)	*Archipel*, Vol. 87, 2016.
Hakka Dialect Identity Versus Chinese Identity in the Face of Government Policy in Malaysia	收錄於張維安、陶振超編，《跨界思維——台灣與全球客家的政策對話》。新竹：國立交通大學，2016，頁 369-404。
Between Malaya and China: Homeland for the Chinese in Malaysia as seen from Two Lives	與陳愛梅合著，《哲學與文化》44 (5)：5-23。
One Crowded Moment of Glory: The Kinabalu Guerrillas and the 1943 Jesselton Uprising	Kuala Lumpur: University of Malaya Press, 2019.
〈另一種客家人：馬來西亞的客家基督徒〉	收錄於《世界客屬第30屆懇親大會客家論壇論文集》。吉隆坡：馬來西亞客家公會聯合會，2019，頁 41-54。

附錄 2：張德來客家研究相關著作

著作名稱	出版資訊
《沙巴的客家人：客家華人貢獻沙巴州現代化之探討》	沙巴：沙巴神學院，2002。
〈東南亞客家的族群關係系列：馬來西亞沙巴客家族群教育事業之沿革〉	刊於周錦宏編，《2003 年亞太客家文化節：客家、族群、多元文化研討會論文集》。苗栗：苗栗縣文化局，2003，頁 157-168。
《沙巴的客家移民實驗：客家人南來夏南南、孟家達、德里福開埠九十週年紀念特輯》	沙巴：沙巴神學院，2007。
〈沙巴早期的客家移植史〉	《馬來西亞人文與社會科學學報》3 (1)：1-9，2014。
〈基督教巴色會對普世教會運動的接觸與貢獻該運動的體現〉	刊於陳再寬編，《跨越族群的情義：涂恩友院長榮休文集》。沙巴：沙巴神學院，2014，頁 69-93。
《沙巴的客家人故事》	沙巴：沙巴神學院，2015。
〈1913 年華南人及華北人移民北婆羅洲之異同〉	刊於張德來編，《沙巴的客家人故事》。沙巴：沙巴神學院，2015，頁 89-101。
〈沙巴的客家人故事〉	刊於張德來編，《沙巴的客家人故事》。沙巴：沙巴神學院，2015，頁 5-17。
〈基督教巴色會客家婦女的地位與貢獻〉	刊於張德來編，《沙巴的客家人故事》。沙巴：沙巴神學院，2015，頁 39-57。

參考文獻

王賡武，2002，《南洋華人簡史》。張奕善譯。台北：水牛出版社。

宋哲美，1957，《北婆羅洲、婆羅乃、砂勞越華僑經濟》。海外出版社。

──，1963，《華僑志：北婆羅洲、婆羅乃、砂勞越》。台北：華僑志編纂委員會。

──，1966 [1963]，《馬來西亞華人史》。香港：東南亞研究所。

沙巴暨納閩聯邦直轄區客家公會聯合會，2002，《亞細安客家第三屆懇親大會紀念特輯》。沙巴：沙巴暨納閩聯邦直轄區客家公會聯合會。

吳佳翰，2019，《成為沙巴「原住民」：馬來西亞Sino的生成》。國立台灣大學人類學系碩士論文。

涂恩友，2015，〈獨立前後馬來西亞華人的身分意識〉。頁103-118，收錄於張德來編，《沙巴的客家人故事》。亞庇：沙巴神學院。

高信，1963，〈序〉。頁1-2，收錄於宋哲美著，《華僑志：北婆羅洲、婆羅乃、砂勞越》。台北：華僑志編纂委員會。

陳冬和，2004《日軍侵占北婆羅洲血淚史》。沙巴：沙巴華文作家協會。

──，2014《血濺婆羅洲與日本投降祕史》。沙巴：沙巴華文作家協會。

陳冬和編，2009《北婆羅洲抗日神山游擊隊》。Kota Kinbalu: Opus Publications。

黃子堅，2019，〈另一種客家人：馬來西亞的客家基督徒〉。頁41-54，收錄於馬來西亞客家公會聯合會編，《世界客屬第30屆懇親大會・客家論壇論文集》。吉隆坡：馬來西亞客家公會聯合會。

──，2015，〈夏南南—孟家達—德里福的客家基督徒在百年歷史的情境裡作定位〉。頁119-138，收錄於張德來編，《沙巴的客家人故事》。亞庇：沙巴神學院。

——，2005，〈沙巴客家移民與英文教育〉。《海洋文化學刊》創刊號
（2005.12）：67-85。

張維安，2013，〈客家教會保存客家文化〉。頁4-5，收錄於張維安張翰
璧編，《基督教與客家文化》。新竹：國立交通大學客家文化學院。

張德來，2002《沙巴的客家人：客家華人貢獻沙巴州現代化之探討》。
沙巴：沙巴神學院。

——，2014a，〈沙巴早期的客家移植史〉。《馬來西亞人文與社會科學
學報》3 (1)：1-9。

——，2014b，〈基督教巴色會對普世教會運動的接觸與貢獻該運動的
體現〉。頁69-93。收錄於陳再寬編，《跨越族群的情義：涂恩友院長
榮休文集》。沙巴：沙巴神學院。

——，2015a，〈1913年華南人及華北人移民北婆羅洲之異同〉。頁89-
101，收錄於張德來編，《沙巴的客家人故事》。沙巴：沙巴神學
院。

——，2015b，〈沙巴的客家人故事〉。頁5-17，收錄於張德來編，《沙
巴的客家人故事》。沙巴：沙巴神學院。

——，2015c，基督教巴色會客家婦女的地位與貢獻。頁39-57，收錄於
張德來編，《沙巴的客家人故事》。沙巴：沙巴神學院。

張德來編，2007，《沙巴的客家移民實驗：客家人南來夏南南、孟家
達、德里福開埠九十週年紀念特輯》。沙巴：沙巴神學院。

——，2015，《沙巴的客家人故事》。沙巴：沙巴神學院。

塗稚冰，1964，〈讀宋哲美教授的北婆羅洲、婆羅乃、砂勞越華僑
志〉。《史繹》1：94-101。

廖文輝，2014，《馬新史學80年》。上海：上海三聯書店。

戴萬平、顧長永，2005，〈華人移民社會的認同政治：台灣與馬來西
亞〉。頁311-338，收錄於何國忠編，《百年回眸：馬華社會與政
治》。吉隆坡：華社研究中心。

Constable, Nicole, 1994, *Christian Souls and Chinese Spirits: a Hakka
Community in Hong Kong*. CA: University of California Press.

Hang, Sin-Fong, 1978, "Inter-Group Marriages Among Chinese Speech
Groups in Sabah, East Malaysia: Continuity and Change." *Southeast Asian*

Journal of Social Science 6 (1/2): 1-16.

——, 1975a. *The Chinese in Sabah East Malaysia*. Taipei: The Orient Cultural Service.

——, 1975b, "Hailam Chinese in Sabah: A Study of Occupational Patterns and Changes." *Journal of Southeast Asian Studies* 6 (1): 25-37.

Hall, Maxwell, 2009, *Kinabalu Guerrillas: an Account of Double Tenth Rising against the Japanese Invaders in North Borneo*, Kota Kinbalu: Opus Publications.

Hill, R.D. and Min Shin, Voo, 1990, "Occupational and Spatial Mobility in an Overseas Chinese Agricultural Community: The Hakkas of Kudat, Sabah, Malaysia." *Sojourn* 5 (2): 194-218.

Evans, Stephen R., 1999, *Sabah (North Borneo): Under the Rising Sun Government*. Kuala Lumpur: Tropical Press.

Ueno, Itsuyoshi, 2012, *An End to a War: a Japanese Soldier's Experience of the 1945 Death Marches of North Borneo*, Mika Reilly trans, Richard W. Braithwaite ed. Kota Kinabalu: Opus Publication.

Wong, Danny Tze-Ken, 2019, *One Crowded Moment of Glory: The Kinabalu Guerrillas and the 1943 Jesselton Uprising*. Kuala Lumpur: University of Malaya Press.

——, 2012, "A Hybrid Community in East Malaysia: The Sino-Kadazan of Sabah and their Search for an Identity." *Archipel* 84: 107-127.

——, 2011, "The Basel Christian Church of Malaysia and the Hakka Identity in Sabah"。頁367-402，收錄於蕭新煌編，《東南亞客家的變貌：新加坡與馬來西亞》。台北：中央研究院亞太區域研究專題中心。

——, 2010, *Historical Sabah: the War*. Kota Kinabalu: Opus Publication.

——, 2007, "Kinabalu Guerrillas: The Inanam-Menggatal-Telipok Basel Church Connections." Pp. 166-188 in *The Hakka Experiment in Sabah*, edited by Zhang Delai (Chong Tet Loi). Kota Kinabalu: Sabah Theological Seminary.

——, 2005, *Historical Sabah: the Chinese*. Kota Kinabalu: National History Publications (Borneo).

———, 2004, *Historical Sabah: Community and Society.* Kota Kinabalu: National History Publications (Borneo).

———, 2003, "The Search for Modernity: The Chinese in Sabah and English Education." Pp. 145-160 in *Chinese Migrants Abroad: Cultural, Educational, and Social Dimensions of the Chinese Diaspora*, edited by Michael Walter Charney, Tong Chee Kiong and Brenda Yeoh. Singapore: Singapore University Press & World Scientific.

———, 2001, "Anti-Japanese activities in North Borneo before World War Two, 1937-1941." *Journal of Southeast Asian Studies* 32 (1): 93-106.

———, 1998, *The Transformation of an Immigrant Society: A Study of the Chinese of Sabah.* London: Asean Academic Press.

第 9 章
未被書寫的歷史：
Mary Somers Heidhues 歷史民族誌對當代印尼客家研究的啓發[1]

劉堉珊

摘要

　　本文以 Mary Somers Heidhues 關於印尼西加里曼丹、邦加與勿里洞等地「華人」社群與聚落發展之研究爲基礎，呈現華人及客家社群在印尼「外島」地區的移住歷史及政治、社會與文化處境，以及 Heidhues 眼中的「客家」與「華人」。透過 Heidhues 的關注議題及其強調的「邊陲」視角，本文除梳理當代印尼華人與客家研究的書寫特色，也試圖提出 Heidhues 歷史民族誌對當代印尼客家研究發展的啓發。全文分三部分：首先聚焦 Heidhues 的研究歷程、議題發展與書寫區域，探討其著述內容與研究方法、材料的特色，及其研究對理解華人在印尼「外島」地區移住歷史的重要性。其次探討 Heidhues 如何看待「客家」與「華人」，梳理其對「客家」人群特色、「客」與「非客」華人關係的觀察與討論。最後延伸 Heidhues 所強調印尼「外島」地區社群歷史書寫的重要性，試圖從更大脈絡思考「邊陲」視角的意義，並從「華人」議題與「客家」關懷的當代發展，提出客家社群之研究作爲理解印尼社會與華人生活歷史、認同處境與族群關

係另種視角的可能性。

關鍵詞：西加里曼丹、邦加、身分政治、華人性、印尼客家研究

一、前言：Heidhues 與印尼客家研究

本文聚焦 Mary Somers Heidhues 關於印尼西加里曼丹、邦加與勿里洞等地客家／華人生活過程之歷史民族誌，目的在理解客家社群在印尼「外島」地區（Outer Islands，指爪哇之外的區域）的移住歷史及其政治、社會與文化處境，以及 Heidhues 研究視角所呈現的意義。從 Heidhues 蒐集生活歷史資料的方式及其對「客家特質」與「邊陲」視角的討論，本文也嘗試提出 Heidhues 著作對當代「印尼客家研究」的啟發。

Mary Somers Heidhues 的研究，雖然不是以「客家關懷」為基礎，然而在其所關注的印尼華人社會中（如邦加與西加里曼丹），客家人群除具有人數比例上的優勢，客語也多是這些地方華人日常生活主要用語。這樣的社群特性，加上 Heidhues 研究所呈現的多元豐富之史料及對地方產業經濟與社會生活深刻細膩的書寫，使其著作常被放置在客家研究的脈絡裡，作為理解早期客家社群在西加里曼丹與邦加等地人群組織及聚落發展的重要文獻。本文因此將從 Heidhues 著作所呈現的觀點及其材料特色，探討以客家為主體的華人社群在印尼西部島嶼的發展，並思考從地方歷史與少數族群視角，理解近現代印尼社會發展的意義。進一步，從「客家」研究在既有華人研究中作為「邊陲中之邊陲」的角色，本文試圖提出該視角與書寫面臨的挑戰，並反思其在議題發展上的未來性，例如「印尼客家」作為一個研究範疇，是否具有比較分析的意義，又是否能提供理解印尼社會不同於既有華人研究的觀點與視角。

本文主要分為三個部分：第一部分從 Heidhues 的研究歷

程、關注議題與區域，探討其研究主題的發展與材料特色，及其著作對理解華人在印尼「邊陲」島嶼移住歷史的重要性；第二部分聚焦Heidhues眼中的「客家」，從其描述方式與定義，探討Heidhues如何看待「客家」與「華人」，對她而言，「客家」是否是一個獨特、有別於「華人」其他社群的文化群體？又，Heidhues是否對「客家」的文化特色、「客」與「非客」華人的關係有特別觀察？在第三部分，本文試圖從一個更大、以印尼整體社會及華人與客家研究之發展爲基礎的脈絡，思考Heidhues關於「邊陲」社群之歷史書寫，對理解印尼社會的華人社群或東南亞的客家人群，是否能提供有意義的觀看角度？尤其，近幾年來逐漸在東南亞研究中現身的「客家」關懷，其所推動的以「客家」爲主體、在「客家研究」的框架中進行議題論述與反思之視角，是否也能在與Heidhues著作的對話中，尋求立足的新角色與可能性？

二、Mary Somers Heidhues 的歷史民族誌：華人在印尼的身分政治與移住歷史

　　Mary Somers Heidhues（原名Mary Frances Ann Somers）出生於美國賓州費城，[2] 1958年自美國華盛頓的三一學院（Trinity College）取得歷史與中文學士學位後，進入康乃爾大學（Cornell University），成爲該校政府學系與東南亞學程的博士候選人（見Heidhues，1965）。

　　康乃爾大學的東南亞學程創設於1950年，正是戰後美國積極推展亞、非區域研究，投入大量資源與人力理解東南亞國家、

文化及語言的時期。[3] 該學程不但提供學生語言學習的資源，也提供獎學金資助相關的研究與田野調查。Heidhues 即是在這樣的脈絡中，除積極投入中文及印尼語的學習，也申請了康乃爾「當代印尼（研究）計畫」（Modern Indonesia Project）的研究補助，前往印尼進行博士論文田野調查。1961 年 12 月至 1963 年 5 月間，Heidhues 走訪了爪哇、蘇門答臘（包括 Palembang、Medan、Padang 等地）、蘇拉威西（Makassar）與加里曼丹（Bandjarmasin、Pontianak、Singkawang 等地），試圖理解在地華人的社群樣貌及其在印尼社會的身分處境（Heidhues，1965）。

這個將近一年半的田野過程，奠定了 Heidhues 日後印尼華人社群研究的重要基礎，也讓她有機會在蘇哈托展開針對華人的各種同化政策與禁令之前，觀察到華人社會在印尼的處境及其人群組織與聚落的發展，Heidhues 在此時蒐集並紀錄的文獻與口述資料，彌足珍貴。1964 年，Heidhues 將其研究成果發表在「康乃爾當代印尼計畫」（Cornell Modern Indonesia Project）[4] 中「印尼華人少數族群研究」的系列報告（*Interim Reports Series*）。1965 年，Heidhues 以同名論文 *Peranakan Chinese Politics in Indonesia* 取得博士學位，論文聚焦印尼獨立後對境內華人採取的政策，以及華人徘徊在族群文化與政治認同間，看似彈性卻又充滿限制的身分處境。

畢業後，Heidhues 多數時間居住於德國，先後在哥廷根大學（University of Gottingen）、漢堡大學（University of Hamburg）與帕薩大學（University of Passau）任教，並曾以訪問學者身分在荷蘭國際亞洲學研究所（NIAS）、美國與新加坡等地進行短

期研究與教學。在這個長達半世紀的過程中，Heidhues的研究興趣也從當代（印尼獨立後）華人的身分處境，轉向華人在印尼「外島」地區（如勿里洞、邦加與西加里曼丹）的移住歷史、產業經濟與社群組織。1990年代至2000年初，Heidhues出版了非常豐富關於邦加與西加里曼丹華人社群歷史的文章與書籍（詳見附錄）；近幾年來，Heidhues持續從更多元、碎裂的材料，發掘華人形象在不同時期被建構的脈絡與過程，希望從中呈現華人在印尼邦加與西加里曼丹等地未被書寫的歷史，尤其是那些被殖民者、國家與社會隱藏，或試圖忽略與遺忘的記憶。

　　筆者依據Heidhues關注主題與材料的變化，將其研究歷程分為三個階段：在第一個階段（博士論文至1980年代），Heidhues的研究聚焦印尼獨立後的國家政策以及華人之身分處境（如Heidhues，1965、1974、 1983、1988、1994）；在第二個階段（約自1980年代至2000年初），Heidhues轉向位居印尼「邊陲」的勿里洞、邦加與西加里曼丹，書寫華人在此地發展的歷史（如Heidhues，1991、1992a、1992b、1993/2015、1996a、1996b、1996c、1996d、2003），其兩本專書著作（Heidhues，1992b、2003）即是從華人的生活，呈現邦加與西加里曼丹產業經濟與政治社會的發展。而在最近期的第三階段（2000年初至今），除了持續關懷華人在印尼（及整個東南亞）所面對的文化、政治與經濟處境（如Heidhues，2000、2006），Heidhues也開始從更廣泛的材料與更多元的角度，探討華人「他者化」的形象如何在各種的歷史遭逢與人群際遇中，逐漸被各方建構、成形（如Heidhues，2004、2005、2011a、2011b、2012、2017）。本節將從Heidhues研究發展的三個階段，深入探討其關注議題與

研究視角的特色。

（一）印尼獨立後的「華人」政策及華人身分處境

　　Heidhues（1965）的博士論文聚焦印尼社會中的「土生華人」（peranakan）及其身分政治的處境。論文從土生華人組織Baperki的設立及其政治作為，探討peranakan這個夾處於新客華人（totok）及土生印尼人間的社群，如何在戰後印尼國家形成與中國政治發展的變化中，從雙重國籍的彈性身分，到文化連結與政治身分如何協商、是否相容的辯論——即是否應該積極在文化與公民身分上認同印尼，抑或採取與土生印尼人區隔、靠攏新客華人的策略——思索自我認同在兩者間的關係位置，並在最後一章梳理了印尼社會對「華人」的看法與態度。值得注意的是，雖然在田野資料蒐集的過程中，Heidhues曾走訪蘇門答臘、蘇拉威西與加里曼丹等地，但如同她自己在日後提到的，其博士論文的材料基礎與論述，所呈現的還是以雅加達華人為主體的觀點（Heidhues，2017：2）。然而，我們已經可以在該論文中看到Heidhues對華人社群「組織」的興趣，並試圖理解社會組織是否是維繫「華人性」（Chineseness）[5]的重要支撐（劉宏，2005：189）。這個關注在她日後研究中，持續發展成最為核心的書寫主題之一，尤其是對18至20世紀初西加里曼丹等地華人「公司」組織與祕密會社之討論。對Heidhues而言，公司、會社等組織與社團扮演著重要角色，讓華人這個少數族群得以在歷史過程中，維持著緊密連結的關係及可辨識的文化界線（Heidhues，1993/2015、2003）。

　　Heidhues在1965年取得博士學位後，持續關注華人在印尼

與東南亞的身分處境。Heidhues（1974）曾出版一本小書*Southeast Asia's Chinese Minorities*，試圖囊括整個東南亞華人社群，對其歷史與處境、位置進行大視野討論，書中 Heidhues 發揮對歷史材料盡可能充分掌握、深度分析討論的工夫，除詳盡檢視既有研究者對不同國家華人社群的討論（如 Skinner 在泰國、Wickberg 對菲律賓等之研究），也試圖從她自己的印尼華人研究，提出東南亞華人社會的特色及研究者理解該社群的幾個重要角度。[6]

一直到 80 年代中，Heidhues 主要還是關注戰後整體印尼或東南亞國家政治的發展，如何影響華人身分處境的變化，包括華人文化傳統、認同歸屬與公民身分的論辯。然而也是在這個時期，Heidhues 開始將注意力轉向爪哇以外華人礦工聚集、開墾的區域，如邦加、勿里洞以及西婆羅洲（今西加里曼丹），試圖理解華人在這些地區移住與生活的歷史，這幾個區域剛好也是客家人口較密集，甚至作為優勢人群的地方，這讓 Heidhues 的研究開始跟「客家」發生連結，也讓其著述成為理解印尼客家社群的重要窗口。這些研究成果，展現在她於 1990 年代至 2000 年初出版的多篇文章與專書著作。

（二）「華人」[7] 在邦加島、勿里洞及西加里曼丹的生活歷史

自 1980 年代開始，Heidhues 對印尼華人的關注，即從戰後華人的身分政治處境，轉向更早的移住歷史，尤其是殖民前與殖民時期。這樣的關懷促使 Heidhues 將研究焦點放在早期礦業華工聚居的區域，如邦加、勿里洞與西加里曼丹。這些地區至今仍有相當密集的華人與客家聚落，生計仍然多為農作、雜貨經濟等

基本產業，以及少部分礦業，相較於印尼其他已經歷快速都市化的地方，邦加與西加里曼丹等地的華人多數仍過著農村生活。這些居住在國家外緣地帶，卻仍然保有一定規模的聚落型態及語言文化特色的華人，引起Heidhues的興趣；她也注意到邦加與西加里曼丹等地，因臨近馬六甲海峽，使它們相較於爪哇島的城市，在歷史過程中與蘇門答臘及馬來半島（如檳城、新加坡等地）的政治、經貿與人群網絡有更深的連結，自成一個密切關聯的區域。這樣的網絡雖然已被國家界線切開，但對Heidhues而言，根植於歷史的記憶與網絡關係，仍然持續影響著今日邦加與西加里曼丹等地的人群互動與產業發展。這些原因促使Heidhues開始致力於發掘華人在這個歷史樞紐區域被忽略但卻獨特且重要的社會生活與經濟歷史，希望透過自己的書寫，讓華人在印尼的歷史角色有更完整面貌的呈現。

1. 勿里洞與邦加

在探討華人移住印尼的歷史時，Heidhues首先注意到於18世紀廣泛出現在勿里洞、邦加及西婆羅洲，負責礦區的人力招募、分配與管理的「公司」（kongsi）組織。在荷蘭的檔案中，這些公司是荷蘭踏足這幾個區域面臨的一大挑戰。Heidhues（1991、1993/2015）針對「公司」在這幾個地方的異同之處進行比較，發現邦加及西加里曼丹的「公司」，早期多半是由具有親屬關係或相同祖籍者組成，而在勿里洞，這個她稱為「公司之島」的地方（Heidhues，1991），則由於此島的開發自一開始就是由外部的政商組織進行，成員多半從新加坡指派，使勿里洞的公司看起來像是一個由毫無關係者組成的合作組織。然而，邦加在19世紀中後，也因勞力逐漸缺乏，開始向更多地區招募華

工，使得此地苦力的組成逐漸趨向多元方言群發展，而不像西婆羅洲的華工，彼此間具有較相似的方言或祖籍關係（客家與潮州人）。在 Heidhues 的描述中，邦加華人移工組成的改變，導致了公司開始採用類似蘇門答臘「種植莊園」的管理方式，用強制甚至暴力的手段對苦力進行控制與管理，而不再是如過去，以親屬或地緣連結作為成員同盟關係的凝聚力（Heidhues，1993/2015：78）。

1992年，Heidhues 出版了 *Bangka Tin and Mentok Pepper: Chinese Settlement on an Indonesian Island*《邦加錫礦與門托克胡椒：一個印尼島上的華人聚落》一書，該書連同其他相關文章，包括1991年的 "Company Island: A Note on the History of Belitung"〈公司之島：勿里洞的歷史〉、1992年的 From Orang Gunung to Orang Bangka: Changes in Bangka's Landscape in the 19th Century"〈從高地人到邦加人：19世紀邦加地景的改變〉，以及1993年的 "Chinese Organizations in West Borneo and Bangka: Kongsi and Hui"〈華人在西婆羅洲與邦加的公司及會社組織〉、1996年的 "When We are Young: the Exile of the Republic's Leaders in Bangka, 1949"〈當我們還年輕：1949年流亡邦加的（印尼）共和國領袖〉等，呈現出 Heidhues 在80與90年代以邦加及勿里洞為核心的研究成果。

在《邦加錫礦與門托克胡椒：一個印尼島上的華人聚落》一書中，Heidhues 詳細介紹了18世紀到近代華人在邦加的歷史，尤其聚焦在19世紀末與20世紀初這段時間。全書分為以下幾個部分：華人技術的應用、礦產業的歐洲化（Europeanization）、錫礦產業之外的經濟生活、苦力、華人社會，以及戰爭與革命的

影響。此書最重要的目的之一,是希望透過邦加的歷史,呈現總是被研究者及印尼政府忽略的印尼「外島」社會。本書將論述軸心放在華人社群,呈現華人聚落在該島的形成與發展,也因此,對非華裔的地方社群反而沒有太多討論。值得注意的是,Heidhues 也觀察到華人間移民背景與經濟、社會階級的差異。在Heidhues(1992:145)的描述中,邦加的華人,雖然仍然可區分出非本地出生者(較晚近才移入者,常被稱為新客華人)與在地出生者(又被稱為土生華人),但因此地「土生」之華人,多數不會講在地土著的語言,而是講著受到馬來語深刻影響的客家話,這使他們的村落呈現出較孤立、與在地其他族群較無往來的距離關係,反而與近期移入、同樣講著客語的華人,較有互動。從這樣的敘述,Heidhues 似乎試圖呈現「非本地出生者」與「在地出生者」兩群皆以客語為生活語言的華人之間,在邦加並沒有呈現出如爪哇等地顯著的語言與文化界線,反而是透過生計活動與經濟資本而展現出差異,例如新客華人雖在一開始多為礦工與苦力,但不少人透過錫礦累積資本後,轉而成為公司的大股東或上層管理者,甚至開始經營起其他貿易,將事業版圖擴展至新加坡、爪哇等地,並在村落中蓋起較華麗、堅固的房屋與廟宇(Heidhues,1992:146);至於在地出生的華人,則多為漁民、農夫或小商販,但許多人在後來也轉而被招募至礦區,成為礦工與苦力。

　　本書最重要的貢獻在於,雖然 Heidhues 聚焦的是小區域(邦加)的歷史,但透過此地錫礦與胡椒產業的發展,我們不但可看到邦加及其周邊區域貿易的網絡關係與變化(從殖民前的貿易位置、殖民時期馬六甲與蘇門答臘形成的貿易圈,到國家形成

之後該區域逐漸被國家經濟政策納入的過程），Heidhues長期投入在印尼華人研究的知識基礎，也使她在論述中可以將此地的華人社群與其他地方進行比較，讓讀者對「華人」在印尼各地，乃至於整個東南亞區域的移住過程與特色，有更整體的比較視野。

Heidhues於90年代對邦加的討論，在2017年有了新的延續發展。Heidhues（2017）出版了 "Bangka in the 1950s: Indonesian Authority and Chinese Reality"〈1950年代的邦加：印尼當局與華人的現實處境〉一文，主要是因為新材料的發現，使她重新梳理了自己在80-90年代對邦加近代歷史發展的討論，尤其聚焦在1950年代邦加被納入國家治理，島上華人社會如何面對新政府的政策施為與社會經濟變化的過程。Heidhues在該文透過華人的社會活動及其所展現的文化價值觀，試圖從更貼近日常生活的角度，探討邦加華人社群如何在細微的生活實踐中，發展出因應政治、經濟與社會環境變化的策略及針對自身處境的詮釋觀點（見本節第三部分之討論）。

2. 西加里曼丹華人社群的歷史

2003年，Heidhues出版第二本融合華人社群發展與印尼地方歷史的著作：*Golddiggers, Farmers, and Traders in the "Chinese Districts" of West Kalimantan, Indonesia*《印尼西加里曼丹「華人社區」的淘金客、農人與商人》。本書可說是她在1990年代持續爬梳西加里曼丹華人社群移住歷史及其社會經濟發展的重要成果，也有研究者將其視為 *Bangka Tin and Mentok Pepper*（1992）該書的續集（劉宏，2005）。事實上，在邦加之後，Heidhues對華人社群的關注，已進一步延伸到西婆羅洲。如前所述，Heidhues認為邦加與西婆羅洲等地，因多為農村型態的生活特色及地

處今日印尼國家政治的「邊陲」，使其經濟角色及歷史位置總是不被重視，而生活在此地的華人，更因身處「邊陲中的邊陲」，被許多研究者及印尼社會有意無意地忽略或排除，這一群人未被書寫的歷史，即成為 Heidhues 長期投入的研究主題。

在 2003 年的書籍出版前，Heidhues 已經對西加里曼丹的華人社群有了非常多的討論，除了關注曾在此地蓬勃發展、規模相當大的政治經濟社會組織──公司，以及公司沒落後轉向地下化發展的祕密會社（Heidhues，1993/2015），Heidhues 也努力從各個面向完整化這個她稱為「熱帶地區的小中國」（little China in the tropics）的華人社會歷史；其在 1996 年發表的三篇文章（Heidhues，1996a、1996b、1996d），都是在這樣的關注中以此地華人社會為主體的書寫，並分別將其放置在海外華人（海外「中國」）（1996a、1996b）、東南亞華人與地方族群歷史（1996b），以及客家研究（1996d）[8] 三個研究範疇的脈絡中。筆者認為，該時期 Heidhues 的研究發展，已經非常清楚呈現出她對印尼華人社會特別關注的三個面向：即，社群組織、生計產業以及認同政治。[9]

《印尼西加里曼丹「華人社區」的淘金客、農人與商人》可說是集 Heidhues 於 90 年代對西加里曼丹華人社群研究之大成，該書試圖呈現以華人為主體的西加里曼丹產業、政治與社會發展的過程，大概也是第一本較完整呈現此地區華人社群歷史的書寫。這本企圖完整展現 18 至 20 世紀（其中又以 19 世紀至 20 世紀末為主）西加里曼丹華人社群形成與發展的歷史民族誌，聚焦三個子題：（1）華人與地方土著（馬來）政權、殖民政權（荷蘭）及獨立後與印尼政府間的關係角力（多為衝突與緊張的關

係）；（2）華人在此地形成的多樣態政治、經濟與社會組織（包括公司、讀書社與其他形式的祕密會社）；（3）華人經濟活動的發展（從淘金客到農人與商人）及所連結的區域貿易網絡。全書除導論外，共分爲七章，大致依照歷史時期的順序，從殖民時期前此地的人群概況、關係政治（第一章），荷蘭勢力進入後與華人間的「公司」戰爭（第二章），到「公司」時代結束後（後「公司」時代）荷蘭的治理策略（第三章），書中也詳細描述了歷史過程中華人生計方式的變遷（第四章）及其政治與社會生活（第五章），最後的第六與第七章，則是聚焦此地華人在40年代至今，歷經第二次世界大戰、印尼獨立革命與國家形成，如何在地方族群政治與國家治理間尋求生存的位置與策略，表1爲本書各章的主題說明。

　　Heidhues在本書一開始即提出，西加里曼丹的華人社群，不論是移住過程或經濟、政治與社會生活的發展，都具有不同於其他區域華人的獨特性。首先，此地豐富的礦藏與自然資源，以及長期以來更接近馬來生活圈的特色，使這裡的人群在地方與周邊區域的產業網絡及政治過程中，扮演著非常重要的角色。進一步，Heidhues觀察到，西加里曼丹的華人社群相較於印尼其他地方以及東南亞其他區域的華人社會，更爲完整地保存其文化傳統及語言（以客家文化及客語爲主），對此，她認爲主要原因在於西加里曼丹身處印尼核心政治區域的邊緣，在近代的歷史過程中較能避免受到治理者政策直接介入與社會族群對立氛圍的擾動。

　　早期西加里曼丹的華人社會主要是透過公司組織維繫其華人性與社群凝聚力，這樣的組織型態雖然遭到荷蘭殖民者的打壓，歷經了公司戰爭而轉爲地下化的祕密結社，但在生活基礎上，殖

表1：《印尼西加里曼丹「華人社區」的淘金客、農人與商人》（2003）各章主題

Golddiggers, Farmers, and Traders in the "Chinese Districts" of West Kalimantan, Indonesia 《印尼西加里曼丹「華人社區」的淘金客、農人與商人》（2003）	
導論	西加華人在印尼雙重邊陲位置的重要性及本書主題說明
第一章	西婆羅洲（西加里曼丹）的人群分布與歷史概述
第二章	華人社會的形成：移入過程、與地方土著族群的遭遇、與荷蘭的「公司」戰爭
第三章	荷蘭治理及「公司」時代的結束
第四章	從淘金客到開拓者與貿易商：19至20世紀初社群組成、聚落發展與生計的變化
第五章	20世紀初西加華人的社群組織與政治生活
第六章	第二次世界大戰與印尼獨立：戰爭時期此地華人的生活與生計、獨立過程中的社群角色與地方角力、坤甸崛起，以及華人國籍與公民身分的難題
第七章	雙重的邊緣化（地域與族群身分的邊緣化）與新的政治經濟關係
後記	反覆的暴力與不確定的未來

民政府長期的放任政策，卻也讓華人在此地仍保有相當大的自治空間。例如在荷蘭治理過程中，印尼其他地區的華人可能透過教育（例如進入荷語學校）與殖民階層建立連結，提升自我的政治與經濟位置；然而，加里曼丹地區因並非荷蘭治理者最關注的核心，殖民者除了採行放任的管理政策，也沒有投注學校教育等相關資源於此（Heidhues，2003：264-267）。這個由邊陲位置所創造的彈性生活空間，雖然沒有提供此地以客家為主體的華人向上翻轉社會階級的機會，卻讓他們的生活更趨於向在地連結發展，例如他們漸漸打入了原本由地方原住民主導的農業生產，並

與在地女性通婚建立起友善的互動關係。近幾十年來，從礦業轉向農作與小型零售商的生活型態，加上各族群間逐漸形成明確的經濟分工，這都讓西加里曼丹的華人比起居住在城市、以較大型商業貿易維生者，得以長期維持著相當規模、群居的社會生活，且具有較為穩固的在地連結關係（Heidhues，2003）。

Heidhues本書的主軸雖然是華人，但對在地社會的其他族群（如達雅及馬來人）也有非常深刻的觀察，她並指出，達雅、華人與馬來人這樣的區分，主要是源自外來治理者（荷蘭）觀點的分類，事實上，這三個人群不但內部充滿著異質性，且即使在達雅、華人與馬來人間，因長期婚姻的往來、語言文化學習與日常生活中的相處，人群界限也常是模糊、可跨越且不斷變化的（Heidhues，2003：23-33）。值得注意的是，Heidhues在本書第一章特別針對「客家」的文化傳統與社群特色（Hakkas and Hakka traditions），提出她對客家社群遷移特性、適應力與內部異質性的獨特觀察，本文將在下一節進行討論。

整體而言，這本集Heidhues對西加里曼丹華人社群與聚落研究之大成的著作，呈現出Heidhues對華人社群組織、產業生計及身處當代印尼族群與公民身分邊陲處境的持續關注。在這樣的關注中，我們可以發現，華人「社群性」的維持與展現，一直是Heidhues試圖去更深入發掘與論述的焦點。對Heidhues而言，公司組織在西加里曼丹華人社會的發展，顯現出華人獨特的「社群性」，這些組織早期多半強調兄弟情誼、歃血為盟的凝聚精神，並透過宗教儀式與地緣轉化的擬血緣關係，形成社群運作的規範原則。這樣的人群組織在經歷了與地方馬來政權及外來荷蘭治理者的緊張與衝突後，並沒有完全消失，而是轉而地下化，

以祕密會社的形式，形成另一股不斷與主流社會對抗、拉扯的力量。Heidhues認為，華人即是在這種不斷與治理政權衝突與抵抗的過程中，維持其族群文化身分的界線，但這樣的關係角力中，也造成了華人不斷被地方社會與統治者「他者化」的宿命。

除了關注主題，Heidhues書寫的材料來源與觀點特色，也是理解其筆下華人社群及生活如何被觀看與呈現非常重要的基礎。受限於語言以及可取得資源的限制，Heidhues書寫根據的資料很大部分是來自荷蘭資料庫與康乃爾大學圖書館的檔案記錄與文獻，包括了西方傳教士、探險家與殖民官員的紀錄（如翻譯官在與華人長期接觸的過程中書寫的觀察筆記），以及近期少數以印尼語書寫的記錄。這些材料在記錄者的敘事觀點與呈現脈絡中，常被認為是以西方文化觀點或外來治理者的角度所呈現的華人社群樣貌，如，將華人描述為剝削地方原住民、利益與機會主義者的角色，或從優勢族群的觀點呈現華人負面的刻板印象。然而，對Heidhues而言，她盡最大可能所搜集與掌握到的，關於西加里曼丹華人社群在18至20世紀中後的各種紀錄，即使帶著可預見的主觀意識或偏頗的眼光（Heidhues，2003：44-45），它們對於西加里曼丹社會的歷史發展，不論是人群組成、產業經濟結構或不同族群的生活樣態與關係互動，皆呈現出詳細且趨於整體（包含不同人群的比較觀察）的描述視角，加上其所呈現的各事件發生年代與過程紀錄，使它們成為理解華人這段似乎被當代印尼社會忽略的歷史，非常重要且珍貴的材料。

當然，如同劉宏（2005：189）所提到的，Heidhues因取得資料的限制，無法從華語書寫的檔案與會刊紀錄中理解華人自己對這段歷史的記憶與描述，使該書難免還是從一個有距離的角

度，觀看華人社會的樣貌與發展，缺乏了關於華人社群主體觀點、情感與策略思考的論述。對此，筆者認爲，Heidhues 從龐雜豐富的檔案材料中試圖再現的西加里曼丹客家與華人社群樣貌，反而提供了我們一個跳脫華人框架思考的契機。Heidhues 雖然是以華人作爲論述的主體，但她更強調該地區整體經濟社會與人群關係脈絡的角度，以及對各人群異質性與變動的人群邊界之觀察，提醒我們在理解「華人社群」形成的歷史過程時，不論是其社會生活的發展，或是華人相對於其他社群的文化特性與政治處境，更應該注重其所在地區整體經濟社會與人群關係的脈絡，例如華人與其他社群在不同歷史過程中共同面對的社會、政治與經濟挑戰，以及彼此間多元彈性的人際關係與生存策略。

（三）持續「發現」的歷史：重構更多元視角的華人「形象」與印尼歷史

　　最近幾年，Heidhues 更進一步關注那些未被放在官方紀錄、總是被研究者（尤其歷史學者）忽略的「雜記」，期待從這些官方書寫之外的材料，觀看印尼與華人過去的生活與歷史。1980年代，當 Heidhues 開始關注華人在邦加等地的生活歷史時，剛好也是蘇哈托實施強制的華人同化政策、抑制華人公開進行文化展演的時期，這樣的政治環境限制了 Heidhues 的研究，使她必須依靠許多間接材料理解華人移住印尼各島的歷史過程與生活樣貌，Heidhues 因此投注了非常大的心力，在各地的檔案與資料庫（包括如康乃爾大學圖書館、新加坡、澳洲與荷蘭等，尤其荷蘭所藏的殖民時期材料），搜尋與華人相關的書寫與紀錄。如前所述，這些檔案資料包括了傳教士、殖民官員與周邊其他國家的檔

案紀錄與遊記、日記等，成爲Heidhues建構華人在印尼生活史的重要基礎。Heidhues深知這些由「外人」（尤其殖民者）所紀錄、書寫的華人樣貌，可能充滿著刻板且偏頗的觀點，也因此，她在90年代末之後的著作（Heidhues，2003），除了盡可能加入可取得的中文世界研究者之文獻（如袁冰凌關於西加里曼丹的英文著作，見Yuan，2000），也努力找尋更多視角的書寫紀錄與口述資料。

如果說，1980到1990年代的Heidhues，偏向於依靠荷蘭官方資料與書寫紀錄，從中呈現華人在印尼的地方生活史，近幾年的Heidhues，則是更專注於挖掘不同形式的書寫與紀錄，希望從更多角度理解荷蘭東印度公司在印尼的發展過程，以及華人生活故事的新的面向。從不斷挖掘出的新材料，Heidhues除了分析早期歐洲人眼中的印尼（包括地景樣態與人群特色），也致力於從更細緻與深化的角度，理解華人在印尼社會「他者化」形象建構的過程（見Heidhues，2004、2011）。[10]

在最近期出版的 "Bangka in the 1950s: Indonesian Authority and Chinese Reality"（2017）一文中，Heidhues透過William Skinner早期（1956-1958年間）在印尼進行研究時，其研究助理Tan Fay Tjhion所書寫的田野日誌，重新梳理了1950年代邦加的政治發展與地方華人的處境。Tan是出生在邦加Belingyu（勿里洋）地區的客家華人，該地曾是邦加早期非常重要的錫礦中心，Tan的田野筆記除了描述1950年代住在Belingyu以客家爲主體的華人社群之日常生活樣態，更重要的是，其兼具「局內人」（insider）與研究者的身分，使其書寫深刻呈現出當印尼政府試圖強化對華人社群的控制時，島上華人們抵抗與應對的策略。

對 Heidhues 來說，Tan的田野筆記提供了可以直接理解華人在印尼獨立過程中處境變化的重要材料，她在該文以Tan所記述的50年代末席捲邦加華人社會的賭博熱潮爲例，一方面分析賭博在華人社會中作爲日常社交往來的形式與意義，另一方面，她也將50年代末邦加華人不尋常的「賭博熱」現象，對照該時期邦加社會米價暴漲、失業率攀升與經濟生活陷入困境等之變化，嘗試從華人輸贏有命及風險承擔的文化觀，理解他們在面對印尼建國之際政治、經濟與自我處境充滿不確定性的氛圍，如何應對及尋求安身的解釋。Tan的田野筆記提供的新材料，讓Heidhues可以從一個更貼近在地華人主觀視野與生活細節的角度，理解大環境政治經濟變化對華人社會帶來的影響。我們可以發現，Heidhues的印尼華人研究發展至此，除了試圖克服對華人主體觀點與華文資料不足所呈現的失衡關係，她也不斷在實踐一直以來所堅信的，將華人社會發展與生活處境放置在更大環境脈絡中理解的觀看方式，正是這樣的研究關懷，促使她不斷挖掘更多元的視角與紀錄，希望能對印尼「邊陲」社會華人的歷史、生活與處境有更完整深刻的描述。

三、Heidhues 眼中的客家

Heidhues 研究聚焦的區域，包括邦加、勿里洞與西加里曼丹，都是客家人群聚居的地方，客語也是這些區域大多數華人間通用的語言。然而，對Heidhues而言，客家人群所呈現的華人特質，才是她所關心的，換句話說，華人才是她論述與分析討論的主要人群分類。綜觀其著作，我們可發現，只有一篇文章標題

特別加上 Hakka（Heidhues，1996d），或許因為要強調與研討會客家議題的連結，此外其他著作幾乎都沒有以客家為標題或是單以客家關懷為主軸者。

值得注意的是，Heidhues 雖將其討論對象放在華人整體的概念中，但卻不是因為沒有注意到華人群體間的差異，她在許多文章與著作中，都有特別提出「華人」並非一個同質性整體的概念。Heidhues（2003）即很清楚地說明，西加里曼丹的華人存在著不同群體的異質性，其中人數佔最大比例者是客家與潮州人，兩者來自的區域及使用方言皆不同。然而，即使理解這兩群人在自稱、互動甚至生活空間與職業上，都呈現出相互有別的認知與特性，Heidhues 仍然認為他們間的相似性高於差異性（例如皆為漢人，使用的語言皆為華南方言），而將他們概括在華人的分類概念下作為分析討論的整體（Heidhues，2003：31）。雖如此，Heidhues 對於「客家人」與「客家性」，還是提出了不少的觀察。

Heidhues（2017：3）視客家為華人的一個分支亞群（a Chinese sub-ethnic group）或方言群（speech group），源自於福建及廣東省。客家人是不斷開拓新土地、吃苦耐勞、具備較強移動力與適應性的一群人（Heidhues，2003：31-39），語言是其最重要的身分區辨。Heidhues 認為，客家人自生活在華南開始，因作為「客」的移民身分，加上其所選擇耕作的土地較為貧瘠，常透過與地方少數族群（如畬人）的合作，讓自己學習新環境的生存技巧，以快速融入客居社會，而這樣的特色，也展現在遷移至東南亞的客家人身上。

以婆羅洲為例，Heidhues（1996、2003）曾強調，客家人是

該區域土地及礦區開拓的先驅（pioneers）：當潮州人傾向於居住在都市、以商業貿易爲生，客家人則多半投入礦區及農業的生產。此外，婆羅洲的客家移民透過與地方少數族群（如達雅人）的通婚，擴展自我在地方的連結，並從中學習當地族群適應環境的方式，這讓他們可以快速地融入地方的產業經濟與社群網絡，另一方面，達雅女性在與客家男性通婚後，則開始學習客家女性的穿著及語言等文化傳統，並進一步成爲客家文化的傳承者，在Heidhues看來，這也是客家社群得以在新環境擴展其成員規模的方式。除了不怕苦、開創的精神與彈性的適應策略，Heidhues也點出了「客家人」的其他特色，包括客家女性不纏足、投入農務工作且較獨立自主，以及客家的宗族傳統（clannishness）與「圍樓」之建築特色。Heidhues（2003：38）觀察到，當客家人群移居至不同地方時，常會根據自我經濟狀況與當地環境條件而有所改變，例如婆羅洲的客家人群多半是散居的型態，宗族性的強調與相應的聚居與建築傳統，似乎並沒有成爲該地客家生活的特色。

對Heidhues而言，客家人在長期遷移的過程中已發展出比其他華人更具彈性的跨族群互動策略（例如與地方社群的通婚、合作）與生活方式（例如向在地社會學習的房屋搭建形式與生計型態），透過這些獨特且彈性的生存策略，客家人群得以不斷把在地少數人群「納入」自己的社群，深耕自我文化在地方的影響力，也因積極學習客居地的生活知識，在文化中持續納入新的元素。也因此，Heidhues（2003：39）認爲，擴散至不同地區的客家人群，雖然會因適應不同客居社會而展現出稍有差異的生活方式與文化形式，但持續開拓的精神與彈性柔軟的適應策略，加上

語言形成的界線，成為形塑客家認同與客家性非常重要的部分。

　　最後，除了整體的客家性，以婆羅洲為例，Heidhues也注意到客家人間的異質性，如梅縣客與半山客（banshanke, "half-mountain Hakka"）的區別。Heidhues（2003：36）發現，相對於半山客（指來自嘉應河婆、陸豐、海豐、豐順、惠來等地者），來自廣東梅縣者常被認為是說著較「純正」客語者，而這樣的區分，除了反映在語言與來源地的連結上，也呈現在居住空間以及公司組織上。例如來自梅縣者多聚集在坤甸（Pontianak）與東萬律（Mandor）周邊，半山客則多居住在東萬律以北至三發（Sambas）一代。又，在公司的發展上，Heidhues（1993/2015：77）也指出「蘭芳公司」主要由來自嘉應州的客家人（聯合大埔客家人）主導，而「和順公司」則是以惠州客家人為首。[11]

　　總體來說，Heidhues雖然觀察到客家作為一個具有區辨性群體的特色——展現在語言、開拓精神、彈性的生活策略、性別角色與宗族性上，也非常清楚知道在她所討論的區域，如邦加、西加里曼丹等地，住在農村，以採礦、洗金、農作等維生之華人幾乎都是客家人，但她並不認為「客家」與「華人」是兩個應該區分的人群概念，而是將客家視為華人概念下多個異質群體之一，也強調客家的華人特質高於其客家性。除此，Heidhues雖然指出了客家的移動經驗及獨特的生活價值觀（例如刻苦耐勞、與其他少數族群合作等），是客家人總是選擇移居未被開拓之地、成為這些邊陲外島地區主要人群的原因，也觀察到客家與其他人群（如潮州人）在生計產業、居住空間與社會組織上的區辨性，但她研究與著作的目的，並不是要呈現一個關於客家人的歷史，如同前述，客家並不是她關心、欲論述的主體，她所關心且期待去

呈現的，是這些客家人群所展現出的華人移居生活、華人社群特色，以及當代華人在印尼的身分處境。

　　筆者認爲，客家在Heidhues的書寫中似乎隱而不顯且包含於華人概念中的位置，其實也說明了客家在這些區域的另外一種特色，即作爲語言與人數上較爲優勢的群體，讓這些地方的客家人並沒有需要區分「客」與「非客」的必要性（甚至可能進一步產生「客」包含「華人」，或「客家」等於「華人」的概念）。至於在語言界限之外的人群互動，不論是荷蘭殖民當局或當代的印尼政府，甚至當地其他非華人族群，在歷史過程與地方脈絡中，也常是把客家與其他來自華南的社群視爲一個近同質的整體，用這樣的概念與這些客家華人互動，並以此制定相關的人群分類與治理政策。因此筆者認爲，Heidhues在其所依據的材料中（尤其是荷蘭殖民官與口譯者書寫的紀錄），應也很難探知這些區域的客家人群如何理解客家與華人的概念，或如何看待、解釋兩者的關係，或許更深入挖掘早期不同方言及祖籍地社群所留下的檔案資料後，會有新的發現。然而，在以客家關懷爲主體的研究者眼中，理解這兩個概念在不同時期的關係變化以及它們對生活實踐者的意義，卻是相當重要的，本文下一節即希望從Heidhues強調的邊陲視角，思考其研究論述對當代印尼客家研究的啓發。

四、從「華人」到「客家」：Heidhues的邊陲觀點及其對當代印尼客家研究的啓發

　　本節將從Heidhues強調的華人社群在印尼邊陲社會的生活

歷史與處境，探討其研究在近代印尼歷史書寫中帶入的外島視角與華人觀點，並進一步思考，當論述的對象與視角從華人轉向客家，研究者如何從客家社群作爲核心的角度，理解他們作爲「客家」、作爲「華人」、作爲「印尼人」等多重但不一定相互交疊的身分，在地方、國家與跨國脈絡中產生的意義；又，這樣的客家視角，是否能爲當代華人研究、印尼研究，乃至於跨國的客家研究、區域比較研究，帶來新的啓發與議題觀點。

Heidhues（2017：2）在思索自己研究主題與區域的轉移時，曾提到早期（博士論文）研究所呈現的華人觀點主要是以雅加達爲核心（Jakarta-centric），其在後來針對勿里洞、邦加與西加里曼丹華人的討論，即是希望從這些在印尼中央政府與許多研究者眼中位處國家邊界的外島區域，以及在這些區域中作爲少數族群的華人，透過邊陲的地理位置與社群角度，思考華人與其他社群共同形塑印尼歷史與地方生活的過程。對 Heidhues 而言，邦加、勿里洞與西加里曼丹豐富的礦藏（錫礦、金礦等）與經濟作物的栽植（如邦加的胡椒產業），加上位處新加坡與雅加達間，以及馬六甲與華南沿海、東亞諸島間的交通要道，使它們在區域與全球的貿易網絡中，一直扮演著非常重要的角色；而在歷史過程中撐起這些島嶼的產業經濟、維持其網絡樞紐位置的，即是以苦力或開拓者身分來到這裡的華人社群，這也是爲什麼 Heidhues 不斷強調，印尼政府與印尼研究者除了應該重視邊陲島嶼的歷史，也要意識到，作爲少數族群的華人，在地方產業與聚落發展中扮演著不可被忽視的重要角色（Heidhues，1992、2003）。

Heidhues 以「農村／鄉村」（rural areas）的生活型態，標

示出邦加與西加里曼丹人群聚落與爪哇等地大型城市或都市生活的差異，這樣的邊陲性，呈現的不僅是地理位置上相對於爪哇的外島地區，更凸顯出因國家區域規劃的差異與資源分配不均，所形塑出的邊陲空間。在這樣的邊陲空間中，Heidhues（2003：264-267）注意到華人社群所保有的集中居住的生活型態以及顯著的「華人性」（包括自我的認知及來自他者的區辨），這些在日常經驗中仍然作為文化與族群邊界標示的面向，包括語言（客語為主）、生活空間、文化傳統與生計型態。然而，Heidhues 對西加里曼丹的華人社群似乎更有興趣，她認為這裡以客家為主體的華人，在歷史發展的過程與當代印尼社會的脈絡裡，皆展現出一種非常獨特的社群性，讓他們在印尼華人中具有更為顯著的華人性，她甚至以「華人中的華人」（Chinese among the Chinese, Heidhues，2003：264）來描述西加里曼丹華人所保留的強烈、凸顯的華人特質。

那麼對 Heidhues 而言，華人性究竟是什麼？它與客家特質間的關係又是什麼？從 Heidhues（2003：265）的描寫與論述中可知，她所強調的華人性並非僅是建立在社群對自我主觀的認同，更重要的是顯現在群體生活方式與文化行為的區辨性上。換句話說，Heidhues 雖然強調社群的邊界感主要是透過語言以及文化傳統的實踐來維繫，但她更著重客觀外顯的社群集體性與地景邊界特徵，如公共場域的語言優勢、集中卻相對孤立的聚落型態。也因此，雖然 Heidhues 認為語言與文化是華人性非常重要的內涵，但她強調，西加里曼丹的華人之所以能維繫生活中的語言與文化優勢，最關鍵之處還是在於居住空間的孤立性（isolation），展現在此地（客家）華人所處的邊陲地理位置、生活

環境與社會位置上，而非客家文化（Hakka culture）本身的作用，亦即並非客家文化具有怎樣的特質，才使這些客家華人相較於其他華人更容易維持其族群邊界。Heidhues（2003）認為，在治理者眼中較不具威脅性，甚至帶著「貧窮」、「未發展」等標籤的農業經濟，其所維繫的聚落型態，讓西加里曼丹的客家華人發展出了一個與周邊人群持續產生區辨性的生活、經濟與文化空間，使他們即使面對印尼中央政府所實施的各種抑制華人性的措施，仍能透過語言、居住空間與生計生活所持續創造的社群界線，維持作為一個社群整體的外顯特徵與社會位置。

近年來，關於印尼華人的書寫也逐漸增多，其中不乏對邦加、西加里曼丹等地區的著作，然而整體而言，在當代印尼華人的研究中，雅加達與爪哇島仍然是多數研究者聚焦的區域，許多人以該地區華人社群的現象為基礎，探討印尼華人的文化復振、身分處境與認同實踐（Hoon，2008、2009、2013、2019；Giblin，2003；Herlijanto，2005），或宗教現象與宗教認同（邱炫元，2014；梅慧玉，2014a、2014b；Hew，2013、2018；Hoon，2011、2013、2014、2018），在近幾年，則開始有研究者關注華人商業網絡的發展與中國因素的崛起（Sinaga，2018；Hoon，2009、2019；Setijadi，2016）。

除了以雅加達及爪哇島為基礎的華人社群書寫，部分對華人在印尼的移住過程、社團組織與當代聚落有興趣的研究者，則較會注意到「外島」地區的華人社會，這些書寫為當代印尼華人的討論，帶入了更多樣的觀點與議題：如羅素玫（2012、2013）對峇里島華人飲食文化與客家組織的書寫，黃賢強（2013）對棉蘭華人組織社群的觀察，李偉權等（2013）對邦加客家社會經濟與

文化活動的討論，許耀峰（2011、2013）對西加里曼丹華人社群發展與認同經驗的研究，蔡芬芳（2013、2015、2017）對班達亞齊與山口洋客家華人「成爲穆斯林」的生命經驗探討，蔡晏霖（2014）與鄭一省等（2019）對「亞齊難僑」在20世紀中遷移敘事與落居棉蘭之過程的書寫，以及如Hertzman（2014）對山口洋客家華人跨國移動現象與多重身分論述的討論等。

其中，華語世界研究者對西加里曼丹華人社群的書寫，許多即以華文的檔案資料與記錄爲主體，輔以荷治時期的部分材料，梳理公司組織與制度在該地的發展（曾恕梅，2004；張維安、張容嘉，2009；Yuan，2000）。這些書寫因聚焦中文材料，在描述華人社會及其公司制度上，呈現出比Heidhues著述更具細節的討論；除了材料與書寫者背景的差異，我們也可從中看到華語世界研究者不同於Heidhues的呈現視角、議題關懷與論述觀點，如，前者的討論多以華人社會爲界，較難在其中看到華人與其他族群的互動往來，在描述中也常會出現對華人特質與價值觀的強調，也有研究者是以「客家」作爲其關懷與論述的主體（張維安、張容嘉，2009），希望從中理解客家社群在西加里曼丹的發展。

除了關於公司組織制度的討論，許耀峰（Hui，2011）可說是在Heidhues的書寫後，另一試圖從大歷史尺度呈現西加里曼丹華人社群的發展過程。該書與Heidhues（2003）除了時間的尺度上稍有不同（許的著作聚焦從日本時期到當代），參照的材料也具有差異（許耀峰更著重在第一手經驗材料的取得，包括訪談、口述歷史與回憶錄等）。而在主題關懷上，雖然同樣是在探討華人社群發展的過程與處境，但許耀峰因有更多與在地華人直

接接觸與對話的過程，也更聚焦在華人日常生活中的宗教活動與文化實踐，其著作非常深刻呈現出西加里曼丹華人在不同情境與脈絡中對自我主體性的認知、詮釋與表述策略。筆者認為，若能對這兩本書從材料選擇、書寫方式，到研究者觀點與角度的呈現，及其所對應的西加里曼丹（或印尼整體）華人社群研究的發展脈絡，展開更細節的比較與對話，將能對西加里曼丹以華人為主體的社會發展過程有更完整深刻的認識。

上述這些逐漸增多的以印尼外島華人社會為主體的書寫，除了讓當代關於印尼華人的討論，加入了更多以口述資料及民族誌為基礎的議題，也逐漸累積對島嶼客家社群的觀察與理解，尤其是在客家人數較多且客語作為華人間日常用語的地區，如西加里曼丹、邦加與班達亞齊。其中，部分著述雖然注意到了研究社群主體所呈現的客家性（如語言、祖籍地認同、宗教信仰等），但與 Heidhues 一樣，它們更強調客家社群作為華人在地方社會的處境與人群關係（Hui，2011、2013）。也有研究者開始展現出對客家議題的關懷（陳欣慧，2007；張維安、張容嘉，2009；李偉權等，2011；蔡芬芳，2013、2015、2017），這些明確以客家社群為論述主體的著述，不同於隱身華人研究中的客家人群研究，議題的展現上更聚焦對客家意識、客家文化生活與客家組織社群運作的討論。後者這些有意識地在書寫中論述印尼客家社群歷史或當代客家生活的著作，在印尼社會與華人研究的討論中，形成了另一種邊陲觀點，且逐漸推展「印尼客家研究」的現身。

印尼客家研究成為學術研究討論的主題，其實是相當晚近的發展，筆者認為，這個過程甚至可以理解成，是在當代客家社團及各種組織網絡跨國的連結與運作中，加之以客家研究者有意識

的推展，才開始成形。若從較廣泛的角度理解印尼的客家社群研究，將主體社群為客家的著述都包含其中，大致可將這些文獻分為兩個類別：第一是以華人為視角的客家研究，第二則是以客家視角為核心的探討，後者即是推動印尼客家研究作為一個學術研究範疇（research field）的重要力量。

在第一個類別中，雖然研究的主體為客家社群，但研究者在論述與議題的闡釋上，主要還是以華人作為這些人群主體性的展現。這部分的研究至今仍然佔較多數，主要聚焦在西加里曼丹、邦加、勿里洞與亞齊等客家人群較多的地區（Hui，2011、2013；Yuan，2000），主題上則是圍繞著以華人為核心的議題，如，華人在印尼的移住歷史與組織社團發展，以及當代華人在國家、地方、族群與宗教政治上的經歷與處境。這些關於客家華人的研究與討論，一方面反映出華人認同在這些區域的重要性，另一方面，也帶出了值得深思的幾個問題：例如對這些人群而言，華人認同之外是否也存在著顯著的客家意識？兩者間的關係為何？又，客家意識如何展現在這些人群的生活經驗中？客家身分對他們來說又具有怎樣的意義？這樣的發問與關懷，促使不少客家研究者開始以印尼客家社群為核心，展開以客家關懷為基礎的議題討論與比較研究，形成上述第二個類別。

在這個以客家視角為軸心的研究發展中，我們可以發現，研究者多是有意識地以客家社群作為討論主體，在論述中也較會從客家作為一個有意義且具主動性的社群之角度，思考研究主體的客家身分處境及客家性展現（陳欣慧，2007；張維安、張容嘉，2009；李偉權等，2011；蔡芬芳，2013、2015、2017）。筆者認為，印尼客家研究即是在這個研究視角與對話脈絡轉向（從華人

轉向客家）的過程中逐漸成形，開始展現出可以獨立被討論、具有比較性與議題特色，自成一個有意義研究範疇的雛形。在這個過程中，台灣客家研究的發展與台灣學者[12]的跨國客家研究（劉堉珊，2016）扮演著非常重要的角色，從較早期針對在台灣的印尼「客僑」（劉振臺，2004；葉欣玟，2010；利亮時、賴郁如，2012）、印尼客籍新住民（謝淑玲，2005；張維安等，2007；張亭婷、張翰璧，2008；黃圓惠，2012）的討論，到近年來因海外／東南亞客家研究興起而逐漸增加的關於印尼客語及印尼在地客家社群的探討，除此，也展現在研究計畫的推展、碩博士論文及相關成果與著述的發表上（陳欣慧，2007；黃惠珍，2008；李偉權等，2011；黃素珍，2013；羅素玫，2013；蔡芬芳，2013、2015、2017；蔡晏霖，2014）。與此並行的，也包括少數印尼在地或他國學者（Hertzman，2014）的討論。這些以印尼客家社群為主題的研究與討論，不但推展形成了一股跨國連結的學術社群力量，也與近幾年各國各地客家社團組織及社會網絡的跨域發展，相互加乘作用，不斷為「印尼客家」的概念開創新的視野與脈絡。[13]

　　值得注意的是，當研究視角從華人轉向客家，研究者除了更強調客家作為一個有意義的社群甚至族群範疇概念，所關懷的議題及論述脈絡也有所不同。例如相較於華人性的探究，客家研究者多半更注重客家特質、客與非客、甚至「客」與「客」之間的互動及網絡關係，或以不同區域的客家社群進行比較分析。除此，我們也可看到研究者們對話的脈絡，不再只是華人研究，而更強調研究議題與客家研究連結，及其對整體（跨域）客家研究發展的意義。

「印尼客家」作爲一個被有意推動的研究視角與主題，強調展現印尼客家社群未被書寫或被忽略的歷史與社群性，其研究者除了思考印尼客家作爲一個具比較意義的整體的可能性，也期待從客家的角度回應或重新考量華人研究的議題與觀點，提供一個理解印尼族群關係與華人社會的新視角，如，客家社群在印尼華人性建構與歷史及生活脈絡中扮演的角色，或進一步思考客家特質在華人文化展演與表述中的意義。然而，強調以客家作爲研究主體的研究觀點與書寫視角，也同樣面臨著與 Heidhues 相似的挑戰，即這個被書寫社群對自我身分的主觀認知、詮釋與實踐過程爲何。也因此，筆者認爲，當代印尼客家社群的研究需要更進一步去思考這些呈現在書寫中的客家人，他們如何認知自己、如何理解或解釋自己的客家身分？換句話說，客家身分在他們身上具有什麼樣的意義？

五、結論

　　本文聚焦 Heidhues 自 1960 年代至 2017 年的著作發展，透過其對印尼華人當代身分處境及移住生活歷史的探討，一方面呈現 Heidhues 關注的議題及其眼中的印尼客家與華人，另一方面，也藉由其對身處邊陲中的邊陲之華人社群的討論，思考其所強調的邊陲社群書寫之意義。如本文一開始所提及，Heidhues 研究著述目的並不是在呈現客家社群在印尼的歷史與發展，雖然她在書寫中對這些區域中語言與文化表現佔優勢的客家人，包括他們的祖籍地、語言、性別角色，以及遷移與適應新環境的特色，皆有不少觀察與描述，但對她而言，客家僅是華人的一個分支亞群或方

言群，客家文化與客家性應該被放在更大的華人性框架與脈絡中理解，這也是為什麼她多數的著作，即使書寫的主體為客家人，還是把他們放在華人的身分與概念下理解。然而，也因她所聚焦的區域，尤其是邦加、勿里洞與西加里曼丹，皆是客家在人數及語言上具有優勢的地方，使得 Heidhues 關於這些地區華人生活歷史的討論，成為當代理解印尼客家社群的重要參考著作。尤其，Heidhues 以多元豐富的史料為基礎所呈現的西加里曼丹等地華人聚落的發展，對理解早期客家社群的經濟、政治與社會生活，具有非常重要的意義。

Heidhues 的另一個重要貢獻，即在於她從華語研究者較難觸及的非華語歷史材料，呈現華人形象（包括經濟、政治與文化）在不同時期，由不同的觀看者（包括來自歐洲不同身分的人群、在地的治理者與其他族群）建構形塑的過程。雖然有學者認為，Heidhues 的書寫過於依賴荷蘭檔案資料，這些材料呈現的華人印象與生活，本身即帶有外來治理者與族群角度的偏見，無法真實反映華人在歷史過程中的生活，然而筆者認為，Heidhues 並非沒有意識到這些材料帶有的歷史偏見與族群刻板印象（Heidhues，2003），也深知受限於語言及材料取得所帶來的挑戰，或許就是因為這樣的認知，才促使 Heidhues 在近幾年，持續發掘更多樣性的歷史素材，試圖讓「華人」在印尼的生活歷史有更多面向的呈現，並透過自己對歐洲檔案資料較能掌握的優勢，從這些資料的梳理中呈現歐洲人眼中的印尼與在地華人（Heidhues，2004、2011a、2011b、2017）。

最後，透過 Heidhues 對邊陲社群的關懷，本文也延伸思考以印尼客家社群為主體的書寫，以及印尼客家研究的現身。愈發

活絡的跨國社團網絡及研究者有意識推動進行的客家社群調查與客家研究，讓客家議題逐漸成爲理解當代印尼社會與華人社群的另一個重要角度。然而，這樣的關注是否能夠進一步發展出關於印尼客家研究的議題特色、論述框架及比較視野，客家研究的概念又是否能夠反應或回應在地人群的認同經驗，即對論述主體而言，客家意識與客家認同產生的情境及扮演的角色、意義爲何，都需要更審慎的思考與討論。本文因主題及篇幅的限制，無法對客家議題在印尼脈絡中的發展有更細緻的論述，這部分將留待日後持續思考。

註釋

1　本文原刊登於《台灣東南亞學刊》第15卷第2期，頁155-192，此處僅依據本專書收錄原則進行些微調整。

2　資料來源：https://nias.knaw.nl/fellow/somers-heidhues/（取用日期：2020年9月10日）。

3　見 https://einaudi.cornell.edu/programs/southeast-asia-program（取用日期：2020年9月10日）。

4　該計畫由 George McT. Kahin 主導。

5　筆者認爲，Heidhues 所關注的華人性，較強調其在社會面向的展現，即透過社團組織的集結而呈現出具有區辨性的社群界線，這與印尼華人社會在歷經新秩序時期國家政策的「去華化」，以及後蘇哈托時期自1998年開始興起的「尋找華人性」的文化復振活動與關於華人認同議題之討論稍有不同。後者更強調作爲「華人」主動展現出的文化識別

面向與認同之表述，也是許多當代研究者所關注的主題（Herlijanto，2005；Hew，2013、2018；Hoon，2013、2019）。

6　該書延續Heidhues博士論文的關注議題，一方面提出華人社群（尤其土生華人）在東南亞移居社會中，文化表現與生活習慣逐漸在地化，與地方社會發生涵化的過程，而非完全的同化。另一方面，Heidhues也點出華人在當代東南亞國家政治與族群關係的脈絡中，既難以融入，也無法置身事外，甚至常成為主政族群欲「處理」的對象，華人的文化身分、經濟行為與政治角色，因此不斷遭遇被打壓、標籤化與他者化的過程（Heidhues，1974）。

7　在Heidhues的書寫與概念中，「華人」是一個廣泛包含著客家等不同方言社群的人群概念，因此，雖然她在著作中皆會提及「客家」（Hakka）在語言及特質辨識上的特色，但在整體的分析與論述架構中，Heidhues仍是把客家放在「華人」的概念下，以「華人」作為其研究對象進行討論。本文將在下一節對Heidhues所提出的「客家」特質及「客家」與「華人」的關係進行更詳細分析，此處為避免混淆，仍然以Heidhues的「華人」概念與用詞進行討論，但希望讀者可以理解，此節Heidhues著作中所討論的「華人」，有很大部分（甚至最主要的人群）為客家人。

8　Heidhues（1996d）少見地在文章標題上註明「客家」，雖然可能是有意識地呼應研討會的主題，但也可發現Heidhues認為其討論可置放在客家研究下，本文下一節將對此有更多討論。

9　除了博士論文，Heidhues在後來的研究中，也持續針對土生華人在印尼的身分角色有非常多討論（Heidhues，1974、1988、1994、2012）。

10　Heidhues（2004）從19世紀奧地利女性Ida Pfeiffer到東南亞群島（包括新加坡、婆羅洲、爪哇、蘇門答臘等地）遊歷的紀錄，探討其所呈現的不同於殖民當局治理者與男性視角書寫的觀點；2011年則探討德國17-18世紀書寫中所呈現的華人刻板印象（Heidhues，2011）。

11　這樣的觀察主要來自荷蘭殖民時期的翻譯官高延（Jan Jakob Maria de Groot）之紀錄（袁冰凌譯，1996：150；張維安、張容嘉，2009：

75）。

12 此處所指的「台灣的學者」及研究著作，泛指在台灣任教及研究計畫、論文（如碩博士論文）由台灣單位產出或資助者。

13 本文因篇幅限制，無法對「印尼客家研究」形成的過程與發展，進行更細緻的梳理，未來將另立一篇專文討論。

附錄：Mary Somers Heidhues 著作表
（以其英文著作爲主）

年份	篇名／書名	出處資料	備註
1964	*Peranakan Chinese Politics in Indonesia*	Cornell Southeast Asia Program Publications（2009年授 權 Equinox Publishing 於雅加達及新加坡出版）	專書（該書也是 Heidhues 之博士論文）
1974	*Southeast Asia's Chinese Minorities*	Melbourne: Longman Publishing Group	專書
1983	*Politik in Südostasien : Grundlagen und Perspektiven*	Hamburg : Institut für Asienkunde	專書（德語）
1988	Citizenship and Identity: Ethnic Chinese and the Indonesian Revolution	In *Changing Identities of the Southeast Asian Chinese since World War II*, edited by Jennifer W. Cushman and Wang Gungwu. Pp. 115-138. Hong Kong: Hong Kong University Press.	專書論文
1991	Company Island: A Note on the History of Belitung	*Indonesia* 51: 1-20	期刊論文
1992	From Orang Gunung to Orang Bangka: Changes in Bangka's Landscape in the 19th Century	In *Regions and Regional Developments in the Malay-Indonesian World*, edited by Bernhard Dahm. Pp. 63-73. Wiesbaden: O. Harrassowitz.	專書論文
1992	*Bangka Tin and Mentok Pepper: Chinese Settlement on an Indonesian Island*	Singapore: Institute of Southeast Asian Studies	專書

2015 (1993)	Chinese Organizations in West Borneo and Bangka: *Kongsi* and *Hui*	In *"Secret Societies" Reconsidered: Perspectives on the Social History of Early Modern South China and Southeast Asia*, edited by David Ownby Mary Somers Heidhues. Pp. 68-88. London and New York: Routledge.	專書論文
1994	Modernization and Integration: Two Peranakans view their Indonesian Identity	In *Texts from the Islands: Oral and Written Traditions of Indonesia and the Malay World* (Proceedings of the 7th European Colloquium on Indonesian and Malay studies, Berne, June 1989), edited by Wolfgang Marschall. Pp. 331-344. Bern: Institute of Ethnology, University of Bern.	研討會論文集
1996	Little China in the Tropics: the Chinese in West Kalimantan to 1942	In *South China: State, Culture and Social Change during the 20th Century*, edited by L. M. Douw and P. Post. Pp. 131-138. Amsterdam: North-Holland for Royal Netherlands Academy of Arts and Sciences.	專書論文
1996	Chinese Settlements in Rural Southeast Asia: Unwritten Histories	In *Sojourners and Settlers: Histories of Southeast Asia and the Chinese in Honour of Jennifer Cushman*, edited by Anthony Reid. Pp. 164-182. St Leonards: Allen and Unwin for Asian Studies Association of Australia.	專書論文

1996	When We were Young: the Exile of the Republic's Leaders in Bangka, 1949	In *Making Indonesia*, edited by Damiel S. Lev, and Ruth McVey. Pp. 81-95. Cornell University Press (Southeast Asian Program Publications).	專書論文
1996	The Hakka Gold Miners of Kalimantan after the end of the Kongsi Era	發表於 1996 年 11 月 9-12 日在新加坡召開的第三屆客家學國際研討會（International Conference on Hakkaology）	研討會論文
2000	*Southeast Asia: A Concise History*	New York: Thames & Hudson	專書
2003	*Golddiggers, Farmers, and Traders in the "Chinese Districts" of West Kalimantan, Indonesia*	Ithaca: Cornel Southeast Asia Program Publications	專書
2004	Women on the Road: Ida Pfeiffer in the Indies	*Archipel* 68: 289-313	期刊文章
2005	The Makam Juang Mandor Monument: Remembering and Distorting the History of the Chinese of West Kalimantan	In *Chinese Indonesians: Remembering, Distorting, Forgetting*, edited by Tim Lindsey and Helen Pausacker. Pp 105-129. ISEAS Publications and Monash University Press.	專書論文
2006	Chinese Voluntary and Involuntary Associations in Indonesia	In *Voluntary Organizations in the Chinese Diaspora*, edited by Khun Eng Kuah-Pearce and Evelyn Hu-Dehart. Pp. 77-97. Hong Kong: Hong Kong University Press.	專書論文
2011	The epidemic that wasn't Beriberi in Bangka and the Netherland Indies	In *Cleanliness and Culture: Indonesian Histories*, edited by Kees van Dijk and Jean Gelman Taylor. Pp. 61-93. Leiden: KITLV Press.	專書論文

2011	Chinese (stereo)types in German accounts of the East Indies in the 17th and 18th centuries	In *Southeast Asian Historiography: Unravelling the Myth: Essays in Honour of Barend Jan Terwiel*, edited by Volker Grabowsky. Pp. 208-223. River Books Press.	專書論文
2012	Anti-Chinese violence in Java during the Indonesian Revolution, 1945-1949	*Journal of Genocide Research* 14 (3-4): 381-401（後收於 2014 年出版的專書 *Colonial Counterinsurgency and Mass Violence: the Dutch Empire in Indonesia* 中）	期刊論文
2017	Bangka in the 1950s: Indonesian Authority and Chinese Reality	*Indonesia* 103: 1-24	期刊論文

參考文獻

利亮時、賴郁如，2012，〈台灣印尼客僑的歸屬經驗〉。《亞太研究論壇》9 (2)：109-131。

李偉權、利亮時、林開忠，2011，〈聚焦印尼邊陲：邦加客家人的經濟與文化活動初探〉。《亞太研究論壇》51：126-136。

邱炫元，2014，〈印尼伊斯蘭與孔教的代理衝突：印尼華裔穆斯林春節禮拜的爭議〉。頁345-398，收錄於蕭新煌、邱炫元主編，《印尼的政治、族群、宗教與藝術》。台北：中央研究院人文社會科學研究中心。

張亭婷、張翰璧，2008，〈東南亞女性婚姻移民與客家文化傳承：越南與印尼籍女性的飲食烹調策略〉。《台灣東南亞學刊》5 (1)：93-145。

張維安、張容嘉，2009，〈客家人的大伯公：蘭芳公司的羅芳伯及其事業〉。《客家研究》3 (1)：57-88。

張維安、張翰璧、柯瓊芳、廖經庭，2007，〈印尼客家社會探析：以桃園地區客語印尼配偶爲例〉。發表於「2007東南亞年會」。台北：實踐大學，4月26-27日。

梅慧玉，2014a，〈印尼雅加達華人廟宇普查〉。頁223-281，收錄於蕭新煌、邱炫元主編，《印尼的政治、族群、宗教與藝術》。台北：中央研究院人文社會科學研究中心。

——，2014b，〈行善成神：印尼雅加達華人勝跡崇拜〉。頁283-343，收錄於蕭新煌、邱炫元主編，《印尼的政治、族群、宗教與藝術》。台北：中央研究院人文社會科學研究中心。

陳欣慧，2007，《印尼亞齊客家人之研究》。台北：國立政治大學民族學系碩士論文。

曾恕梅，2004，〈西婆羅洲「華人公司」的組織與運作〉。《雄工學報》8：1-26。

黃素珍，2013，《印尼坤甸客家話研究》。桃園：國立中央大學客家語文研究所碩士論文。

黃惠珍，2008，《印尼山口洋客家話研究》。桃園：國立中央大學客家語文研究所碩士論文。

黃圓惠，2012，《移動在兩個家庭之間：北台灣印尼客家女性的認同與情感民族誌》。新竹：國立交通大學客家文化學院社會與文化學程碩士論文。

黃賢強，2013，〈荷印棉蘭華人族群社會與領導階層〉。頁82-101，收錄於林開忠主編，《東南亞客家族群的生活與文化》。苗栗：客家委員會客家文化發展中心。

葉欣玟，2010，《蟄伏於歷史的記憶：龍潭鄉內的印尼客僑》。高雄：國立高雄師範大學客家文化研究所碩士論文。

劉宏，2005，〈書評：Mary Somers HEIDHUES, *"Golddiggers, farmers and traders in the "Chinese Districts" of West Kalimantan, Indonesia"*〉。《歷史人類學刊》3 (1)：187-189。

劉堉珊，2016，〈台灣客家研究中的東南亞視野〉。《民俗曲藝》194：155-207。

劉振台，2004，《一個消失中的田野：長治鄉印尼客僑的族群構成》。雲林：國立雲林科技大學文化資產維護系碩士論文。

蔡芬芳，2013，〈性別、族群與宗教之交織：印尼亞齊客家女性改信伊斯蘭教的經驗與過程之初探〉。頁67-103，收錄於張維安主編，《東南亞客家及其周邊》。桃園：國立中央大學出版中心；台北：遠流出版公司。

──，2015，〈「命」──印尼山口洋客家華人宇宙觀初探〉。頁161-185，收錄於張維安編，《客家文化、認同與信仰：東南亞與台港澳》。桃園：國立中央大學出版中心；台北：遠流出版公司。

──，2017，《走向伊斯蘭：印尼客家華人成為穆斯林之經驗與過程》。桃園：國立中央大學出版中心；台北：遠流出版公司。

蔡晏霖，2014，〈「集中營」還是「自由區」？亞齊難僑的歷史與敘

事〉。《全球客家研究》3：163-212。

鄭一省、邱少華、李晨媛，2019，《印尼美達村華人》。北京：中國社會科學出版社。

謝淑玲，2005，《在台客籍「印尼」與「大陸」配偶之客家認同比較研究》。桃園：國立中央大學客家社會文化研究所碩士論文。

羅素玫，2012，〈日常飲食、節日聚餐與祭祖供品：印尼峇里島華人的家鄉、跨文化飲食與認同〉。《中國飲食文化》8 (2)：1-42。

——，2013，〈印尼峇里島華人族群現象：以客家社團組織為核心的探討〉。頁132-155，收錄於林開忠主編，《東南亞客家族群的生活與文化》。苗栗：客家委員會客家文化發展中心。

Cornell University. "Southeast Asian Program." https://einaudi.cornell.edu/programs/southeast-asia-program（取用日期：2020年9月10日）。

de Groot, Jan Jakob Maria（袁冰凌譯），1996，《婆羅洲華人公司制度》（*Het Kongsiwezen van Borneo*）。台北：中央研究院近代史研究所。

Giblin, Susan, 2003, "Overcoming Stereotypes? Chinese Indonesian Civil Society Groups in Post-Suharto Indonesia." *Asian Ethnicity* 4 (3): 353-368.

Heidhues, Mary Somers, 1965, *Peranakan Chinese Politics in Indonesia.* Ph. D Dissertation. Conell University.

——, 1974, *Southeast Asia's Chinese Minorities.* Melbourne, Australia: Longman Publishing Group.

——, 1983, *Politik in Südostasien: Grundlagen und Perspektiven.* Hamburg, Germany: Institut für Asienkunde.

——, 1988, "Citizenship and Identity: Ethnic Chinese and the Indonesian Revolution," Pp. 115-138 in *Changing Identities of the Southeast Asi an Chinese since World War II*, edited by Jennifer W. Cushman and WANG Gungwu. Hong Kong: Hong Kong University Press.

——, 1991, "Company Island: A Note on the History of Belitung." *Indonesia* 51: 1-20.

——, 1992a, "From Orang Gunung to Orang Bangka: Changes in Bangka's Landscape in the 19th Century." Pp. 63-73 in *Regions and Regional*

Developments in the Malay-Indonesian World, edited by Bernhard Dahm. Wiesbaden, Germany: O. Harrassowitz.

——, 1992b, *Bangka Tin and Mentok Pepper: Chinese Settlement on an Indonesian Island*. Singapore: Institute of Southeast Asian Studies.

——, 1994, "Modernization and Integration: Two Peranakans View Their Indonesian Identity." Pp. 331-344 in *Texts from the Islands: Oral and Written Traditions of Indonesia and the Malay World* (Proceedings of the 7th European Colloquium on Indonesian and Malay studies, Berne, June 1989) , edited by Wolfgang Marschall. Bern, Switzerland: Institute of Ethnology, University of Bern.

——, 1996a, "Little China in the Tropics: the Chinese in West Kalimantan to 1942." Pp. 131-138 in *South China: State, Culture and Social Change during the 20th Century*, edited by Leo M. Douw and Peter Post. Amsterdam, Netherlands: North-Holland for Royal Netherlands Academy of Arts and Sciences.

——, 1996b, "Chinese Settlements in Rural Southeast Asia: Unwritten Histories." Pp. 164-182 in *Sojourners and Settlers: Histories of Southeast Asia and the Chinese in Honour of Jennifer Cushman*, edited by Anthony Reid. St Leonards, Australia: Allen and Unwin for Asian Studies Association of Australia.

——, 1996c, "When We Were Young: The Exile of the Republic's Leaders in Bangka, 1949." Pp. 81-95 in *Making Indonesia*, edited by Damiel S. Lev and Ruth McVey. Ithaca: Cornell University Press (Southeast Asian Program Publications).

——, 1996d, "The Hakka Gold Miners of Kalimantan after the end of the Kongsi Era." Paper presented at the third International Conference on Hakkaology, November 9-12, Singapore.

——, 2000, *Southeast Asia: A Concise History*. New York: Thames & Hudson.

——, 2003, *Golddiggers, farmers and traders in the "Chinese Districts" of West Kalimantan, Indonesia*. New York: Columbia University Southeast

Asia Program Publications.

——, 2004, "Women on the Road: Ida Pfeiffer in the Indies." *Archipel* 68: 289-313.

——, 2005, "The Makam Juang Mandor Monument: Remembering and Distorting the History of the Chinese of West Kalimantan." Pp. 105-129 in *Chinese Indonesians: Remembering, Distorting, Forgetting*, edited by Tim Lindsey and Helen Pausacker. Singapore and Melbourne, Australia: ISEAS Publications and Monash University Press.

——, 2006, "Chinese Voluntary and Involuntary Associations in Indonesia." Pp. 77-97 in *Voluntary Organizations in the Chinese Diaspora*, edited by Khun Eng Kuah-Pearce and Evelyn Hu-Dehart. Hong Kong: Hong Kong University Press.

——, 2011a, "The Epidemic That Wasn't Beriberi in Bangka and the Netherland Indies." Pp. 61-93 in *Cleanliness and Culture: Indonesian Histories*, edited by Kees van Dijk and Jean Gelman Taylor. Leiden, Netherlands: KITLV Press.

——, 2011b, "Chinese (Stereo)types in German Accounts of the East Indies in the 17th and 18th Centuries." Pp. 208-223 in *Southeast Asian Historiography: Unravelling the Myth: Essays in Honour of Barend Jan Terwiel*, edited by Volker Grabowsky. Bangkok, Thailand: River Books Press.

——, 2012, "Anti-Chinese violence in Java during the Indonesian Revolution, 1945-1949." *Journal of Genocide Research* 14 (3-4): 381-401.

——, 1993/2015, "Chinese Organizations in West Borneo and Bangka: *Kongsi* and *Hui*." Pp. 68-88 in *"Secret Societies" Reconsidered: Perspectives on the Social History of Early Modern South China and Southeast Asia*, edited by David Ownby and Mary S. Heidhues. London and New York: Routledge.

——, 2017, "Bangka in the 1950s: Indonesian Authority and Chinese Reality." *Indonesia* 103: 1-24.

Herlijanto, Johanes, 2005, "The May 1998 Riots and the Emergence of

Chinese Indonesians: Social Movements in the Post-Soeharto Era." *Asia-Pacific Research Forum* 27: 64-80.

Hertzman, Emily, 2014, "Returning to the *Kampung Halaman*: Limitations of Cosmopolitan Transnational Aspirations among Hakka Chinese Indonesians Overseas." *ASEAS – Austrian Journal of South-East Asian Studies* 7 (2): 147-164.

Hew, Wai-Weng, 2013, "Expressing Chineseness, marketing Islam: the hybrid performance of Chinese Muslim preachers." Pp. 178-199 in *Chinese Indonesians Reassessed: History, Religion and Belonging*, edited by SAI Siew-Min and HOON Chang-Yau. New York: Routledge.

———, 2018, *Chinese Ways of Being Muslim: Negotiating Ethnicity and Religiosity in Indonesia*. Copenhagen, Denmark: Nordic Inst of Asian Studies (NIAS).

Hoon, Chang-Yau, 2008, *Chinese Identity in Post-Suharto Indonesia: Culture, Politics and Media*. Sussex: Sussex Academic Press.

———, 2009, "More Than A Cultural Celebration: The Politics of Chinese New Year in Post-Suharto Indonesia." *Chinese Southern Diaspora Studies* 3: 90-105.

———, 2011, "Mapping 'Chinese' Christian Schools in Indonesia: Ethnicity, Class and Religion." *Asia Pacific Education Review* 12 (3): 403-411.

———, 2013, "'By Race, I Am Chinese; and by Grace, I Am Christian': Negotiating Chineseness and Christianity in Indonesia." Pp. 159-177 in *Chinese Indonesians Reassessed: History, Religion and Belonging*, edited by SAI Siew-Min and HOON Chang-Yau. New York: Routledge.

———, 2014, "God and Discipline: Religious Education and Character Building In A Christian School in Jakarta." *South East Asia Research* 22 (4): 505-524.

———, 2018, "Pentecostal Churches in Jakarta: Exploring Global, Local and Class Dynamics," Pp. 21-46 in *Pentecostal Megachurches in Southeast Asia*, edited by CHONG Terence. Singapore: ISEAS Publishing.

———, 2019, "Continuity and Change: The Dynamics of Chineseness in

Indonesia," *South East Asia: A Multidisciplinary Journal* 19: 1-13.

Hui, Yew-Foong, 2011, *Strangers at Home: History and Subjectivity among the Chinese Communities of West Kalimantan, Indonesia.* Leiden, Netherlands: Brill.

——, 2013, "The Translocal Subject between China and Indonesia: The Case of the Pemangkat Chinese of West Kalimantan." Pp 103-120 in *Chinese Indonesians Reassessed: History, Religion and Belonging*, edited by SAI Siew-Min and HOON Chang-Yau. New York: Routledge.

Netherlands Institute for Advanced Study (NIAS), "Somers Heidhues" (Year Group 1995/96). https://nias.knaw.nl/fellow/somers-heidhues/（取用日期：2020年9月10日）。

Sinaga, Lidya C., 2018, "The Dynamics of Indonesia–China Relations in Politics, Defense-Security, and Economy in Southeast Asia: An Indonesian Perspective," Pp. 1-15 in *Six Decades of Indonesia-China Relations: An Indonesian Perspective*, edited by Lidya Christin Sinaga. Singapore: Springer.

Skinner, G. William, 1957, *Chinese Society in Thailand: An Analytical History*. Ithaca: Cornell University Press.

Setijadi, Charlotte, 2016, "'A Beautiful Bridge': Chinese Indonesian Associations, Social Capital and Strategic Identification in A New Era of China Indonesia Relations." *Journal of Contemporary China* 25 (102): 822-835.

Wichberg, Edgar, 1976, *The Chinese in Philippine Life, 1850-1898*. New Haven and London: Yale University Press.

Yuan, Bingling, 2000, *Chinese Democracies: A Study of the Kongsis of West Borneo (1776-1884)*. Leiden, Netherlands: Research School of Asian, African, and Amerindian Studies, CNWS, Universiteit Leiden.

第 10 章
G. William Skinner 的華人研究及其論點對客家研究的影響

任　婕

摘要

　　G. William Skinner（施堅雅）是著名的美國人類學家，以中國研究和東南亞華人研究而聞名，在他早期的作品中，最廣爲人知的貢獻是透過對中國四川的分析，創立了獨樹一格的宏觀區域學說，奠定了市場體系理論的基礎，進一步提出區域發展週期說，而在泰國華人社群研究上，將華人移民歷史做詳盡討論，並以實地深度考察對華人做全面性的描述，最後提出的同化論述一直佔著主導地位，影響著西方學者的華人研究觀點。本文的討論主軸是施堅雅的華人研究論點對客家研究的影響與貢獻，並針對他的學術生涯及生平著作作系統性的整理，理解研究發展脈絡以及華人研究途徑，再進一步詳述泰國華人社群研究相關著作，從中探究他對「客家」移民的理解與觀察。

　　由此可知，施堅雅的早期研究並非以客家族群作爲研究主軸，直到開始從事東南亞研究，才將客家人視爲華人中的其中一個「語言群體」（speech group），但他所提出的區域發展週期論，卻被客家研究學者梁肇庭套用在分析中國東南沿海地區與嶺

南地區上，更推測出客家族群的遷徙路徑與族群特性，這樣採用西方社會科學及中國傳統人文因素結合的方法，不僅對客家研究有了新的啓發，也引起了施堅雅對客家研究的關注。

關鍵詞：施堅雅、泰國華人研究、區域發展週期論、客家研究

一、前言

　　若談到早期泰國華人研究，施堅雅（G. William Skinner）在1950年代就對泰國曼谷地區的華人做過詳盡的歷史描述，他分析了泰國華人的移民背景、遷移路徑、人口分布、居住地、職業變化等等，首先將華人社群以五個「語言群體」做區分，而「客家」是其中一個「方言群」，這是施堅雅最早對於客家族群的解釋，雖然他也將華人放在泰國社會結構下討論，並提出了同化論述，影響不少後代學者的華人研究觀點，但此部分將稍作簡述，並非本文的探討重點。

　　到了1980年代，族群（ethnicity）概念的建立，學界開始注重族群研究，學者梁肇庭針對客家族群的歷史遷移、族群意識的自覺、族群性的形成有了一套新的論述，他有效運用施堅雅在中國研究所提出的「區域發展週期」理論，套用在分析客家族群的遷移路徑與客家意識形成過程上，梁氏所出版的《中國歷史上的移民與族群性——客家、棚民及其鄰居們》一書，讓施堅雅有了與「客家族群」再次對話的契機，並為其書撰寫序言、繪製地圖，不同於過去華人研究，此時的施堅雅已將「客家」視為一個擁有族群自覺意識的獨特群體，不再只是一個講「客家方言」的群體，並對客家族群文化的形成有了新的解釋。本文首先將施堅雅其學術生涯、生平著作作一統整描述，試著了解他的學術發展過程，並將重點放在討論他在泰國華人研究中，是如何看待「客家人」，將他談論「客家」的部分作一系統性的整理，最後再提出他對客家研究的啟發與影響。

二、沒有村莊的人類學家[1]──施堅雅的學術生涯與相關著作

施堅雅（1925-2008）是20世紀研究中國最重要的美國人類學家，他被學生稱作是一個「沒有村莊的人類學家」（De-Glopper，2010：1），以非典型、跨學科的研究方法，提出中國市場體系與宏觀區域理論，奠定了他在中國農村研究中的重要地位，而這樣跨領域的研究方式與他的學術生涯有關。

施堅雅於1925年2月14日出生於美國加州奧克蘭（Oakland），1942-1943年高中時期就讀於柏克萊高中（Berkeley High School），並接續就讀深泉學院（Deep Springs College），這是一間小型的兩年制學院，位於加州的高地沙漠，其創辦人希望透過簡樸的生活與高瞻遠矚的思想來教育有前途的年輕人，提供的課程專門結合了人文科學、社會科學和自然科學三個科目，並由接受過全面教育的導師講授（DeGlopper，2010：19）。

到了1943年，他因兵役而加入了密蘇里河谷學院（Missouri Valley College）的海軍V-12計劃，隨後在科羅拉多大學（the University of Colorado）的美國海軍東方語言學校（U.S. Navy Oriental Language School）學習了十八個月的中文。戰爭結束後，他進入紐約康乃爾大學（Cornell University）就讀，並於1947年獲得東亞研究的學士學位（Hammel，2009：3）。

施堅雅於1949年前往中國四川成都附近的市場，進行博士學位的田野研究，因四川大型村莊很少，大多是由市場聯繫在一起的小村莊，於是他放棄調查百來戶村莊的預定計畫，轉而重點考察2,500戶從屬於市場的經濟區域。雖由於國共內戰迫使施堅

雅終止了研究計畫，但他對成都的社會經濟結構、地理和生態問題有了一定的了解，也為後來建構理論模式打下了基礎（劉招成，2009：86-87）。

1950年施堅雅離開了中國，將目標轉向東南亞海外華人社群，他擔任康乃爾東南亞計畫（Cornell Southeast Asia Project）田野主任，在1950-1951年期間，對整個東南亞的華人進行了實地調查，隨後在1951-1953年對泰國曼谷的華人社會結構和社群領導進行了深入的實地研究（Hammel，2009：6-8）。並於1954年獲得美國康乃爾大學人類學博士學位，其博士論文《曼谷華人社區領導研究：兼析泰國華人社會的歷史》（*A study of Chinese community leadership in Bangkok: together with a historical survey of Thailand Chinese society*），結合了對泰國華人的歷史回顧，他再進一步的田野調查中也研究相似的主題：泰國華人文化的區域差異和泰國華人社會的同化（1954-1955）以及研究印尼華人的同化、涵化和民族融合（1956-1958）。有趣的是，儘管他暫時轉移了過去對社會體系連結的關注，但他早期學術作品中主要仍研究族群分布或是人口特徵（Hammel，2009：6-7）。

而後1957年與1958年陸續出版的《泰國華人社會：歷史的分析》（*Chinese Society in Thailand: A Analytical History*）與《泰國華人社會中的領袖地位與權力》（*Leadership and power in the Chinese community of Thailand*）兩本專著，至今仍被奉為華人及東南亞研究典範之作。完成了海外華人研究後，施堅雅將原先在四川調查的成果以題為《中國農村的市場和社會結構》（*Marketing and social structure in rural china*）的長篇論文，分三次連載於1964-1965年的《亞洲研究期刊》（*Journal of Asian*

Studies），系統性地建構了「中國市場體系理論」，不僅引起學術界關注，更成為他學術生涯的高峰，鞏固了他在美國漢學界的聲望。

1977年返回中國後，施堅雅主編並參與寫作《中華帝國晚期的城市》（*The city in late imperial China*），這本書完成了他對傳統中國社會研究的理論模式，不僅用地理學、經濟學和人類學結合的角度，對中國各區域進行劃分和考察，更以德國地理學家 Walter Christaller 的「中心地理論」為基礎，透過比較的視角，採用西方社會科學與中國傳統人文要素結合的方法，有別於傳統人類學只聚焦在一小村莊的研究方式，而是著重於與外界之間的互動與聯繫網絡，不再僅侷限於行政區域空間，進而提出了以市場為基礎的區域研究理論。

這本《中華帝國晚期的城市》（1977），使用了大量歷史文獻資料進行研究，該著作中的宏觀區域理論可說是80年代以來對中國經濟史研究影響最大的理論之一。他改變了自20年代以來中國城市史研究的韋伯模式，韋伯強調中國傳統城市的封建色彩濃厚，商業活動受到重農抑商的箝制，韋伯實際上把中國城市與鄉村在經濟上的緊密聯繫切割開來，而施堅雅的劃分方法能讓人認識到每個區域都有自己的等級空間體系，大城市與中小城市乃至鄉村之間存在著經濟、社會、文化聯繫。

在宏觀方面，施堅雅打破傳統上以行政邊界劃分的方法，依照河流系統、山形地貌、人口密度和市場級序，把19世紀末中國劃分為：東北、華北、西北、長江上游、長江中游、長江下游、東南沿海、嶺南和雲貴等九大宏觀區域（macro-regions），每個宏觀區域除東北、東南、雲貴沒有核心都會（central metropolis）外，分別由核心都會、區域性都會、區域城市、較大城市、地方城市、核心集鎮、中間集鎮、標準集鎮等八個等級的市場層級組成，它們以地貌為特徵，形成了一體化的都市體系。施堅雅首創用區域分析的方法，打破了傳統上以政治邊界劃分中國的方法，研究各區域經濟發展的週期，透過以市場為導向，勾勒出民間的非政府中心地，對於中國近代史研究的拓展尤其是方法論的創新具有重要意義。

到了 1985 年，施堅雅前往日本，探討了有關濃尾（Nōbi）地區歷史民族誌和人口統計學材料的使用，並於 1988 年和 1995 年再次前往大垣（Ōgaki）地區，他注重文化傳承結構（culturally transmitted structures），尤其是親屬和家庭系統塑造行為的方式，並提出了家庭系統理論的概念，他的論文〈德川日本家庭的婚姻權力〉（*Conjugal Power in Tokugawa Japanese Families*）（1993 年）則是經典著作，結合社會結構與人口學過程為其在此領域的重要貢獻（Hammel，2009：10）。

Hammel（2009：5-6）認為施堅雅對知識的貢獻涵蓋了人類學、人口統計學、地理學、歷史學和社會學這五個學科，並使用了來自五個國家的數據：中國、泰國、印尼、日本和法國。也將他的研究主題分為四個部分，首先是對東南亞華人同化和適應的研究，其為他博士論文的延伸。第二則是「層級區域空間」（hierarchical regional space）的研究，這是施堅雅研究的主要核心，始於分析中國四川的農村市場體系。第三是「家庭系統理論」（family systems theory），即親屬關係和家庭組織影響行為的方式，尤其是經濟和人口行為，這項研究的數據來自法國、中國和日本。第四部分是一系列與前三部分重疊，並對中國歷史書

寫（historiography）產生深遠影響的論文。

　　施堅雅的生平職涯經歷相當豐富，1951年至1955年擔任康乃爾東南亞計畫田野主任，1956年至1958年擔任康乃爾大學東亞研究（East Asian Studies）研究人員（Research Associate）；1958年至1960年短暫擔任哥倫比亞大學（Columbia University）社會學助理教授後，他在1960年至1965年間回到康乃爾大學擔任副教授及後來升至教授。1965年至1989年擔任史丹佛大學（Stanford University）人類學教授，同時於1980年當選為美國國家科學院（National Academy of Sciences）院士，並於1983年擔任亞洲研究協會（Association for Asian Studies）主席。1990年起擔任加州大學戴維斯分校（University of California at Davis）的人類學教授，直到2005年80歲正式退休。2008年因癌症過世前不久，他還積極從事研究（Harrell，2009：453）。

　　施堅雅在中國及東南亞研究上的貢獻不可抹滅，可看出這種跨學科的研究方法帶給我們創新的研究視角，跨學科的理論運用同樣也可以體現在客家研究上，在研究客家聚落的同時，不應只將焦點著重於單一聚落，也應將經濟、社會、文化活動範圍擴大到城市、區域、與國家等較為宏觀的社會結構體系上去分析。

　　以上介紹了施堅雅的學術生涯與研究貢獻，本文先將他在泰國華人社會的研究觀點納入討論，提及他對泰國研究的貢獻，此時的研究是以討論整體華人為主，可窺探當時他是如何描述華人的移民經驗，以及泰國華人社會的發展歷程。

三、關於施堅雅的泰國華人研究論點

　　施堅雅的泰國華人研究著作，包括1956年的《泰國華人社會：歷史的分析》（*Chinese Society in Thailand: A Analytical History*）、1958年的《泰國華人社會中的領袖地位與權力》（*Leadership and power in the Chinese community of Thailand*）以及1957年〈泰國政治的華人同化〉（Chinese Assimilation in Thailand Politics）、1973年的〈華人文化的變遷與持續：泰國與爪哇的比較〉（Change and Persistence in Chinese Culture Overseas: A Comparison of Thailand and Java）等文，本節會依序簡述主要論點，但把重點放在最著名的《泰國的華人社會：歷史的分析》（*Chinese Society in Thailand: A Analytical History*）一書上。尤其這一巨作風靡了美國漢學界，他以泰國華人為例，提出著名的「同化」模式，影響了數代華人研究的學者，到了1970年以後，多元文化的思潮興起，他的論點雖引起許多的批評與質疑，但他對泰國華人的歷史考察之深入，仍難以超越。

　　當時的研究動機，以施堅雅的學術生涯來看，他於1949年前往中國四川，1950年因內戰被趕出中國，而後順勢轉往泰國研究華人社群，他在此書的序言中提到，因為西方殖民主義在東南亞終結，他注意到華人在泰國社會演變與經濟發展上扮演重要角色，為理解和分析泰國歷史，必須重視泰國華人社群，因此，他希望可以透過此書來改變泰國歷史著作中對華人社會漠視，並為理解當前華人角色提供背景（施堅雅，2009：1）。

　　在研究方法上，施堅雅認為這是一本非傳統的歷史書籍，因為他並不只作歷史文獻紀錄的敘述，甚至以足夠的實地考察，透

過人類學式的田野調查方法進行社會科學的分析，起初爲了調查泰國「華人問題」的起因，後來卻發展成更廣泛的研究，施堅雅彌補了當代泰國研究中缺少的華人社會的全面性描述（施堅雅，2009：1）。

　　他於本書前半部分提及華人與泰國有深厚的歷史淵源，早在16世紀便有華人成功同化成爲泰人，後期的泰國華人（指19世紀中至20世紀中），由於泰國菁英的地位、通婚狀態及國家的同化政策，都不斷鼓勵華人同化至泰國社會中。17世紀時，華人便能迅速適應皇家貿易壟斷制度，加上華人都是最有經驗的航海家，只有他們能與大部分的中國口岸接觸，所以曾被泰國皇室認爲是最好的代理人、商人和航海家，並任命了數十名華人擔任高級職務官（施堅雅，2009：11），成功融入進泰國貴族階層。卻克里王朝的前幾任國王也都鼓勵華人入境，目的是爲了皇室貿易，華人提供了生產出口產品所需的農業人力，以及提供貿易、裝運、航海等技術，華人因此享有當時暹羅庶民得不到的自由，華商不僅擁有許多皇室貿易專利，更加掌握了暹羅的商業、工業、礦業及薪資勞動等方面，即使在1855年鮑林條約（Bowring Treaty）後爲西方人開啓了自由貿易市場，出口專利權也被廢除，但西方人還是競爭不過華人，華人反而取得鴉片、賭博、彩票和酒的捐稅承包權。而這四樣承包稅提供了國家總收入的一半，華人壟斷了暹羅主要的貿易市場，在暹羅取得更廣泛與堅強的經濟地位（施堅雅，2009：128）。

　　暹羅無論是在文化、經濟、政策上，都對華人採取友善的態度，19世紀尤其自拉瑪三世統治開始，拉廊（Ranong）、宋卡（Songkhla）、那空是貪瑪叻（Nakhon Si Thammarat）和尖竹汶

（Chanthaburi）等府的拉惹（Rajahs 意即土王）都是華人，普吉府的「鑾・拉惹・甲必丹」也是華人。在拉瑪五世統治期間，北大年、卓莫（Tomo）、董里、宋卡、拉廊、克拉（Kra）、弄旋和北欖（Paknam）各地先後有華人拉惹或封疆大臣，例如宋卡府的吳讓家族、拉廊府的許泗章家族（施堅雅，2009：159-160）。作者舉了19世紀華人成為皇家貿易代理人、提供勞動力以及成為暹羅菁英階級的例子，再再強調了他的論述：「在暹羅的整個歷史中，一直以來都是暹羅在促使華人融入暹羅社會」（Skinner，1957：250）。

本書的後半部分，作者將重點放在對當代泰國華人社會的描述，說明20世紀華人移入泰國的狀況後，接著從1910年以來，「華人」成為「問題」的泰國官方政策開始討論。1910年是暹羅華人社會的一個轉折點，對華人友好的拉瑪五世駕崩，繼位的拉瑪六世是民族主義、反華的倡議者，這一年曼谷也發生了失敗的華人大罷工，使華人問題真正顯現。拉瑪五世最後統治期間的財政改革，於1909年結束了華人三年只納一次人頭稅4.25銖的規定，在華人激烈的反對下，各祕密會社領袖計畫在6月1日舉行罷工，因為華人企業與服務業的停擺，使大米和食物缺乏且漲價，商業與航運業也都癱瘓，造成泰國社會相當大的不便，使泰人對華人的偏見更加深，華人陷於非常不利的位子。

泰皇拉瑪六世於1910年即位，他在位期間致力於推動同化政策，1911年頒布「歸化條例」，1913年4月頒布「國籍法」，與1909年的《中國國籍法》強調血統主義原則一樣，規定「凡父為泰人者，不管其出生於泰國或國外，皆成為泰人」，此法律也要求，「凡於泰國出生，即被認定為泰國人」，企圖將華人同

化為泰人。1911年中國民族主義革命的成功，促使華人民族主義增長而產生了重要的結果，如加強與祖國的聯繫、創辦中文報紙和華人學校、增加華人在泰國國內的政治活動等，華人社會開始對中國特徵和國籍有了一種新的認識（施堅雅，2009：170）。此時期泰國皇室將包稅權廢除，想要擺脫華人在經濟大權上的掌控，而華人內部也結束了為取得專利權而引起的鬥爭，加上罷工的失敗、暹羅警察與軍隊的現代化，祕密會社開始走向衰落，取而代之的是合法的會館或同鄉會。祕密會社的衰落與現代中國教育的傳入，增加了語言群體會館的重要性（施堅雅，2009：180），施堅雅把這個現象解釋為是華人社會組織從地下活動轉向合法、從分裂轉向團結、從非正式轉向正式組織的過程。華人民族主義興起，20世紀初各個會館紛紛成立，正是整個華人社會第一次如此明顯地劃分出各語系集團的界線（施堅雅，2009：176-180）。

　　第二次世界大戰結束後，1950年左右是排華和反共情緒高漲的時期。泰國政府推行了「經濟泰化」的行動，頒布一連串政策保護泰人參加更多國家產業經濟，目的是擺脫華人對泰國經濟的支配。在教育思想方面，教育部實施一系列的措施力圖泰化華校課程和管理，造成華校大量關閉，成功抑制了華文教育，結論提到，雖然泰國政府在二戰後對華人政策一直搖擺不定，但始終是贊成同化，並且發揮了決定性的影響，從歷史的全貌來斷定，泰國政府把華人移民完全同化並成為泰國的忠實公民的日子會提早到來（施堅雅，2009：370-371）。

　　對於同化理論的佐證，他也在〈泰國政治的華人同化〉（Chinese Assimilation in Thailand Politics）文中，再次重申泰國

華人完全同化到泰國社會的觀點，認爲泰國華人於19世紀前便已順利同化入泰國社會，而未來也會完全同化。他引用Gutzlaff的說法：「華人非常渴望適應暹羅族的壞習慣」。這邊指的是華人相當適應暹羅人的佛教信仰與儀式，施堅雅舉了華人適應暹羅宗教的例子，例如以暹人的崇拜型式共同崇拜「三寶」佛廟，使三寶公變成當地華人主要的神靈之一，或是祭拜暹羅人的「叻勉」（*lak-mueang*），將其神移入新廟，與暹人在同一個廟裡祭拜同一個神（施堅雅，2009：139-140）。19世紀的華人甚至放棄土葬死者或立紀念碑的習慣，與暹人一同執行火葬，並將大部分骨灰埋在泰國佛寺附近。

在〈華人文化的變遷與持續：泰國與爪哇的比較〉（Change and Persistence in Chinese Culture Overseas: A Comparison of Thailand and Java）文中，施堅雅比較了泰國與印尼爪哇兩地的華人，發現相較於泰國華人的成功同化，爪哇華人則仍保持華人身分認同，爪哇華人可以上溯到十二代的祖先；反之，泰國華人很難到第四代，新移民到第二、三代就被同化，宗教、有無殖民政府統治等都是影響同化的因素。

施堅雅對泰華社會發展的分析相當透徹，許多後代學者多將他的華人研究觀點歸類爲「完全同化的研究途徑」，隨後也提出了不同的觀點，例如R. J. Coughlin（1960）於*Double Identity: The Chinese in Modern Thailand*書中提出雙重認同的觀點，再到華人研究學者王賡武（1994）認爲東南亞華人皆具有多重認同（multiple identities），以及Tong Chee Kiong（唐志強）與Chan Kwok Bun（陳國賁）在其主編的*Alternate Identities: The Chinese of Contemporary Thailand*論文，都是針對施堅雅的同化理論重新

反思與修正，學界對於這部分討論甚多，但本文將討論的是施堅雅華人論述下的客家族群特色。

四、泰國華人研究中的「客家」移民

在1956年的《泰國華人社會：歷史的分析》中，施堅雅便清楚說明他對泰國華人社群的分類認知，此時的研究尚以「華人」爲研究主體，他認爲泰國華人中最主要且最普遍的分類，就是「語言群體」的分類，在泰國有五個群體最爲重要（施堅雅，2009：37），分別爲潮州人、客家人、福建人、廣東人及海南人，這種並非強調族群意識，而是單純地以語言區分華人內部，是施堅雅最早對泰國華人的區分方式，其實在「Ethnicity」一詞尚未被提出之前，大部分的西方學者都是以「講客話的那群人」作爲區辨客家群體的概念，更別說著重於描述客家「族群性」了，施堅雅也不例外。不過他在1950年代開始的泰國研究中仍對客家人有許多描述，包括其移民歷程、遷移路徑、人口分布、職業性質等，其中也包含泰國政府對客家社團組織的態度變化以及客家組織在其他華人組織之間的權力分配，本節將整理與爬梳施堅雅對泰國客家移民的分析，了解在他眼中1950年代的泰國客家人。

18世紀中葉以前，福建人最早來到泰國進行貿易，緊隨其後的是廣東人，這兩種語言群體一直佔據優勢，華人成爲大城王朝中的菁英貴族階級，到了19世紀，福建人的地位開始受到潮州人的挑戰，吞武里王朝鄭信本身是潮州人，在湄南河（Chao Phya）東岸建立華人貿易中心，帶動了首都曼谷的經濟發展

（Skinner，1958：4-5），此時的潮州人在華人人口中的比重有了驚人的提高，海南人和客家人數量也有大幅提升，除了鄭信王鼓勵潮州人移入泰國之外，華南各港口的興衰和移民交通的改變是主要的因素。透過探討暹羅 19 世紀航運形式的改變，他說明了急遽改變暹羅華人各語言群體力量對比的發展經過，原先 18 世紀中葉以前福建人和廣東人在南洋移民中佔優勢，但到了 19 世紀末期，除了暹羅南部外，福建人和廣東人分別退居第四和第五位。因爲方帆裝置大船的應用，以及 1860 年代定期輪船航行於香港與華南三個主要港口——廣州、汕頭和廈門之間，此時的客家人大量自汕頭港移民泰國，甚至香港、遠及新加坡和檳榔嶼。加上 1882 年初，一家新設的英國公司——曼谷客運輪船公司開始創辦定期航班，從汕頭直接到曼谷並經過香港回到汕頭，這是華人暹羅移民史上最重要的事情之一，也改變了華人語言群體的人口比例（施堅雅，2009：49）。

　　施堅雅提到 19 世紀由於職業專業化（由行會和祕密社團嚴格劃分），語言群體中存在嚴重的社會地位差別，潮州人控制了大部分較高的社會經濟地位，客家人和海南人幾乎沒有在上層階級職業中。客家人多是小商人、小工匠（銀匠、皮革工人、裁縫）、體力勞動者、小販和理髮師，海南人的職業是手工鋸木匠、市場蔬菜種植者、漁民、家務僕人、茶店經營者，以及少數的「苦力」礦工和小販等，他們是各語言群體中最貧困者，社會地位總體較低。因此菁英階級中的鬥爭，只有潮州、廣東和福建人，其結果是 19 世紀潮州人犧牲了其他語言群體，自己卻穩步增長，這個鬥爭不僅爲了控制最有利可圖的貿易，也爲了爭奪泰國政府所分配的經濟利益（Skinner，1958：5-7）。作者在 19 世

紀末的人口估算，全泰國華人的比例應是潮州人佔40%、海南人佔18%、客家人與福建人各佔16%，而廣東人佔9%（施堅雅，2009：58）。

施堅雅針對客家人在泰國的貢獻，提到1892年的泰國鐵路與幾條幹線的建築，沒有華工是不可能建成的，受雇的「苦力」大多是新移入的潮州人和客家人，有些是專門為了築鐵路而從汕頭來，而大部分的技術工人都是廣東人，華工被認為是「能忍耐和有能力」的人，在建設鐵道露宿的流離生活，完成勞動契約滿期後仍定居在泰國，到1909年，鐵路從曼谷向周圍各方向延伸入泰國北部、東北部、東南部和西南部，這種貢獻也歸功於華人「苦力」隊伍（施堅雅，2009：122-123）。

1910年代是泰國華人歷史的一個轉折點，國共內戰引起的事件、華人民族主義興起、華人創辦第一批中文報紙和華人學校、建立新型的華人社團、取消包稅專利權導致祕密社會的衰弱，都顯示著泰國華人社會新時代的開始，華人在此時開始對原鄉祖國加強聯繫，並對其中國特徵與國籍有了一個新的認識（施堅雅，2009：166-170）。華人的社會組織由分裂轉向團結，1910年後開始組成合法的同鄉會及語言群體，而語言群體協會通常稱為「會館」（hui-kuan），致力於促進和保護華人社會中每個語言群體特殊利益，例如各自保護會員在職業上的利益、幫助新移民的謀職與定居、建立家鄉特有的神廟、及建立公墓與同鄉人的集會場所等（Skinner，1958：23），施堅雅認為透過會館的成立次序，恰好可以看出與各語言群體的勢力與財力成反比，曼谷第一個語言群體形成的社團，是廣東人於1877年建立的廣肇會館、海南會館約在1900年成立，幾年後福建會館跟著

成立，客屬會館於1909年成立。第一個潮州會館則是在第一次世界大戰後很久才成立的，因爲較弱小的語言群體較早感到需要組織會館來保衛自家人（施堅雅，2009：178）。

在《泰國華人社會中的領袖地位與權力》（*Leadership and power in the Chinese community of Thailand*）一書中，有別於之前，施堅雅開始將語言群體分爲七個，他增加了台灣組織和講普通話的組織，並強調只有在客家組織才以「語言」成爲會員資格要求，也注意到了「客家」的特殊性，其他組織則是以原鄉、地域性的區分，只有客家是以語言區辨（Skinner，1958：23）。

華人社會第一間華校是由五個語言群體共同發起的「新民學校」，但只以潮州語授課，因此很快的各個語言群體都設立了自己的學校，用自己的方言教學，客屬會館於1913年創立進德學校，廣肇會館於1914年創立明德學校，福建會館於1916年創立培元學校，第一間海南人的「育民學校」直到1921年才建立起來，施堅雅則認爲應該注意華校成立的次序與語言群體的勢力與財力成正比（施堅雅，2009：180）。不過此時期最重要的華人組織有兩個，分別爲「天華醫院」和「中華總商會」，從這兩個組織的領導成員變化也可以看出語言群體的勢力增長情形，可以被選爲商會領袖的人高比例是在泰國政治與經濟領域中具有聲望及財富的佼佼者，中華總商會也一直致力於在其領導人中按比例代表各個語言群體。

從1946-1953年選舉產生委員會的分析（四個任期兩年）顯示，潮州人佔了61%，客家人佔12.5%，廣東人佔10%，海南人佔8%，福建人佔3.4%，其他講普通話以及台灣人則是1%，實際上，在華人總人口中，與語言群體的人數比例相當接近。業務

方面，在商會擔任高級職務的領導人當然更經常在工業，大米和航運方面擁有重大利益（Skinner，1958：111）。而天華醫院仍然嚴格按照跨語言群體組織，根據其章程，每個語言群體必須在董事會中以指定的人數代表：潮州人八名，客家人三名，海南人、廣東人、福建人各兩名，以及台灣人一名，但出於效率考量，主席必須在五個主要的語言群體中輪換，而財務主管必須是潮州人（Skinner，1958：113-114）。從此便可看出曼谷地區各語言群體的領導勢力與強弱關係。

施堅雅的泰國華人社群研究是以曼谷地區為討論中心，但他是將整個華人社群視為研究主體，而非專為客家族群，對於全暹羅華人在人口數統計與推估上，他實際走訪泰國各地調查，蒐集了華南各港口移民出口資料、各屬會館會員與職員人數、五個會館公墓埋葬人數、華文報紙或地方刊物及報導人意見，並做了較準確的推估，1955年華人總數為2,315,000人，潮州人佔56%，客家人佔16%，海南人佔12%，廣東人佔7%，福建人佔7%，其他佔2%，而客家人則是隨著鐵路及公路的建設，具有人數優勢大量佔據的地區為北部的難府（Nan）、清萊府（Chiang Rai）、帕府（Phrae）、南邦府（Lampang）以及南部的宋卡府。

從施堅雅早期的泰國華人研究中，他將客家人歸納為華人社群中的其中一個語言群體，發現客家是所有語言群體中唯一不是用原鄉祖籍地區辨，而是用特殊語言來作為群體界定的基礎，並根據泰國社會的政治與經濟發展史來推測客家人的移民數量、分布狀況、職業類別與各語言群體間的權力關係，但本文認為他著重觀察的要素大多是「這群講客話的人」的明顯「文化特徵」，

這與1980年代以後台灣學者以族群概念研究「客家族群」的觀點不同，就像人類學者Fredrik Barth認為傳統定義人群的方式會讓我們過度注意成員內部的「靜態文化特質」，或許會忽略族群邊界或族群差異維持是「動態社會過程」的結果，必須注意「社會互動」、「社會位置」與「族群性」，在施堅雅從事泰國華人研究的時期尚未有族群概念的形成，再加上當時泰國華人集體認同的形塑過程中，其對應的「他者」指的是泰國人及在地文化，華人認同大過於客家認同，強烈的客家自我意識並未出現，施堅雅所做的研究當然是以較顯著的「文化特質」為主。

五、施堅雅對「客家研究」的貢獻

近代客家研究開始於1930年代羅香林撰寫的《客家研究導論》，他最早建構了當代定義「客家」的論述，以及提出客家人源自中原、為北方漢人血統純正，因為遷徙至華南一代，而被當地住民稱為「客家」，以族譜調查歸納出客家人五次遷徙路徑（羅香林，1992：64-65）。羅氏以血統論定義客家，為的是反駁客家人血統非漢的歧視言論，但1980年代強調「族群」意識概念的興起，客家研究學者開始大量運用族群理論，著重因族群互動關係而產生自我意識與文化，澳洲華裔學者梁肇庭就是其中一個，而梁氏就是運用施堅雅的區域系統理論來論證客家源流與客家文化的形成過程。施堅雅萬萬沒想到當年他在中國四川研究時所提出的區域系統理論，會深深影響當代客家研究。做為延伸與開端，他對客家研究學者梁肇庭的啟發不小，梁氏引用了施堅雅的區域系統理論探討客家源流，並討論客家族群性與移民議

題。

　　首先，梁氏在1982年發表了〈客家歷史新探〉一文於《中國社會經濟史研究》的創刊號，引用了Fredrik Barth的族群邊界概念，認為經濟蕭條、科舉競爭、與其他族群團體的互動爭奪，都是客家意識浮現的原因，但若要回答客家人如何及何時成為獨特的族群團體，必須先回答兩個問題，第一，他們是在什麼時候發展出自己的社會、文化和價值觀？第二，這些閩粵贛邊區的開拓者又是在什麼情境下和其他漢人發生聯繫並成為自覺的族群團體（梁肇庭，1982：101-102）？施堅雅所提出的區域系統研究法讓梁氏順利回答了這兩個問題。施堅雅的論點提醒梁肇庭應將人類活動視為多層結構、空間有區域性、時間有週期性，相對的，客家移民流動、客家族群與其他周邊群體的衝突、族群意識自覺的出現，也可以用區域發展週期來解釋。梁氏將其概念進一步套用在東南沿海地區與嶺南地區，提出閩粵贛三省交界為「客家中心地」，並使用Barth的族群邊界理論，試圖在客家研究中擴大與補充區域週期理論的缺失，施堅雅對此予以肯定，並接著為梁肇庭在1998年出版的 *Migration and ethnicity in Chinese history: Hakka, Pengmin, and their neighbors*[2] 專書中撰寫導論，稱其研究為「大膽的立論、新穎的結論、有遠見的學術史視野」，還為此書繪製了所有地圖，以示支持。

　　施堅雅認為梁肇庭適當地將經濟循環週期發展理論運用在客家研究上，展示了此理論的微妙之處，其中最明顯的發現，就是中國東南部的每一個主要語言群體都佔據的一個宏觀區域（macroregionl）或其次區域（subregional）的核心地帶，例如廣府語群佔據嶺南的區域核心、贛語群佔據江西的區域核心、湘語群佔

據長江中游湘江次區域的核心，而在中國中南部的所有主要文化—語言群體中，只有客家人沒有只屬於他們自己的巨大流域（梁肇庭，2015：3）。梁肇庭透過區域發展週期與時空背景推算出客家人的「醞釀期」（incubation），他們完成了對山區生活的適應過程，客家文化就在此時正式形成。客家人向外遷徙與土客衝突的發生時間也都與周邊區域經濟繁榮或蕭條有關，周邊某個區域的經濟增長時，客家人便向該區移動，若該區經濟停滯，便造成土客械鬥，進而促進族群動員，客家人的族群性就是在族群競爭中而被凸顯出來的（梁肇庭，2015：5）。

施堅雅甚至注意到梁肇庭所沒有分析到的客家特點，例如客家腹地人口增長保持在很高的水平，才能維繫大規模的人口輸出。他推測客家人雖居住偏遠鄉村邊緣地區但人口死亡率低，因為人口密度不高，不利於病菌傳播，居住環境也比周邊低地區的鄰居們好，且刀耕火種的農業區因勞動力需求，生育率相較之下也高出許多。客家人還有另一個特點，就是性別平等制度，客家婦女的地位比其他族群的婦女地位都高，殺死女嬰的現象很少發生，總之，客家地區人口增長率特別高，因此積極推動了16世紀開始的向外移民浪潮（梁肇庭，2015：6-7）。

施堅雅在中國四川研究所發展出的區域經濟循環週期理論，對客家研究取徑造成了直接的影響，雖然他過去並不從事客家研究，也未針對客家源流及客家文化的形成作過論述，但他的論點對後代學者在研究客家遷徙路徑與客家族群性上提供了引導與創見，讓梁氏結合了族群理論與區域發展說，並使用了區域經濟史學的研究方法，對客家研究提出了新的貢獻與研究途徑。

六、結論

　　美國人類學家施堅雅最廣爲人知的貢獻是他提出了獨特的理論模式，按照模型推算出市場中心地，以及更大規模的區域所包含的複雜社會結構，將中國的村莊在經濟上與社會上高度結合於更大的貿易體系，雖然不能將中國的例子完全套用在其他國家上，但他憑藉詳實的歷史資料，採用歷史學和經濟學、地理學等理論相結合的方法，剖析了中國的傳統社會，重視其宏觀區域內部的活動與變遷。

　　施堅雅在東南亞華人研究中，以泰國華人社群爲研究對象，透過蒐集數據及田野資料觀察泰國曼谷地區的華人與在地社會的互動關係，他所提出的同化理論造成廣大的討論及迴響，後來在東南亞華人研究上更廣泛被運用，即便許多後代學者對此理論進行批判與修正，進而提出雙重認同或多重認同觀點，但也不可抹滅他對華人研究途徑之貢獻。雖然施堅雅在華人研究中並非把「客家」視爲研究主體，而是將其視爲「其中一個語言群體」，更遑論他帶著客家意識進行研究，他仍將五大語言群體的移民經驗與人口分布分析清楚，而他認爲20世紀中的客家人在泰國華人社群的勢力與人數僅次於最多的潮州人，從曼谷華人社團組織的成立順序便可證明，數量上最弱的語系集團會最先成立，而數量最多且勢力最龐大的潮州人，最後才成立，其順序是廣肇會館、海南會館、福建會館、客屬會館，最後才是潮州會館。施堅雅認爲泰國華人各個語言集團的權力由於合法會館組織的成立有了新的發展階段，加上泰國社會接連不斷向華人施壓的過程，原本同化於泰國社會的華人群體才開始凝聚，例如中華總商會的成

立，他認爲，直到這個時候才眞正形成了所謂的「華人社會」。

　　施堅雅在1950年代以華人爲研究主體，但到了1980年代之後，「族群」概念逐漸成熟，他也從輕描淡寫轉變爲認眞看待「客家」這個族群，從他爲梁肇庭的《中國歷史上的移民與族群性——客家、棚民及其鄰居們》寫序與繪製地圖就可以知道他開始注意到客家族群的文化獨特性，梁氏引用了他在中國四川研究中所提出的區域經濟循環週期說，將此理論套用在閩粵贛交界處的「客家中心地」，讓梁氏發現若周邊區域經濟繁榮，客家人則向外遷移，若經濟蕭條，則發生土客械鬥，進而促進族群動員、提升族群意識、形成客家族群性。施堅雅的區域經濟學說對客家研究提供了新的研究取徑，也運用自己的專長GIS技術替本書描繪了19世紀中國行政區劃及其自然地理概況的所有地圖，以便讀者了解客家遷移路徑與居住區域，使梁肇庭的客家論述可以更加清晰呈現，施堅雅在「客家研究」上的貢獻與啓發確實無法忽視。

註釋

1　此稱呼根據學生Donald R. DeGlopper對施堅雅教授的評論，於2010年所發表的論文標題：“The Anthropologist without a Village: Reflections on the Work of G. W. Skinner”《台灣人類學刊》8 (1)：15-26，2010。

2　中譯本名爲《中國歷史上的移民與族群性——客家、棚民及其鄰居們》，於2015年出版繁體中文版。

參考文獻

王賡武，1994，《中國與海外華人》。香港：商務印書館。

劉招成，2009，《美國中國學研究——以施堅雅模式社會科學化取向爲中心的考察》。上海：上海人民出版社。

梁肇庭著，蒂姆・賴特編，王東、孫業山譯，2015，《中國歷史上的移民與族群性——客家、棚民及其鄰居們》。台北：南天書局。

羅香林，1992，《客家研究導論》。台北：南天書局。

Coughlin, R. J., 1960, *Double Identity: The Chinese in Modern Thailand*. Hong Kong: Hong Kong University Press.

DeGlopper, Donald R., 2010, "The Anthropologist without a Village: Reflections on he Work of G. W. Skinner." 《台灣人類學刊》8 (1)：15-26。

Hammel, E. A., 2009, *George William skinner 1925-2008*. National Academy of Sciences. Washington, D.C.

Harrell, Stevan, 2009, "G. William Skinner, 1925-2008." *The China Quarterly* No. 198: 453-458.

Skinner, G. William（施堅雅）著，史建云、徐秀麗譯，1998，《中國農村的市場和社會結構》。北京：中國社會科學出版社。

——，葉光庭等譯，2000，《中華帝國晚期的城市》。北京：中華書局。

——，許華、王雲翔譯，2009，《泰國華人社會的歷史分析》。廈門：廈門大學出版社。

Skinner, G. William, 1957, "Chinese Assimilation in Thailand Politics." *The Journal of Asian Studies* 16 (2): 237-250.

——, 1958, *Leadership and power in the Chinese community of Thailand*. Ithaca, Y., Cornell University.

———, 1973, "Change and Persistence in Chinese Culture Overseas: A Comparison of Thailand and Java." Pp. 339-415 in *Southeast Asia: The Politics of National Integration,* edited by John T. McAlister. New York: Random House.

Tong, Chee-Kiong and Chan, Kwok-Bun, ed., 2001, *Alternate Identities: The Chinese of Contemporary Thailand*. Singapore: Times Academic Press.

第 11 章
找尋越南客家：兼評阮玉詩的客家研究

張書銘

摘要

　　東南亞華人社群可以說是海外華人研究中，獲取檔案文獻、經驗資料與理論建構極其重要的研究課題與取材途徑。其中有關越南華人的研究相對缺乏，以致於有關越南客家的文獻記載，僅能從東南亞華人與越南華人的相關著作裡找尋蛛絲馬跡。越南客家只能說是華人研究的註腳而非單一的研究課題，此為越南客家研究難以進行的原因之一。

　　困難之二，在於越南客家族群的界定。由於近代越南的戰爭衝突頻繁與政權更迭交替，使得「越南客家」的內涵與概念因為「遷移」而不斷擴充。越南客家人數不多卻十分複雜，族群的界定甚至涉及其他少數民族的討論，如㑎族與儂族；如此複雜的語言文化和身分認同，是造成越南客家研究困難之二。

　　從事當代越南客家研究，可能遭遇文獻資料不足以及客家族群界定的兩個難題時，可以借鏡越南學者阮玉詩對同奈省邊和市寶龍區所進行的田野調查研究方法。阮玉詩指出當地客家人由傳統祖師信仰融合轉化為天后信仰的深層意義（內祖外聖），其認

為這與客家身分認同向主流文化過渡有關，寶龍客家人犧牲了客家村莊原來傳統信仰之名譽，目的在獲得其他華人社群的認可。這樣的研究發現其實挑戰了以羅香林為代表的客家自我意識理論觀點，使我們對於越南客家研究議題有了不同於以往的認識。

關鍵詞：越南、華人、客家、阮玉詩

一、越南華人議題的研究限制

　　東南亞華人社群可以說是海外華人研究（Overseas Chinese Studies）中，獲取檔案文獻、經驗資料與理論建構極其重要的研究課題與取材途徑；其中，又以新加坡、馬來西亞、印尼和泰國等地華人社群較為人熟知。與其他國家和地區相比，越南華人（Người Hoa／ethnic Chinese）的研究相對缺乏，更遑論越南客家族群的相關研究。[1]

　　1975年南北越統一之後，越南在劇烈的政治經濟變化下，華人族群所面臨的衝擊雖然引起學者們的關注，但實際上華人的經濟處境與波折迄今仍未有太多深入研究。再者，由於越南當地的社會科學研究者受馬列社會主義思想影響，研究觀點有所侷限，未能對華人實際所處的經濟社會情況有一全面的瞭解，特別是華人在族群政策方面的適應和融入過程。尤其是70年代末期至90年代，因為美越戰爭結束與隨之而來的國際冷戰局勢，促使與越南相關的研究主題多數集中在政治外交領域，外界難以一窺當時越南經濟社會的真實情況。加上，各地圖書館和研究中心關於此一時期有關越南華人的參考文獻和研究資料付之闕如，亦增加了研究當代華人議題的困難度（Tran，1993：4-7）。

　　1970年代末期，越南華人族群議題更因為與中國的軍事外交衝突而具有高度敏感性。1977年，越南政府將大批居住在越南邊境的華僑與華人驅離回中國，人數高達二十餘萬（褚廷福，2014：181）；1979年與中國發生邊界戰爭，促使約三十萬華人離開了越南，這使得1980年代境內華人的處境更加艱困（Stern，1988；Nguyen，2013）。對完成國家統一不久後的越

南政府來說，他們擔心的是中國利用南部的華人逼迫越南遵行其政策，當時的華人問題可以說是對國家主權的挑戰，而非單純的內政事務。爾後在越南的民族政策中，曾針對法國殖民以來某些曾經協助敵對勢力破壞國家團結的特定族群（如華人／*Hoa*、占族／*Cham*、高棉族／*Khmer*、赫蒙族／*H'Mông*）實施限制政策（Vuong，2016）。例如：1983年，越南共產黨政治局通過的第14號法案表明：「禁止華人參與商業、交通、出版、文化事業、資訊和學校經營」；顯然地，該法案妨礙與限制了越南華人的經濟社會活動，也對華人融入越南社會造成影響。

直至1986年底革新（*Đổi mới*）政策的實施之前，政府對越南華人政策也有所調整，部長會議主席（Chairman of Ministerial Council）於該年10月通過了第256號指令：旨在確認華人爲越南公民與越南人擁有相同權利和義務；而恢復華人教育文化推動最力的是地方政府（省和市）（Tran，1997：277）。從1987年始，爲加強對華人工作，越共中央民運部設立了華人工作委員會，在省、市級設立華人工作處，郡、坊級設立華人工作組，專門負責組織和聯繫華人事務。如胡志明市華人工作處是華人事務的專責機關，在越南的少數民族政策中，華人是唯一有類似的專責機構來負責管理，可見華人族群的特別地位（褚廷福，2014：181-182）；但從另一方面說，這也凸顯華人事務始終是受到政府高度關注的敏感議題。

無論如何，1986年的革新政策爲越南帶來了國家體制的轉型，在開放市場經濟的同時也勢必放寬對華人的各種限制，過去這些限制主要是集中在從軍、參政、經商和教育等，如今因爲革新政策逐步恢復華人作爲越南公民應有的權利和義務。1995年

越南共產黨中央書記處頒布第62號指令：「關於在新形勢下加強華人工作」，重新肯定華人對越南經濟、教育文化和社會事業的貢獻，這些都對華人的經濟活動和教育文化提供有利的政策與條件，也因此當代華人議題與相關研究才逐漸受到國際與本地學者的重視。

二、越南華人文獻中的客家線索

由於政策需求與研究旨趣，東南亞華人處境一度曾是中華民國政府僑務政策下的一環，甚至於1949年中國國民黨遷台後基於反共意識形態而受到國民黨政府的關注。當時許多具有官方色彩的僑務機構和海外組織相繼投入東南亞各國華人的時勢分析研究，雖大多為介紹與描述性的文字，[2]卻也留下1950-1970年代具有價值的越南華人研究資料。

在既有越南華人文獻資料中，「崇正會館」應該是最具體的客家意象，這樣的研究議題與途徑也是在華人研究框架下展開的。越南最早的客幫社團可能是成立於1870年的群賓會館（位於目前胡志明市舊邑郡）（林開忠，2013：114）。1906年起，法國殖民越南時期，為便利管理華人仍採用分幫制度，依據根源地或方言，初劃分為廣肇、福建、潮州、海南四幫，後又增加客家，合為五幫；各設幫公所由幫民公推正副幫長各一人，負責一切自治事務。當時計有七府五幫和明鄉之組織，分別建有會館及廟宇。法國殖民時期，規定南圻（*Nam Kỳ*；南越地區）華人必須編入其所屬之幫戶口中（受顧於西人種植公司的華工除外），各幫公所負責傳達政府政令、徵集稅款、調解糾紛與代本幫民申

請各種許可證。例如西貢各幫公所內設有辦事處，專門代替移民局徵繳僑民出入境稅和身稅。二次大戰後，1948年法國廢除幫制改爲中華理事會館，各幫長即爲中華理事會館理事長（Purcell，1966：293-294；華僑志編纂委員會，1958：131-132；郭壽華，1970：145-146）。

至1960年代，越南國境內（北越的越南民主共和國除外）中華理事會組織中有「客幫」參與者爲數眾多，中部及高原部分有：平順（藩切）、宣德（大叻）、寧順（藩朗）、得樂（邦美蜀）、慶和（芽莊）、峴港、廣南（會安）；首都區：西貢和堤岸；南部則有：嘉定、福綏（巴地和頭頓）、邊和、平陽（土龍木）、西寧、隆安（新安）、定祥（美拖和鵝貢）、建和（檳知）、永隆、沙瀝、永平（茶榮）、豐盈（芹苴）等地，其中客幫多自主運作管理客幫公產與幫民（郭壽華，1966：176-177）。

廣肇、潮州、福建、客家和海南五幫，唯客家幫包含來自中國華北、華東各省的華僑在內，其會館組織亦然；也就是說，客家幫民並非完全都是客家人。據1936年統計，越南全境華僑廣肇籍者佔50%、潮州客家及海南者佔30%、福建籍者佔20%。若僅以堤岸市區來說，以1950年法文印支經濟月報所載〈堤岸華僑經濟生活概觀〉一文，1949年估計堤岸華僑爲四十萬人，其籍貫分配爲：廣肇者佔41.12%、潮州者佔36.9%、福建者佔7.8%、客家者佔10.6%、海南者佔3.4%（華僑志編纂委員會，1958：51）；據此推估當時堤岸客家幫民約有四萬兩千餘人，其中成年男性約佔61%、成年女性30%、15歲以下兒童9%（張文和，1956：42-43）。

早期越南客家人經由汕頭而來，大多數是墾植者和工人，也有的是工匠與商人（首要為茶商）。1937年，法國殖民時期合法居留的華僑，約有五分之四以上居住於南越（堤岸、西貢、峴港），其餘則住在北越（海防、河內、南定）；另據法國海外部估計1947年越南的華人（含合法居留的華僑和越生華人）數量約在八十五萬。1960年代的北越（越南民主共和國）華人資料根本無從得知，在1960年的人口普查中有關群族的分類資料，只知約有三萬名華僑集中在河內和海防；另在北越政權公布資料中曾提及在芒街地區，有一人數眾多以農漁為生的客家人屯墾區（settlement of Hakkas）（Purcell，1966：284-295）。

　　此處所指的屯墾區客家人應是所謂的「海寧儂人」，Purcell特別指出此區華人多講客家話。[3]在越南政府1979年所訂定的各民族組成列表中指出全國共有五十四個民族，[4]少數民族儂族（Người Nùng）為獨立的一支並不屬於漢語系統或被歸為華人。[5]而海寧儂人與少數民族儂人並無太大干係，海寧儂人在語言與文化上應屬客家人的觀點，近年也獲許多學者的關注和討論。[6]

　　另有一支偼族（Người Ngái）也稱為山偼（Sán Ngái）僅千餘人，依照越南學者的陳述很有可能即為客家人，由於偼族人進入越南時間不一且分散於越南境內各地，所遭遇鄰近族群也不盡相同，因此可能有不同的族群稱呼，例如：偼族人也稱客家人（Hắc Cá / Khách Gia）、疍人（Đản）、黎人（Lê）（Dang et al.，2016：236；蔣為文，2017：502）。根據Purcell的說法，我們可以區分南北越客家人之間的差異，居住於南越西貢和堤岸地區的客家人，乃是經由汕頭走海路而來；而在北越芒街地區（北寧〔海寧〕），以農漁為生的客家人則是以陸路屯墾為主要

遷移方式。

另外，越南南部客家人常被稱做「夏人」（*Người Hẹ*），意指華夏人（吳靜宜，2010：II-VII；蔣為文，2019：224；Phan，2019：246），至於確切的說法起源已不可考。客家幫公所的組成非常特別，起初因客家人數少無法成幫，先是加入潮州幫。而潮州人較富有多經營旅店和米業，客家人較貧窮多作苦力，雙方時有勞資糾紛甚至大打出手，最嚴重時還會回中國僑鄉搬救兵。最後雙方和解潮客分幫，客家人成立崇正會，所有不屬四幫方言者（如華北、華東、廣西等中國僑民）都加入崇正會，因而客家幫的語言是多元的（華僑志編纂委員會，1958：51；Yip，2013；Phan，2019：246）；也就是說，西堤客家幫的幫民組成並非全然都是客家人。

1955年，根據《日內瓦協定》所形成南北越分治，則為境內華僑與華人帶來一波遷徙潮。當時法國殖民政府透過保大帝（*Vua Bảo Đại*）與越南國（*Quốc gia Việt Nam*）暫時控制北緯17度以南地區，但規定1956年需舉行全國普選，組成共同政府重新統一國家。在1954年10月11日之前三百天的期限內，允許越南南北兩方之間自由通行，直到國際監督委員會關閉邊境。在此期間，估計約有八十五萬人遷徙到南方（Maclear，1981：53-54）。在此期間，因畏於自身資產階級或天主教徒等背景而自北越南下之九十萬人中，約有數千華人在內（Purcell，1966：362；許文堂，2016：6）；另一說則有約80萬人南遷，其中有四萬五千名華人（Goscha，2018：355）。

依據越南客家耆老提供的資料記載，當時北越沿海及中越交界的欽州、廉州、防城、東興、南寧等地華人邊民約二十萬餘都

隨之南撤。另在胡璉所著《出使越南記》中，也曾提到由北南撤有一百多萬人，其中有近二十萬的儂族，其餘多爲華人。這些被越南人視爲少數民族的儂族，實際上講華語、用華文，風俗習慣完全和廣東、廣西省的南部人一樣，故曰「儂華」（胡璉，1979：136-142）。另一說則是這群曾與法軍並肩作戰的儂族軍隊，因政治立場不同於越南共產黨，人數大約有兩萬名進入南方（Goscha，2018：356）。

這些華人大多從海防乘船往南遷，因此這批南遷華人也被西貢堤岸華人稱爲「海防人」，此處所指並非眞正出身源於海防，而是指從海防南遷而來。這些南遷華人獲南越政權安置西貢近郊，即自由村、新自由村、決勝村、富平寨、中庸村等，這些地方都在胡志明市管轄內。以及胡志明市周邊的同奈省繼交、寶含、潼操、春祿、保平、春保、春長、平祿、定館等，平順省潼毛（現北平縣海寧社），林同省保祿、夷靈、從義等地方。其中半數講廣府（白話）、半數講涯（客家），講涯話多半是廣東博羅、龍川的移民（Yip，2013）。另外海寧儂人近三成撤往南越，這批人與中國國民黨或有關係，其中約有五千人隨黃亞生（*Vòng A Sáng*）[7] 遷往中越藩切（現平順省）潼毛墾荒重建，其他儂人則移入西貢等地（清風，1996：3），另有部分隨阮樂化神父駐在最南方金甌省的海燕特區（蘇玉珍，2013）。

三、阮玉詩的客家研究

前文對「越南客家」概念的聚焦，主要是以第二次世界大戰後華人會館組織與內部遷徙作爲敘述背景，企圖重新找尋當代越

南客家的線索以利於進一步認識越南客家。然而近年來，越南學者阮玉詩（NGUYỄN Thơ Ngọc）對南部地區同奈省（Đồng Nai）的客家族群宗教信仰進行了人類學的田野調查研究方法，使我們對於越南客家研究議題有了不同於以往的認識。

阮玉詩爲越南胡志明市人文社會科學國家大學（University of Social Science and Humanities, Vietnam National University-Ho Chi Minh City，簡稱USSH, VNU-HCM）東亞文化研究中心教授，同時也是哈佛大學燕京學社訪問學人（2007.9-2008.12和2017.8-2018.5），研究專長爲人類學與文化研究，[8] 他也曾數度到訪台灣與學術界進行交流訪問。以下將具體介紹阮玉詩有關越南客家的三篇著作：（1）〈越南邊和市寶龍區客家人的身分與整合：從三祖師崇拜到天后崇拜〉，2014、（2）〈「內祖外聖」──越南客家人社區身分認同與融合之道：以同奈省邊和市龍寶區爲研究對象〉，2018、（3）"Hakka identity and religious transformation in South Vietnam"，2020。

阮玉詩認爲客家人很早就定居於越南同奈省邊和市寶龍區（Bửu Long, Biên Hòa, Đồng Nai），根據越南正史《大南寔錄》及鄭懷德《嘉定城通志》記載，約在明末鄭氏王朝降清滅亡之際，鄭成功的舊屬高雷廉總兵陳上川與龍門總兵楊彥迪等人於1679年率兵三千餘人投靠當時越南的阮氏政權（蔣爲文，2018：38）。《嘉定城通志》亦指出，華人各幫（泉州、漳州、潮州、肇慶、廣州、瓊州、梅州）共同開發同奈河上的小島，開街立鋪建立大舖洲（Cù lao Phố）[9] 並建立「七府古廟」（關帝廟），其中梅州人（包括梅縣、大埔、惠陽客家人）自稱崇正人自立一組。當舖島城因戰亂而破敗時，廣東人移往西貢，福建、

潮州、海南人移居湄公河三角洲，客家人則是沿著同奈河逆行，選擇寶龍山區爲謀生地。

　　起源於廣東梅縣的客家人，大部分分布於湄公河流域地區，主要以經營藥草店或雜貨店爲生。惠陽客家人不走湄公河，他們沿同奈河上溯到石材豐富的寶龍山區定居，承襲惠陽石材生產之傳統。此地區水路和公路並行，交通便利，鄰近邊和市和胡志明市等大城市有益於市場營銷，使得客家人很快地安居樂業於此。由於跨族通婚，當前寶龍區客家人數難以確切統計，粗估人數約一千二百名左右，[10] 但在寶龍區第四與第五街道小區，有80-90%是客家人。現代客家人大部分都以講越南話爲主，少數人會講北京話、客家話或廣東話，當地客家人姓氏最多的屬張，其次爲李、黃、古等姓氏。1975年後，有些越南人效法客家人從事石材行業，但還是以客家人所經營店鋪較爲出色；當邊和市關帝廟、天后宮建立或重修的時候，寶龍區的客家人亦積極提供石材與人力協助整建廟宇。

　　同奈省邊和市寶龍區的客家人爲了族群的維持與發展，從廣東惠陽移植了手工藝傳統，隨後的客家人移民也遷移到寶龍區，跟早年移居此地的客家族群共同謀生。以手工藝見長創建村莊以來，客家人延續傳統且供奉工藝業祖師；但是到了20世紀初，原先名爲「先師祖廟」的傳統信仰中心改名爲「天后古廟」，該廟宇所有對外宣傳的話語，都把天后聖母當作主軸。每三週年一次，從農曆六月十日至十三日以天后聖母之名舉辦大型的素齋節（最近一次舉辦爲2019年）；然而六月十三日爲木工業祖師魯班聖誕，[11] 天后誕辰則爲農曆三月二十三日。因此，阮玉詩認爲素齋節慶典的深層意義本是爲了供奉三祖師而非天后聖母，該信

仰的內容與實踐禮儀之間有所落差，這隱藏的意義與公開的話語之間存在的巨大差異，阮玉詩稱之爲「內祖外聖」。

因此，阮玉詩對寶龍區客家人的研究問題集中在以下幾個面向：爲什麼客家人把三百年歷史的三祖師崇拜改成天后信仰？其「僞裝正統」（Pseudo-orthopraxy）轉型如何發生？由於「僞裝」揭示了信仰內容和禮儀形式的差異，這對華人、越南人之間以及與更迭的地方政權到底有何關係？從這些研究問題出發，分析寶龍客家民俗信仰禮儀轉型的原因與變遷機制，從而論述越南客家文化演進的過程和理論思考。

阮玉詩長期在同奈省邊和市寶龍區地區進行田野調查，他在三篇文章中所進行的論述與理論對話，引用 *Modern China* 期刊（2007年，第33卷第1期）專號「中國的儀式、文化標準化與正統行爲：重探華森的觀點」（Ritual, Cultural Standardization, and Orthopraxy in China: Reconsidering James L. Watson's Ideas）中 Donald S. Sutton、James L. Watson 和 Michael Szonyi 等人的研究觀點，這幾位作者均藉由討論信仰和儀式的標準化，來理解中國文化整合的研究問題。他在標準化的概念上進一步闡述，除了國家主導自上而下的標準化進程之外，仍必須考慮地方菁英以自發的角色爲中心所做出自下而上的回應；也就是國家滲透能力之外，還有地方社會傳統的多元性必須納入思考。因此，在某種程度上，標準化風潮只是官方文書上的宣稱，社區的主張與聲音不僅僅是地方菁英的自言自語（Szonyi，2002），這一文化整合過程是由許多各式各樣的團體所共同推動和互動構築形成的（Katz，2007：74）。

阮玉詩詮釋寶龍客家人由祖師信仰融合轉化爲天后信仰的深

層意義，他認為這與客家身分認同向主流文化過渡有關。從而對客家民俗傳統信仰的轉型提出了一個基本的假設：寶龍區客家人的「信仰偽裝」現象，即遷徙歷史、生計模式、身分認同、文化遺產等結構因素相互影響下的產物。雖然說華人族群在傳統信仰方面，幾乎都維持各地方特有的祖先神明崇拜現象，不過其中天后（媽祖）與關聖帝君（關公）是全體華人共同信仰的神明。同奈省邊和市寶龍區客家人一開始並不崇拜天后與關公，而是供奉自己的三位祖師——石業主公伍丁、木業主公魯班、鐵業主公尉遲恭。此傳統使得寶龍客家人與其他華人社群保持著距離，因為在其他華人的眼中客家人顯得與眾不同，其祖師信仰顯示未標準化的色彩（未曾受歷朝皇帝的敕封）。

Szonyi（1997、2007）曾對民間神明轉化的概念提出疑問，他指出神明的名稱可能有所改變，但在拜祭的形式上以及神明與信眾的關係間，原來的傳統——即禮儀標準化之前的行為——仍然會延續下來。他進一步指出所謂的「標準化」是社會不同成員相互競爭下的表徵，歷史學者需要對這種現象作出歷史的解釋，他使用「偽標準化」（pseudo-standardization）一詞來區別於真正的「標準化」，簡言之，他對真偽標準化的區別，必須從標準化的言行是否一致去理解與認識的。

阮玉詩即是採用了「偽標準化」的概念，他提到20世紀前手工藝產業帶給客家人比其他華人社群更高的經濟地位而成為「少數精英社群」，客家也始終維持自身民族認同意識，並且與其他華人社群維持著一種距離，客家人的這種過度自信導致了後來發生於堤岸的潮客械鬥與分家。另一個源於當時社會結構的因素是，20世紀初其他華人社群（廣東、福建和潮州人）因種植

稻米的國際貿易發達而日漸強大，客家人的經濟地位遂由盛轉衰；這種經濟地位的落差，形成推動客家人走向信仰文化轉變的原因之一。在傳統信仰基礎上，客家人決定走向標準化，爲傳統社群「覆蓋」上華人正統文化價值體系，其次是與其他華人社群進行文化融合。客家人利用帶有地方情感而根植下來的文化遺產來展開文化轉型，爲了得到其他華人社群的認可，他們犧牲了客家村莊原來傳統信仰之名譽。這明確反映著東亞地區歷史上典型的禮儀標準化過程，也就是少數群體爲了適應主流社會與文化必須做出變化。

　　寶龍客家的「信仰僞裝」特徵，其實與東南亞其他地區客家人的新興本土信仰現象很不一樣，像是西加里曼丹的羅芳伯、砂拉越古晉的劉善邦和西馬的仙師爺信仰等。以仙師爺信仰爲例，仙師爺盛明利是客家族群在馬來西亞的英雄，盛明利後來被神格化成爲仙師爺，不僅屬於馬來西亞客家的在地神信仰，後來更受當地廣大華人所共同信仰。以盛明利爲祭祀對象的仙師爺信仰宮廟，隨著客家（惠州）籍礦工的遷移而分布西馬各地，多達20餘座（張維安，2017）。盛明利本身就是甲必丹，是受英國殖民政府認可的華僑領袖，而仙師爺信仰的奠基者葉亞來也是盛明利的繼承者，兩人皆爲客家人同時也是會黨（海山黨）首領（李業霖，2009）。除了馬來西亞仙師爺信仰的官方地位不同於越南寶龍的三祖師信仰之外；其次，張維安（2017）認爲信仰之於地方社會可以扮演整合、驅動或支配的功能，仙師爺乃西馬在地新興的信仰現象，相較於觀音、媽祖、關帝等傳統信仰，具有更大的社會張力；這也是兩者很不一樣之處，否則寶龍客家不會走上僞裝信仰一途。另外，兩地客家在當地華人族群中的文化優勢與

否，也可能是各自走向「新興」與「偽裝」的不同原因。越南寶龍的三祖師信仰在維持三百年後，卻因爲當地客家與其他華人社群產生經濟落差，不得不走向信仰文化轉型，透過標準化的天后與關帝信仰，逐步走向融合越南社會。

對寶龍區客家人而言，由於經濟活動與社會壓力的影響，客家人把傳統的祖師崇拜轉型成爲有利於跨族群融合的天后信仰，其方式主要是在原來的祖師崇拜基礎上覆蓋了天后聖母的象徵話語。三祖師傳統廟會對外名稱改成天后聖母慶典，但是「天后古廟」祭祀空間的正殿所供奉的神像還是三祖師並非天后，天后與關帝神龕則被安排在正殿左右兩旁。阮玉詩將之稱爲「內祖外聖」，意指轉型之後雖然發揚天后信仰，但傳統的祖師信仰並沒有因此捨棄或改變。此客家信仰轉型目的有二：一是促進不同華人社群的融合，二爲構建與維持客家人特色；此舉爲當地客家信仰文化與經濟社會帶來正面積極的影響，普遍受到客家族群領袖和知識分子所推崇。

綜觀阮玉詩的三篇文章中均表示寶龍區客家人源於17世紀陳上川拓墾時期，雖然曾提及隨後的客家人移民也遷移至此，跟早年移居的客家族群共同謀生（阮玉詩，2018：139），但僅一語帶過。三篇文章皆未處理1955年因《日內瓦協定》所形成的南北越分治，以及1976年後南北越統一國家所採取的計畫經濟（新經濟區）與中越邊界戰爭對華人所造成的遷徙壓力。特別是1955年從北部廣寧南撤的華人邊民就約有二十萬，其中很多是來自兩廣欽州、廉州、防城、東興、南寧的客家人，這群人被稱爲欽廉客家。根據越南官方資料，緊鄰同奈河的邊和口岸即爲當時客家人南遷登陸的碼頭，多數人後來遷至平陽省土龍木（*Thủ*

Dầu Một, Bình Dương）一帶，再逐漸向西貢和堤岸遷移，最後散居南部各省（Yip，2013）。1954-1955年間大規模的南遷，受到以美國爲首的軍事支援派出軍艦協助南撤，美方稱之爲「自由之路行動」（Operation Passage to Freedom），當時西貢近郊與同奈省邊和均設置了許多臨時難民收容所，也就是前文所稱的「村」和「寨」（Frankum，2007：149）。這些非出身當地的客家族群應有相當部分居留下來，可惜阮玉詩並未討論這一重要的遷移過程，以及與當地早期移居至此客家族群的互動過程，這是日後可以持續觀察與深入討論的研究課題。

四、代結語：持續建構中的越南客家

如前文所述，因爲當代越南華人議題的研究限制，以致於有關越南客家的文獻記載，僅能從東南亞華人與越南華人的相關著作裡找尋蛛絲馬跡，越南客家只能說是華人研究的註腳而非單一的研究課題。再加上，1975年後越南共產黨對華人實施限制政策，禁止華人參與商業、交通、出版、文化事業、資訊和學校經營，對華人融入越南社會造成極大影響。直到1980年代中期，大多數有經濟資源與能力的越南華人，都想盡辦法前往海外避難，這也包括客家人。在1976-1979年越南與中國發生邊界戰爭時，當時華人處於一種恐慌壓迫的心理狀態，[12] 幾乎都將未送走的中文文件、書籍、紀錄或資料設法毀去；未處理的也都繳交政府。這也是許多越南客家研究者請求提供當地客家菁英、社團或其他有助瞭解客家族群的資料時，卻無從取得的原因所在（蕭新煌等，2005：210）。此爲越南客家研究難以進行的原因之一。

困難之二，在於越南客家族群的界定。關於越南華人人口成長率之劇烈變化，[13] 可能華族與儂族、偍族、山由等文化相通族群之邊界流動有關；戰後的越南華人不只遊走於國家疆界（指國籍選擇），亦可能遊走於民族間的邊界（指族群認同）。儂族和偍族雖被越南政府視爲非華人的少數民族，但從許多文獻資料初步來看，儂族、偍族與客家族群關係密切。許文堂指出如果將歷年人口調查數字做一比對，可以發現華人劇減而儂族、山由族人口皆爲增加，比較特別是一般認爲屬於客家人的偍族，在1999年突增因而顯得2009年銳減；或許可以作爲這幾支「泛華人」族裔相互流動的可能證據（許文堂，2016）。

此研究困難之二，也發生在同爲越南華人的研究者身上，即使是身爲越南華人也無法區辨華人、儂族、偍族與客家之間的關係。林喜珍（2015）以三個南部華人社群爲田野地區，分別是胡志明市（廣東）、同奈省（客家）、西南省分（潮州）。在她的同奈省定館縣（*Định Quán*）七位受訪者中，其中有五名爲華族偍人，這樣族群類型在現實中確實可能存在。依照她分類的依據，乃是以越南身分證（*CHỨNG MINH NHÂN DÂN*）上的「民族」（*Dân tộc*）欄位作爲區分，只要欄位顯示爲「華」（*Hoa*）就符合其研究對象的資格。另外，她也標示出受訪者的籍貫（*Quê quán*），分別有：廣、潮、偍、客。「廣」即爲廣東、「潮」即爲潮州，這二者的華人籍貫載明是正確的，筆者曾於田野時看過此類記載也看過海南與福建，但就是獨缺客家；筆者依田野經驗推論身分證上「偍」、「客」的籍貫載明是不太可能存在的。林喜珍（2015）也提及同奈省的華族、儂族、偍族、華儂等族群之間的文化和語言存在重疊與相似的部分，有待學術進一

步的討論。她也發現定館縣華人身分證上雖然載明華族，但是私底下仍會清楚區分自己屬於華族㑷人、海防客家人、廣東人等。

越南的客家、儂族、㑷族之間的關係也引起日本學者的關注，由於越南華人社會的主流語言是廣府話，越南客家與其他方言群華人交流時也會使用廣府話，因此很難判斷其客家身分。而㑷族與華族客家之間的客家話仍存有細微差異，另外一些居住在南部胡志明市的儂族人，其交流語言是廣府話，但是對於自己的身分認同則是出現客家人、廣府人、儂族的差異（芹澤知広，2009；吳雲霞、河合洋尚，2018：62-63）。

筆者曾經訪問一位居住於同奈省定館縣（*Định Quán*）自稱㑷系客家人，其身分證「民族」欄位確實為「華」，但籍貫卻載明胡志明市，據其所稱父親原本住在西貢（胡志明市舊稱），後來搬到定館，她雖出生於定館，但籍貫仍是以父親為據。又在同奈邊和訪問一位客家人，在他身分證上籍貫欄位載明「廣寧」（*Quảng Ninh*），據他自述父親來自中國廣西防城，父親在很久以前就從廣寧南下移居到現在的地方。此處所指的廣寧，其實就是指海寧或北寧，只是因為不同政權或不同時期的行政區劃而有不同的名稱，這些居住在同奈省講客家話的㑷人或是胡志明市外圍地區的儂人，極有可能是指1954-1955年南遷的海寧儂人。當時南撤人數眾說紛紜，其中北越沿海及中國邊民欽州、廉州、防城、東興、南寧的華人，差不多二十萬人南撤，大都是從海防上船，所以南方人稱之為「海防人」；其中半數講廣府，半數講涯（Yip，2013）。這群欽廉客家進入越南的路徑主要是陸路，從中越邊境走路過去，而其他越南南方的華僑（包括客家）主要是從海路到越南的。其次，欽廉客家說的越南語帶有明顯的越南北

方口音，海防市在法屬時期是越南北部重點港口城市，很多人認為那是海防口音，因而稱這樣的客家叫「海防客」（吳雲霞、河合洋尚，2018：64）。

由於近代越南的戰爭衝突頻繁與政權更迭交替，使得「越南客家」的內涵與概念透過「遷移」而不斷擴充。客家人數不多卻十分複雜，客家的界定甚至涉及許多少數民族，或屯墾性質的客家人群（如倈族和儂族的討論）（蕭新煌、張翰璧、張維安，2020：256）。如此複雜的語言文化和身分認同，是造成越南客家研究困難之二。

然近年來，越南學者阮玉詩對南部地區同奈省的客家族群宗教信仰進行了人類學的田野調查研究方法，使我們對於越南客家研究議題有了不同於以往的認識，也帶給我們一些啟發。在從事當代越南客家研究，可能遭遇到文獻資料不足以及客家族群界定的兩個難題時，我們可以師法阮玉詩實際從事客家研究時所採取的民族誌（ethnography）研究方法，從經驗性的第一手田野資料中去建構與發展理論。透過實地的田野調查與深度訪談進而累積研究資料，直接進入議題現象與研究問題，如此才能為客家研究累積經驗資料進一步與理論對話。

關於越南客家族群的界定問題，目前雖然仍未有定論與共識，而阮玉詩對同奈省邊和寶龍區客家信仰的研究，不同於以往囿於胡志明市（西貢堤岸）客家會館的華人研究，為越南客家研究提供了新的研究資料與不同的比較基礎。寶龍客家的偽裝信仰現象在客家文化中是極具獨特性與新穎的，因為早期的客家研究認為，客家時常在移居地與當地人發生衝突摩擦產生社會競爭，這使得客家比其他族群確立了更為明確的自我意識，此以羅香林

爲代表的客家研究就是立足於客家這種強烈的自我意識之上。但是這種以客家自我意識爲典型的研究，往往忽略了「自我意識」以及與他者邊界意識會因時、因地、因場合而有不同的可變性（瀨川昌久，2013：4）。我們從阮玉詩的研究中得知，寶龍客家人所採取的僞裝信仰文化轉型，犧牲了客家村莊原來傳統信仰之名譽，其目的在獲得其他華人社群的認可，這樣的研究發現其實挑戰了客家自我意識的理論觀點，更值得未來海外客家研究繼續關注。

最後，張翰璧（2013：1-10）指出客家研究中比較方法途徑的重要性，因爲除了理解與比較各居住地客家人的生活文化之外，也必須以此基礎進一步勾勒出客家的整體圖像。由於東南亞地區各國的政治、宗教、經濟、語言、文化和族群都存在非常大的差異，各國家地區客家人與主流社會的互動經驗、歷史記憶與族群文化都迥然不同。再者，客家族群向來與移民遷徙的意象有關，出於同源卻分居各地的客家族群之間的文化異同問題究竟是如何產生的；她認爲要回答此問題，則需要將不同類型的移民過程帶回到個別地理範圍與社會脈絡中分析。

當代越南客家的遷移過程，很可能是距今所發生最晚近的大規模客家遷徙潮，其主要原因肇始於 1954 年的《日內瓦協定》，也就是國際戰爭下的產物。它的遷移動力可能有別於以往，如果可以掌握當代越南客家的遷移特徵，或許可以與客家研究的理論觀點進行對話。進而言之，客家的遷移過程很有可能是區辨客家性異同問題的關鍵，而這也是越南客家研究可以進一步著墨與深究之處。

註釋

1　越南文「*Dân tộc*」相對應的漢字即爲「民族」，而在中央民族委員會（*Ủy ban Dân tộc*）的官方網站中，英文則是使用「ethnic group」，而中文習慣使用族群。本文圍於越文使用習慣，在指稱越南的少數民族或華人族群時，「民族」會與「族群」一詞互用。

2　這些書籍大多是由中華民國政府僑務委員會、外交部或國民黨組織所支持出版，例如：《越南華僑國籍問題研究》（台北：海外出版社，1956）、《越南、高棉、寮國華僑經濟》（台北：海外出版社，1956）、《華僑志：越南》（台北：華僑志編纂委員會，1958）、《越南華僑史話》（台北：海外文庫出版社，1958）、《越南華僑教育》（台北：華僑教育叢書編輯委員會，1961）、《越南通鑑》（台北：幼獅書店，1961）、《越南華僑與華裔》（台北：海外出版社，1970）、《越南華僑史話》（台北：黎明文化，1975）等。

3　黃宗鼎（2006：32-34）指出二次大戰結束之初，不少華人基於中國戰勝國身分以及法方回越在即，而紛向中國駐越外館請領華籍，其中即有爲數不少的「儂人」。據當時外交部所示，儂人因向法國殖民政府繳納較爲低廉之越人身稅，遂被視作越籍。待中國軍隊交防於法軍後，法國北越當局乃迫使儂人藉領取「儂紙」之身分證明，或沒收其「華僑證明書」等手段，使得儂人正式脫離中國國籍，而成爲法屬印度支那之「亞洲歸化人」。陳天水（2013）則認爲越南北部的海寧華人，原是中國廣西東興一帶的客家人，其祖輩爲了生活等各種原因，逐漸遷移至越南廣寧省的芒街、下居、潭河、先安等地定居，絕大多數是種田爲生的農民。事實上，他們是越南與中國邊界地區的一種移居性邊民，他們與一般飄洋過海到海外去謀生的華僑是有差別的。其次，他們移居越南歷史長遠，在法國殖民者統治時期，法國人從來都不把這些華人看作中國僑民，而把他們當作少數民族——儂族——但他們自稱爲「偃人」（即倱人）。另外，中國學者清風〔向大有〕

（1996）指出，1979年越南政府公布「越南各民族成分名稱的決定」正式承認五十四族，並將海寧地區儂（艾〔倕〕）統稱華族。不過，有關此段海寧儂人族群名稱的變遷過程，迄今仍未有任何官方文獻資料可供參考。

4　*Theo Quyết định số 121/TCTK-PPCĐ ngày 02/3/1979 của Tổng cục trưởng Tổng cục Thống kê*，http://tongdieutradanso.vn/uploads/data/6/files/files/Danh%20muc%20dan%20toc%20TDT%202019_update.docx，2019/11/02。

5　越南境內漢藏語系的漢語支系在民族認定上分爲華族（*Hoa*）、倕族（*Ngái*）、山由族（*Sán Dìu*）三族，其中華人（*Hoa*）其實是複數族群的概念，主要包含來自中國講廣東話、潮州話、福建話、海南話、客家話等族群（蔣爲文，2017：499-501）。

6　例如日本《アジア・アフリカ地域研究》（*Asian and African Area Studies*）曾於2018年第17期第2卷出版專號「The Ngái in Vietnam：The History, Religion, and Ethnicity of the Minority People of Hakka Origin」，專文討論海寧儂人的族群文化和遷移歷史，這些文章分別是：河合洋尚，〈越境集団としてのンガイ人 ベトナム漢族をめぐる一考察〉（"The Ngai People as a Trans-border Ethnic Group：Reconsidering the Han Ethnic Groups in Vietnam"）、芹澤知 ，〈ヌン族の華人の祀る神 中国・ベトナム・オーストラリアの 地調査から〉（"The Gods Worshiped by the Hoa Nung: An Exploration in China, Vietnam, and Australia"）、伊藤正子，〈ベトナムの「華人」政策と北部農村に住むガイの現代史〉（"'We Are Not the Hoa'：Vietnamese State Policies towards the 'Chinese' in Vietnam and the Modern History of the Ngai Living in Northern Rural Areas"）以及越南學者Nguy n Văn Chính，"Memories, Migration and the Ambiguity of Ethnic Identity：The Cases of Ngái, Nùng and Khách in Vietnam"。此外，還有Christopher Hutton（2000）"Cross-border Categories: Ethnic Chinese and the Sino-Vietnamese Border at Mong Cai."Pp.254-276, In *Where China meets*

Southeast Asia, edited by G. Evans, C. Hutton, and K.E. Kuah. Singapore：Institute of Southeast Asian Studies。台灣語言學者徐富美（2018）〈越南「艾族」與「華族中的艾人」〉，發表於「第13屆客家話國際學術研討會」（桃園：國立中央大學）與"The Identity and Ethnic Grouping of Ngai people in Vietnam from the Perspective of Critical Discourse Analysis"，發表於Malaysia International Conference on Foreign Languages (MICFL2018)：Foreign Language Studies in Tomorrow's Asia Pacific Region (Serdang: University Putra Malaysia)。

7 黃亞生上校爲客家人，曾在法國支持下成立海寧儂族自治區（*Khu tự trị Nùng*），爲1947-1954年間在今廣寧省北部存在的一個少數民族自治政權。1954年奠邊府戰役結束後，越南民主共和國統治北越，儂族自治區隨之解散。1955年，黃亞生將儂族第六小團和客三十二、六十七、七十一、七十二、七十五等小團合一成爲第六師團，又改成第四十一野戰師團，後又名第三野戰師團，最後於1955年正月第三野戰師團名稱爲第五陸軍師團，爲越南共和主力軍第五師團創立者。「黃亞生先生生平」，http://nungpeople.blogspot.com/2016/11/blog-post.html（取用日期：2019年12月2日）。

8 阮玉詩著有四本專書：*The symbol of dragons in East Asian cultures*（2016）、*The cult of Tian Hou（Mazu）in the Mekong River Delta, Vietnam*（2017）、*The Chinese Culture*（2017）、*The ethnic Chinese culture in Hoi An entrepôt, Vietnam*（2018）；目前正在進行*Take root wherever you land: the cultural transformation of ethnic Chinese in contemporary Vietnam*專書寫作計畫。

9 大舖洲（*Cù lao Phố*）位於今天的同奈省邊和市協和坊，越文*Cù lao Phố*意思即爲大市集島（因河流淤積所形成的沙洲），早期開發此地的華人即爲後來的明鄉人（*người Minh Hương*）。

10 阮玉詩關於寶龍區客家人數有兩說，1,200人出於〈「內祖外聖」——越南客家人社區身分認同與融合之道：以同奈省邊和市龍寶區爲研究對象〉（2018），另有500人之說出於"Hakka identity and religious

transformation in South Vietnam"（2020）。

11 民間以及道教宮觀一般以農曆六月十三作爲魯班仙師的聖誕，另外也有五月初七和臘月二十的說法。

12 在筆者的正式與非正式訪談經驗中，許多五十歲以上的華人受訪者都不約而同指出，1976-1980年代前期，是他們一生中感受到所謂的「排華」經驗最深刻的體認。

13 1989年，越南舉行第二次全國人口普查顯示，華人人數雖有增長，但主要仍是集中在南越地區。全越人口64,412,000人，華人總數爲961,702人，僅佔1.5%，主要集中在南方。整體而言，全越南的華人居住於城市的人口約佔75%，鄉村人口則佔25%。1999年，越南人口調查顯示華人數目不增反減，全國總共有862,371人，僅佔總人口數之1.1%（許文堂，2016：12-13）。

參考文獻

吳雲霞、河合洋尚，2018，〈越南艾人的田野考察分析：海寧客的跨境流動與族群意識〉。《八桂僑刊》4（2018.12）：61-71。

吳靜宜，2010，《越南華人遷移史與客家話的使用——以胡志明市為例》。桃園：國立中央大學客家語文研究所碩士論文。

李業霖，2009〔2006〕，〈葉亞來和仙四師爺宮〉。頁106-112，收錄於陳亞才編，《在吉隆坡，遇見葉亞來》。雪蘭莪：紀念甲必丹葉亞來聯合工委會、布咕數碼。

阮玉詩，2014，〈越南邊和市寶龍區客家人的身分與整合：從三祖師崇拜到天后崇拜〉。《人文研究期刊》12：33-45。

——，2018，〈「內祖外聖」——越南客家人社區身分認同與融合之道：以同奈省邊和市龍寶區為研究對象〉。《漢學研究集刊》26：135-156。

林喜珍，2015，《越南南部華人的文化適應與族群認同：以三個華人社群為例》。桃園：元智大學中國語文學系碩士論文。

林開忠，2013，〈從「客幫」到「客屬」：以胡志明市崇正會館為例〉。頁114-130，收錄於林開忠編，《客居他鄉——東南亞客家族群的生活與文化》。苗栗：客家委員會客家文化發展中心。

芹澤知広，2009，〈ベトナム・ホーチミン市のヌン族の華人〉。《フィールドプラス》2：6。

胡璉，1979，《出使越南記》。台北：中央日報社。

張文和，1956，《越南高棉寮國華僑經濟》。台北：海外出版社。

張維安，2017，〈從馬來西亞客家到華人的在地信仰：仙師爺盛明利〉。頁227-245，收錄於蕭新煌編，《台灣與東南亞客家認同的比較：延續、斷裂、重組與創新》。桃園：國立中央大學出版中心；台北：遠流出版公司。

張翰璧，2013，《東南亞客家及其族群產業》。桃園：國立中央大學出

版中心；台北：遠流出版公司。

清風，1996，〈儂族考〉。《八桂僑刊》3：1-6。

許文堂，2016，〈二次世界大戰以來北越華人社會之變貌〉。《亞太研究論壇》62：5-32。

郭壽華（編），1966，《越、寮、柬三國通鑑》。台北：郭壽華。

——（編），1970，《越南通鑑》。台北：幼獅書店。

陳天水，2013，〈北越之華僑華人（1954年至1975年）〉。悠悠南山下：https://blog.boxun.com/hero/201303/nanshanxia/1_1.shtml（取用日期：2019年10月2日）。

華僑志編纂委員會，1958，《華僑志：越南》。台北：華僑志編纂委員會。

黃宗鼎，2006，《第二次世界大戰後越南之華人政策（1945-2003）》。台北：國立政治大學中山人文社會科學研究所碩士論文。

褚廷福，2014，〈越南華人之公民地位（1986-2011）〉。頁173-199，收錄於陳鴻瑜編，《海外華人之公民地位與人權》。台北：華僑協會總會。

蔣為文，2017，〈越南少數民族族語分類及現況〉。頁497-522，收錄於蔣為文著，《越南魂：語言、文字與反霸權》。台南：亞細亞國際傳播。

——，2018，〈越南明鄉人陳上川生卒年考察〉。《亞太研究論壇》65：37-54。

——，2019，〈越南明鄉人與華人的文化認同差異〉。頁199-231，收錄於蔣為文編，《越南文化：從紅河到九龍江流域》（*Dòng Chảy Văn Hóa Việt Nam Từ Sông Hồng Đến Sông Cửu Long*）。台北：五南圖書。

蕭新煌、張維安、范振乾、林開忠、李美賢、張翰璧，2005，〈東南亞的客家會館：歷史與功能的探討〉。《亞太研究論壇》，第28期，頁185-219。

蕭新煌、張翰璧、張維安，2020，〈東南亞客家社團區域化的新方向〉。頁249-267，收錄於蕭新煌等編，《東南亞客家社團組織的網絡》。桃園：國立中央大學出版中心；台北：遠流出版公司。

瀨川昌久著，河合洋尚、姜娜譯、蔡文高校譯，2013〔1993〕，《客

家：華南漢族的族群性及其邊界性》。北京：社會科學文獻出版社。

蘇玉珍，2013，〈越南海燕特區的故事：風蕭蕭兮易水寒 壯士一去不復返〉。《僑協雜誌》142：55-60。

Dang, Nghiem Van, Chu, Thai Son and Luu, Hung, 2016, *Ethnic Minorities in Vietnam*. Hanoi：The Gioi Publishers.

Frankum, Ronald, 2007, *Operation Passage to Freedom: The United States Navy in Vietnam, 1954-55*. Lubbock, Texas: Texas Tech University Press.

Goscha, Christopher, 2018 (2016)，《越南：世界史的失語者》（*The Penguin History of Modern Vietnam*）（譚天譯）。台北：聯經出版公司。

Katz, Paul R., 2007, "Orthopraxy and Heteropraxy beyond the state – standardizing ritual in Chinese society." *Modern China*, Vol. 33-1: 72-90.

Maclear, Michael, 1981, *The Ten Thousand Day War: Vietnam, 1945-1975*. New York: St. Martin's Press.

Nguyen, Tho Ngoc, 2020, "Hakka identity and religious transformation in South Vietnam." *Asian Education and Development Studies*, Vol. 9 No. 1: 56-66. https://doi.org/10.1108/AEDS-01-2018-0019

Nguyen, Van Chinh, 2013, "Recent Chinese Migration to Vietnam." *Asian and Pacific migration journal* 22 (1)：7-30.

Phan, An（潘安）著，范玉翠薇譯，2019，〈越南南部華人的歷史文化〉（Lịch sử và văn hóa người Hoa Nam bộ Việt Nam）。頁233-253，收錄於蔣為文編，《越南文化：從紅河到九龍江流域》（*Dòng Chảy Văn Hóa Việt Nam Từ Sông Hồng Đến Sông Cửu Long*）。台北：五南圖書。

Purcell, Victor 著，郭湘章譯，1966，《東南亞之華僑》（*The Chinese in southeast Asia*）。台北：國立編譯館。

Stern, Lewis M., 1988, "The Vietnamese Communist Policy toward the Overseas Chinese, 1983-1986."*Asian Profile* 16 (2): 141-146.

Sutton, Donald S., 2007, "Death Rites and Chinese Culture: Standardization and Variation in Ming and Qing Times." *Modern China* 33 (1): 125-153.

——, 2007, "Ritual, Cultural Standardization, and Orthopraxy in China,

Reconsidering James L. Watson's Ideas." *Modern China* 33 (1): 3-21.

Szonyi, Michael, 2002, *Practicing Kinship: Lineage and Descent in Late Imperial China*. Stanford, CA: Stanford University Press.

——, 1997, "The Illusion of Standardizing the Gods, the Cult of the Five Emperors in Late Imperial China." *Journal of Asian Studies* 56 (1): 113-135.

——, 2007, "Making Claims about Standardization and Orthopraxy in Late Imperial China: Rituals and Cults in the Fuzhou Region in Light of Watson's Theories." *Modern China* 33 (1): 47-71.

Tran, Khanh, 1993, *The ethnic Chinese and economic development in Vietnam*. Singapore: Institute of Southeast Asian Studies.

——, 1997, "Ethnic Chinese in Vietnam and their Identity." Pp.267-292 in *Ethnic Chinese as Southeast Asians*, edited by Leo Suryadinata. Singapore: Institute of Southeast Asian Studies.

Vuong, Xuan Tinh, 2016, "Overview of Ethnic Minority Policies in Vietnam from 1980 to Date." *Vietnam Social Sciences* 1: 72-84.

Watson, James L., 1985, "Standardizing the Gods: The Promotion of T'ien-hou ('Empress of Heaven') along the South China Coast, 960-1960." Pp. 292-324 in *Popular Culture in Late Imperial China*, eds. David Johnson, Andrew Nathan, and Evelyn S. Rawski. Berkeley: University of California Press.

——, 1988, "Introduction: The Structure of Chinese Funerary Rites." Pp. 3-19 in *Death Ritual in Late Imperial and Modern China*, eds. James L. Watson and Evelyn S. Rawski. Berkeley: University of California Press.

——, 1993, "Rites or Beliefs? The Construction of a Unified Culture in Late Imperial China." Pp. 80-113 in *China's Quest for National Identity*, eds. Lowell Dittmer and Samuel S. Kim. Ithaca, NY: Cornell University Press.

——, 2007, "Orthopraxy Revisited." *Modern China* 33 (1): 154-158.

Yip, Hatu, 2013, 《越南客家人滄桑史》。未出版。

第 12 章
Ellen Oxfeld 的印度客家移民研究

吳錦棋

摘要

　　本文探討學者Ellen Oxfeld於1980年期間在印度東部加爾各答客家社區進行之田野調查。Oxfeld分析了加爾各答第一批來自廣東梅縣的客家移民，從遷移、及定居後在不同語言、種族、種姓制度與宗教等影響因素下，加爾各答客家社區成為明確族群聚居區空間。同時，因職業利基以皮革業起家，形塑出這個地區客家人特殊製革產業；亦在與其他各種族群間有所區別下，這區客家人保有對自己的身分持續認同，形成了社區聚落經濟模式。學者Oxfeld對印度社會結構與客家族群關係及族群經濟研究成果，對於台灣學者接續在該地區客家研究的確有一定之影響，更提供了台灣海外客家研究重要研究文獻及成果。

關鍵詞：Ellen Oxfeld、加爾各答、客家移民、族群經濟

一、前言

　　就全球海外客家人數分布而論，以地區來看東南亞所佔的比率超過85%，其餘地區如日本、南亞、西亞、非洲、大洋洲、美洲等全部客家人口數比率約不到15%（河合洋尚、張維安，2020：5-6）。[1] 本文將探討位於南亞的印度加爾各答（Kolkata）客家人社群，也因為移民至此地區的客家人數少和社會影響較邊緣性關係，這段印度華人移民史常被忽略，因此以印度客家為研究對象之相關文獻非常有限（Pan，2014）。然而，事實上客家人移民至印度已有相當時間，自19世紀開始，從中國廣州梅縣一帶已有客家族群遷徙至印度東部加爾各答，且時間長達二百多年；同時移民至此的客家人，在當地已形成客家人為主的華人聚居社群（潘美玲，2009）。

　　當這兼具「族群」與「移民」的客家族群與具有神祕色彩的印度加爾各答開始有了連結，客家人移入印度社會必受到當地、當時不同歷史文化脈絡、政治經濟發展等因素影響（張翰璧，2013）。這移民變遷過程所發展出在地的客家族群性、經濟與家庭親屬紐帶間結構，是一個非常值得我們探究其脈絡的場域。因此，本文將透過人類學者Ellen Oxfeld Basu（歐愛玲）[2] 印度客家研究，來分析印度客家移民社會結構與客家族群關係。

二、華人移民與印度客家人

（一）華人海外移民

　　根據史書記載，華人至印度的歷史約自二千年前，中國兩漢

時代，商人利用滇緬陸路進入印度，與印度進行貿易往來。中國也在研習佛法的驅動下，前往印度的佛教發源地進行文化交流，這些都是中印間重大歷史事實（Pan，2014：233）。雖然就地理環境上，中印位置陸上交通是隔著高山峻嶺，水路隔著中南半島，兩國間要交流是有其困難度的。

　　綜觀中國華人往外移動歷史，可從中國官方對於海上交通政策看起，從明朝（1368-1644年）至清朝（1644-1911年）時期因受到中國國內經濟和社會的變化，導致當時的海上政策，官方由原先保守「禁海令」轉而對國人向外遷移採取較務實而非管制態度。也因此，在國家利益與社會內在動力之間相互作用下，塑造中國之後五個世紀，移民流動重要的力量。同時，由於非洲奴隸制度在19世紀前葉西歐國家相繼廢除，在全球勞力迫切需求下，逐漸由中國和印度廉價勞工所取代，都是讓華人人口產生移動的影響因素。另外，在政治因素方面，1842年香港因《南京條約》的簽訂成為英國殖民地後，來自汕頭的潮州人與客家人，也經由香港前往東南亞、北美等勞力集中地（孔復禮，2019：11-30）。具體而言，19世紀移居環印度洋的客家人，主要是來自於廣東東部的梅州[3]（河合洋尚、張維安，2020）。

　　然而，至1780年代海運開通後，因為海路的便捷性，透過香港至印度並非困難之事。再者，1772至1911年近一百四十年間加爾各答為英屬印度的首都，同時在經濟面，因為英國對於中國茶葉與絲的需求，及鴉片走私等情形下，因貨物流通，華人向海外移動頻繁，此時開啟了一條中國與印度間的海上絲路，也造就中國與南亞印度的區域連結（潘美玲，2009：3）。

（二）印度客家移民的出現

移居印度的華人主要聚居在西孟加拉省（West Bengal）的加爾各答地區，有關華人何時在印度出現？Oxfeld（1993：72-73）根據英國皇家檔案館報告顯示，第一位到印度加爾各答定居的華人是1778年來自廣東的楊大釗（Acchi），楊大釗向英國總督租土地開糖廠，並招募華人擔任勞動力種植甘蔗，楊大釗應該是史料有記載的第一位在印度的華人。同時，潘美玲（2020：4）依據《華僑志總志》內容，亦提出楊大釗為第一位在印度出現之華人。

在印度加爾各答的華人不全是客家人，依方言及祖籍地，大約分為客家人、湖北人和廣東人定居在此。同時在職業也可分為三個群體，這裡的華人可見到廣東人主要為從事木匠，其次相較下人數較少的湖北人，主要行業是從事牙醫（鑲牙）業；而人數最多的是從廣東梅縣移居到印度落葉生根的客家人，除經營鞋店、美髮和餐館外，「皮革業」是他們在加爾各答從事最多的行業。潘美玲（2020：3）根據《印度錫蘭華僑經濟》分析旅居印度人口籍貫，以廣東省籍佔了80%，其中43%來自梅縣，四邑有30%。另外潘再談到《印度華僑誌》資料中，顯示印度華人主要集中在加爾各答。

Oxfeld更指出客家人是印度加爾各答三個華人群體中（客家人、湖北人和廣東人），人數最多的一個族群，她分析：加爾各答有二所為客家學生開設的中文學校（如培梅 Pei Mei School 中文學校），再者，住在加爾各答的湖北與廣東人經常用客家話進行交談，反之較少有客家人學習湖北和廣東話；最後從客家人從事的皮革企業數量（1980年約有300家），也明顯確立了作為客

家人重要職業之地位及人數（Oxfeld，1993：3），以上爲Ox-
feld從加爾各答就學情形、語言及職業別所描述的現象。

（三）印度華人人口變遷

那麼二百多年來在加爾各答華人人口數變遷情形又是如何？
Oxfeld透過印度官方資料，調查1837至1971年間當地華人人口
數量變化情形。首先，根據加爾各答警察局人口調查報告資料，
瞭解1837年最早紀錄華人人口只有362人。後續人口數量隨著變
遷逐年增加（參考附錄）。

然而，在1962年，中國與印度發生了邊界戰爭，造成了華
人在印度命運的轉變，華人銀行、學校、商店紛紛關閉，從
1961至1971年間，華人數量在全印度約剩下二萬多。也因1962
年中印關係交惡關係，印度政府強制驅離，使加爾各答華人人身
自由與發展機會受到限制，中國移民都被邊緣化及遭受排斥，迫
使他們陸續離開印度往其他第三地區如台灣、香港、美國及加拿
大等地移動。整個加爾各答華人社區面臨嚴重人口流失現象，因
此戰爭係華人人口在印度減少重要關鍵因素之一（潘美玲，
2009：10-11、2020：1-2；Severin kuok，2015：59）。

三、印度客家研究

只要談到70年代後研究印度客家人的學者，必定會提到美
國人類學家Ellen Oxfeld Basu（歐愛玲）。她研究東南亞的印度
客家移民，主要以華人經濟家庭與親屬紐帶爲研究主軸，同時也
探討加爾各答社會組織中的華人社區及分層結構（葉春榮，

1993：175-180）。後來，Oxfeld研究場域從加爾各答為中心的多地點民族誌（multi-sited ethnography）（河合洋尚、張維安，2020：6），往加拿大與中國廣東梅縣等地進行華人客家相關田野考察（參考表1）。

（一）Ellen Oxfeld田野研究階段

人類學家Ellen Oxfeld是研究印度客家人的先驅。當她大學畢業後，曾來台灣及香港學習中文，此期間也因遊歷了印度，認識了加爾各答這印度海外華人的社區，這些特別的經歷，讓她對中華文化、印度社會與少數族群等議題產生興趣，當她回到哈佛大學研讀社會與文化人類學學位時，則擇定了印度加爾各答做為她後續博士研究的田野調查場域（Oxfeld, Ellen，2013）。

Oxfeld對印度加爾各答客家華人社區的研究，其田野研究時間可分為1980至1982年，及1985和1989年夏季二期間進行觀察。這階段由於許多原居住在加爾各答的客家華人後代子女移民至加拿大，因此讓她於1986年至多倫多社區延續進行實地考察。

當印度加爾各答研究階段完成，Oxfeld認為中國廣東梅縣是加爾各答客家人的祖國，因此，分別於1993年、1995至1996年和1997年夏季在中國廣東梅縣月影塘村進行客家庄實地研究（Oxfeld，2005a：17-33）。從印度與加拿大，再延伸至中國梅縣進行研究，為Oxfeld對於客家研究的重要階段。

（二）談Ellen Oxfeld學術研究

Ellen Oxfeld客家田野研究大概可分以下幾個階段：第一階

段就是本文主要討論的印度客家移民時期的研究，於1980至1989年間在印度加爾各答塔壩（Tangra）客家華人社區進行的田野研究成果，其1985年完成博士論文，1993年由博士論文改寫出版專書 *Blood, Sweat, and Mahjong: Family and Enterprise in an Overseas Chinese Community*，並於2013年翻譯為《血汗和麻將：一個海外華人社區的家庭與企業》，由中國嘉應學院海外客家研究譯叢出版。另在加爾各答客家田野資料，1996年也撰寫了 "Still 'Guest People': The Reproduction of Hakka Identity in Calcutta, India" 出版專書合輯，這也是Oxfeld首次文章標題以「Hakka」客家為主題的文章。

Oxfeld在加爾各答的田野研究，此階段她分析了印度加爾各答客家移民，在印度種姓制度下客家聚落組織的形成及在當地社會的位置、家族形成之族群經濟與在印度最低種姓從事的皮革企業關係；同時後期當第二代、三代華人離開印度，再移入加拿大多倫多後，整體海外客家研究之啟發與反思。

第二階段是跨國客家社區的婚姻交流，Oxfeld在印度加爾各答客家研究的延續，她認為客家是一個獨特的族裔和語言群體，分布在中國東南部的多個省分以及散居海外，於1993年、1995至1996年、1997年、2006及2007年前後五次對中國廣東梅縣客家鄉村月影塘村進行田野調查，她認為那是加爾各答客家的祖國。研究結果所著的 *Drink Water, but Remember the Source: Moral Discourse in a Chinese Village*《飲水思源：一個中國鄉村的道德話語》（Oxfeld，2010）一書，以傳統鄉村、家族、家庭道德體系在歷經政治潮流和改革開放影響，呈現的變化背景下進行分析。

表1：Ellen Oxfeld田野調查及著作

調查對象	田野調查期間	相關研究著作	出版年代
印度華人研究	（1）1980-1982年 （2）1985年 （3）1986年(加拿大) （4）1989年夏季	*The Limits of Entrepreneurship: Family Process and Ethnic Role Amongst Chinese Tanners of Calcutta.*	1985
		Blood, Sweat, and Mahjong: Family and Enterprise in an Overseas Chinese Community. （2013，《血汗和麻將——一個海外華人社區的家庭與企業》。北京：社會科學文獻出版社。）	1993
		Still 'Guest People': The Reproduction of Hakka Identity in Calcutta, India.	1996
		Chinese in India.	2005
		Still Guest People: The Reproduction of Hakka identity in Kolkata, India.	2007
中國廣東省梅縣客家研究	（1）1993年 （2）1995-1996年 （3）1997年夏季	*Drink Water, but Remember the Source: Moral Discourse in a Chinese Village.* （2013，《飲水思源：一個中國鄉村的道德話語》。北京：社會科學文獻出版社。）	2010
		Cross-Broder Hypergamy? Marriage Exchanges in a Transnational Hakka Community.	2005

另 2005 年發表了 "Cross-Broder Hypergamy? Marriage Exchanges in a Transnational Hakka Community"。她指出經典人類學理論中的婚姻交換概念，在這種體系中，形成了男人與女人之間不斷交換關係。同年（2005 年）Oxfeld 在《流散百科全書：世界各地的移民和難民文化》[4] 中撰寫了「印度華人」篇章。Oxfeld 將 1980 年代間至加爾各答客家華人社區進行的田野資料，以印度加爾各答的客家身分再現為題，分析客家族群與皮革企業的經濟現象。

（三）印度客家人位置

Oxfeld 在印度考察意識到，加爾各答客家人因為語言、宗教、種姓、階級和地區來源等因素形塑成「族群基質」（Ethnic Matrix），此地區客家人因從事賤民職業的皮革業，職業的差異就沿著族群團體而分化，客家人在當地是許多華人語言群體中的一個族群，客家人不但與印度人、西方人有所區隔，也不會將其他華人當成自己人，移居印度的客家族群，透過人類學考察也在海外華人的類屬中被區分出來（潘美玲，2020：71）。

四、印度加爾各答客家社區的形成

當客家移民在印度出現，因為方言群形成了與家族紐帶的網絡，同時亦與社區組織及職業別產生了多面向的連結。同時在加爾各答從事皮革業的華人，因為印度特殊種族、種姓和宗教甚至政治因素產生的安全議題，讓客家人在印度加爾各答社會位置起了變化，連原有公民權利也被褫奪，致使做出移往他國的選擇。

（一）印度客家與方言群

　　中國南方及東南沿海省分，是中國人向海外移民的主要區域，然而中國不同地區民眾使用方言的差異非常大，此差異也影響了移民，因為共同的方言是族群凝聚力的源泉，有利於族群間內部的團結、互助互保，並且在經濟生意上互通有無（孔復禮，2019：55）。同族群能說相同語言，也是維繫在海外移民中國人情感的重要因素，「方言群」在海外是身分的標誌，並且與親緣、鄉緣相互交織。

　　麥留芳談到方言群認同，當海外華人在社會中講相同方言，此時講同方言的華人會一面組成各類團體，而又一面拒斥講別種方言的中國人參加自己的團體時，各方言群認同便在運作中產生了（麥留芳，1985：3-6）。同方言群族群內成員，會為了謀求同鄉福利而努力，方言群認同在「客家」移民族群上更為重要及明顯（孔復禮，2019：53-58）。Isaacs（1989：95-96）也提到Herder認為語言是喚醒族群個別存在意識的因素，透過語言把自己與其他族群區隔開來，因此沒有語言，族群就不存在。方言與地緣在中國移民間是維繫情感的重要泉源，說同一種方言也是表示具有共同的鄉緣，是中國移民在海外形成群體重要的基本紐帶。

　　孔復禮依據Skinner（1985）與李榮（Li Rong等，1988）分類各移民群與地區關係，其中孔對於「客家人」方言與地緣資料分析，形容：「這是一個不斷遷徙的族群，居住在邊際地區，他們居住在漢水流域的高地，嘉應府和汀州府的地界內，他們不斷向汕頭港及廣東的北江、東江流域遷徙，在整個嶺南大區內到處都散布著他們的聚居點，他們從廣東或香港口岸向外遷移。」

（孔復禮，2019：58）

在海外移民的華人客家人，透過方言與家族紐帶形成的網絡，具有強大的凝聚力，因此，雖然他們遠在海外，卻也因為這網絡得以守望相助，共謀經濟，以形成自己同族群的社區型態。

（二）華人企業與社區組織

19、20世紀的華南和東南亞地區，當時華語還未成為華人主要溝通工具時，「方言」是移民主要的溝通工具，這種溝通工具同時具有溝通（方言群內部）、區分人群界線（方言群之間）的辨識功能。因此，當人們向外移動，在不同經濟場域遇見其他「祖籍」、「方言群」時，客家人會採取不同的網絡創造過程，達到維持、擴大經濟規模的目的，甚至壟斷整個產業。從特定方言群與壟斷特定行業的關係來看，方言就不只是一種族群語言，它還具有經濟面向的意義（張翰璧，2007）。

由於加爾各答客家人大都來自客家人的重要聚居，客家話的代表地——中國廣東梅縣移居過來。在加爾各答華人間，語言群體、來源地、姓氏使得社區內部發生重要的分化。其中語言的區分非常關鍵，特別是當客家族群將自己與廣東人、湖北人等其他華人明確區分出來後，主要社會互動就只會發生在自己方言群內，甚至不同方言群間聯姻的情形也是非常罕見。海外華人社區各部分結構，說明了他們對外時團結，但也因語言群體、來源地等差異，海外華人間日漸分為各個次分支組織。也正因為如此，在加爾各答這三個華人群體的職業分化有助於維持這區域的社會分工（Oxfeld，1993：85-87）。

加爾各答華人群獨特的經濟角色，之前已提到以方言群區分

出廣東人從事木工、湖北人從事牙醫（鑲牙）業及客家人在塔壩從事皮革業，這些職業分化在19世紀已形成，亦即客家社區與皮革企業已出現聯結（Oxfeld，1993：69-77）。Oxfeld（1993：56）提到 Lawrence Crissman 已經注意到全世界許多海外華人社區存在所謂分割結構（segmentary structure），而在加爾各答華人社區內部社會結構，客家人已將非客家人當為外人，產生客家族群與經濟的聯結。

（三）職業別與企業影響因素

印度社會結構中尚存在著階級分層嚴格的種姓制度，雖然1949年印度新憲法明白宣告在印度的賤民身分（untouchability）時代結束，然而歷史在族群的變遷中是無法抹滅的，印度賤民的不存在只是法律上的假象，因為他們依舊存在印度的社會，並沒有任何顯著的改變。印度賤民也一直想放棄印度教的信仰，藉以擺脫他們的宿命，但種姓制度與成見沒有因為他們改變宗教而停止壓迫（Isaacs，1989：126）。

加爾各答的經濟係按照種族、種姓和宗教進行劃分，客家人在印度從事的皮革業也遇到相同問題。Oxfeld 對在加爾各答華人社區所處社會位置提出解釋，加爾各答華人從事的職業沒有一項屬高級種姓，且在華人職業中，大部分客家人所從事的皮革業地位最低（Oxfeld，1993：46），它被看為是最不潔的工作之一，因為皮革原料與屠殺牛相關，同時過程造成汙染，從事這工作者只能居住在加爾各答塔壩邊緣地理位置，如同賤民社區，對於將從事皮革業華人界定為賤民這種認定是全印度性的。種族問題之所以在加爾各答社會結構扮演重要性角色，是由於該城市沒有足

夠工作可供分配，只能緊密依附所屬的種族群體被認可的職業，如依賴相同方言群、宗教、本種姓群體及來自同一移民國的移民經濟支持，亦因為群體認同的依賴，也深化了各種群體間的差異（Oxfeld，1993：32-37）。

客家人從事皮革業，其所居社區地理位置位於邊緣，同時又因中印戰爭關係導致華人在政治領域中不被其他族群信任，產生了安全疑慮。居住在加爾各答的客家族群被視為「他者」、被種族化，在印度的客家人面臨多項影響因素。不過，與當地社群隔離的結果，反而使客家族群自成一格，也利於建立起自己的社群，保留了客家的認同，同時形成企業的獨特性（Oxfeld，1993：68）。

五、企業與客家家庭

現代華人移民現象，孔復禮借用了生態學名詞「生態棲位」（ecological niche）（生態即所謂「人類適環境的方式」）定義了中國移民在新環境中的社會與生活空間，另以「通道」（corrido）定義移民者與舊環境間所有情感與文化密不可分的結構。就孔的觀點，移民他鄉的華人必須與故鄉保持密切聯繫，就商業利益而言，是獲取所需勞力的必要通道；另與家鄉血緣關係，則係空間而言，無論海外的華人離家多遠，都負有對家鄉的家族道義責任，是另一種家鄉家族空間的延展（孔復禮，2019：76）。

Oxfeld對加爾各答華人的研究，除客家人在當地種族框架下的角色及與社區內部互動社會位置外，另一個重要研究面向，是

觀察家庭和企業關係，如家庭結構、企業策略及客家家庭代代相傳皮革業等發展。同時也關心女性在家族企業中所擔任的關鍵角色與勞動，這些都是本節分析的重點。

（一）企業與客家家庭關係

「中間少數人」（middleman minorities）理論來自於韋伯的一個重要概念：「賤民資本主義」。Light and Gold（2000：4-8）提到：

1. 是被邊緣化的少數族群所從事的交易行為。族群在交易社群間從事貿易行為，因為資本主義的貿易行為無法在生長的社群中進行，必須離開社群進行貿易經濟行為。中間少數人，夾在多數人跟少數人中間，在經濟社會中就是大企業跟小企業中間的零售商，相對於少數族群多半淪於社會底層的狀況，他們佔據了仲介的位置，例如代理商、勞力承包人、零售商老闆等；他們介於生產者和消費者、業主和員工、所有者與租賃者、菁英和大眾之間。

2. 中間少數人往往會面臨一些困境。首先，在文化、種族、宗教、生活環境背景等種種相異的社會中，他們往往從理想的行業中被排擠出來，被迫在邊緣求生，這使得他們盡力逃離經濟底層。其次，在中間人所處的社會中，菁英分子與大眾之間通常有顯著的「身分鴻溝」（status gap），例如貴族與農民、殖民者與土著，他們往往承受了來自一般大眾的敵意，但對於菁英階級來說，則是個緩衝，少數中間人就像是菁英與大眾之間的橋樑。雖然，以往的社會學家或經濟學家都預言族群經濟無法持續發展，但是因為移民的增加，中間少數的貿易家反而會在移入地強化社

會連結，創造族群經濟以維持生存和社會流動。

　　Oxfeld認為中間少數人理論解釋少數族群的身分和地位是足夠的，然Oxfeld對於在印度客家人企業與家庭間所關心的議題，是尋求分析家族內部的微觀動力如何影響中間少數民族角色，她特別提到經濟風險在加爾各答華人家庭內部所採取的關鍵策略。她談到一位受訪個案家庭成員移民與企業策略的例子，當在一個兄弟平等繼承的家庭的結構中，這企業在兄弟間進行平等繼承劃分，即使是賺錢的大企業，也會因為劃分後變得沒原來賺錢。因此，如果要為那些留在加爾各答未再移民的兄弟提供生計，有些兄弟必須離開，也會減少把所有兒子集中到一個產生單位的經濟風險（Oxfeld，1993：25-28）。

　　印度加爾各答華人為企業的努力是從家庭利益來做考量的，潘美玲在對「印度加爾各答華人與客家研究議題評析」中也提到，加爾各答華人家庭與企業間策略，當產業隨市場成長時，家族企業也隨著增大規模，此時進行分家就不會面臨同家族成員產生內部競爭。然當面臨市場緊縮，處於家庭週期成長階段，卻無法擴大規模下，人口外移對飽和狀態的族群產業產生調節作用。因此，當我們關注印度的華人移民人口變遷和文化傳承，Oxfeld發現人口外流並非完全是不利因素，因為與家庭分化週期配合，反而可共構家庭企業再生產機制（潘美玲，2020：71）。

（二）客家移民族群經濟

　　Bonacich的「中間少數民族」理論指出，中間少數民族他們是在菁英與大眾間填補了身分鴻溝，且他們往往有一種「旅居者的心態」（sojourner mentality），他們認為自己不會在現在生活

的地方定居（Oxfeld，1993：15-18）。Oxfeld在加爾各答社區的田野調查也分析了皮革產業第二代和第三代分家的過程及再移民，家庭在企業發展中的不同角色，這些過程是被用來分散政治風險，同時拓展、鞏固經濟所得的策略。因此，加爾各答客家華人社區在皮革企業中形成了具有凝聚力的族群經濟，亦發展在主流經濟中。

加爾各答的客家移民與商業社區，從核心（中央加爾各答）到外圍的城市，形成少數族群聚落社區。「塔壩」即為獨特經濟兼社會之客家社區，同時為早期移民潮的職業利基。這個地區是客家人自給自足的城市，因為經營製革廠企業而不須依賴其他外圍族群，他們的族群商業身分，讓社區成員保持凝聚力及保持自己身分的社區意識。由此，一個在特定族群中開始建立的特質，也劃出了社區內部或外部的互動範圍（Kunaljeet Roy, and Sukla Basu，2018：14-19）。

（三）客家女性在企業／家庭角色

客家女性是「客家文化」的一部分，也是社會科學方法論上的一個「變項」（張翰璧，2019），客家女性在客家族群研究中是佔有極重要的位置。然而在客家族群產業經濟的研究上，往往忽略了女性所扮演的多元經濟角色（潘美玲，2020：9）。而加爾各答的華人客家女性在皮革家族企業的角色又是如何？

Oxfeld發現在加爾各答，華人客家女性在皮革工廠中與男性勞動性別分工上有所差異。在整個製皮革過程中，從購買生皮、加工皮革、製作到出售成皮，每個階段中直接影響商業利潤的職責，基本上都是由家庭成員中的男性來完成，例如購買生皮與出

售成皮這工作一直都是男性擔任重要的角色（Oxfeld，1993：148）。雖然如此，Oxfeld透過分析女性從製革副產品賺錢受到限制，認為女性接觸企業資金與她們參與企業程度並非有相對關係；反之，女性在經濟上富足與否與她所嫁入的家庭以及積極參與小型企業較有關連性（Oxfeld，1993：170）。

Oxfeld引用了Sorensen（1981）在朝鮮鄉村的研究與加爾各答的客家人進行比較，Sorensen發現朝鮮村民深受儒家思想影響，在空間劃分為「內部（inner）（女性）」和「外部（outer）（男性）」的領域。Oxfeld認為加爾各答的客家人就性別與勞動力的區分上與Sorensen的研究發現是類似的（Oxfeld，1993：172-176）：

1. 貧窮的鄉村女性比富裕的女性較會參與屬男性空間的外部領域。在家庭權力關係上，富裕男性往外部活動。

2. 而有錢人的妻子則仍在內部（inside）工作，窮人的妻子則對家庭較具影響力。她們在家庭皮革企業活動中的角色，是利用多種策略來增加家庭的經濟財富，而非是消極旁觀者。

六、結論

台灣海外華人客家研究，一定要把客家放在當地社會文化脈絡來理解，要把研究對象放在當地文化區下來分析，明確的論證是什麼因素加入客家文化，而造成客家社會影響，如此研究始具有其意義（葉春榮，1993）。

（一）客家在印度

　　Oxfeld對於移民至印度客家研究進行長期的田野觀察，分析了印度加爾各答客家移民歷史及族群經濟之脈絡，提供了對華人移民、客家海外研究極重要的文獻資料。客家人在海外印度加爾各答的族群身分，即使再次移民到了新環境——加拿大多倫多，加爾各答的客家移民仍然發現自己跟其他移民群體的差異，也發現自己作為「客人」的族群身分與此概念的相關性。就如Oxfeld（1993：266-270）提到：

> 你要知道，我們是客人，不斷地從一個地方搬到另一個地方，在中國也是如此，加爾各答的一個朋友告訴我。這是我在加爾各答華人製革社區時常聽到的重複對話。

　　「客家」族群概念的出現與「經濟性」遷移密切相關，族群概念的形成就是一部客家經濟移動史。如果客家移民是一種社會網路的創造過程，在這個新的經濟網路的發展過程中，「族群」也被創造出來（張翰璧，2017）。Oxfeld另一個研究主軸係加爾各達客家人社會位置與皮革產業關係，也因為在印度種族、種姓制度、宗教意識及中印間政治等因素之限制與被隔離的特殊位置，在印度的客家人處於比其他移民族群更加明顯具外來者地位，也形塑出華人在塔壩皮革業的經濟產業發展空間。同時家庭與企業間的策略，當企業擴大規模面臨發展問題時，透過家族成員外移方式進行調節，以維持在加爾各答塔壩社區得延續產業。

（二）延續印度客家研究

　　現在已經很少有華人生活在加爾各答，只有偶爾像華人節慶端午節、農曆新年等聚會才會看見，像這樣，在不久的將來，華人社區應該就會消失在加爾各答這座城市（Sudipto Kumar Goswami, and Uma Sankar Malik，2019）。Oxfeld對於印度客家的研究，也影響了國內的社會學家潘美玲等對於台灣印度客家的研究。加爾各答客家人因製革產業產生環境汙染遭印度法院裁決遷移，以致該產業支解與衰退。潘美玲則探討為維持生計，印度加爾各答塔壩客家族群原來因為皮革產業在經濟上與印度社會區隔，轉型從事中華美食餐館的發展與變遷之族群經濟。失去了皮革產業族群經濟優勢，塔壩華人轉而經營「塔壩中國城」和中餐館，與在地創造出 Indian Chinese（印度華人）的文化特色，客家族群經濟在族群經濟轉換中，維持了經濟與文化的獨特性（潘美玲，2011：61-62、80-81）。此獨特性打破了與印度社會區隔「族群基質」（Ethnic Matrix），是否也是後續加爾各答客家社區變遷過程中，文化得以延續的重要機制？

＊感謝國立陽明交通大學人文社會學系潘美玲教授給予修訂及諮詢意見，讓本文得更臻完整。

註釋

1　河合洋尚、張維安所編《客家族群與全球現象》一書，將海外東南亞以外地區：南亞、西亞、非洲、大洋洲、中南美洲這五區域統稱爲「南側地區」。其中，本書所收錄由潘美玲教授所寫的〈印度加爾各答華人與客家研究議題評析〉，文中所探討的印度即屬「南側地區」。而書中也提到目前客家研究偏向於中國大陸、香港、台灣及東南亞等國調查研究，以南側地區作爲研究對象相對較少。

2　歐愛玲（Oxfeld, E.）1985年著作以 Basu, Ellen Oxfeld 爲名撰寫，1993年以後則改以 Ellen Oxfeld 名。

3　廣東省梅州市是客家人比較集中的聚居地，被譽爲「世界客都」。

4　《流散百科全書》用來了解移民及特定的文化、主題和社區。此書撰寫目的，主要對研究人員和學生、課程開發人員、教師和政府官員提供參考，它匯集了人類學、社會研究、政治研究、國際研究以及移民和移民研究的學科。

附錄：華人在印度加爾各答 1837 至 1971 年止人口統計

時間	人口數	資料出處
1837	362	Sinha 1978：43
1858	500	Alabaster 1975：136
1876	805	Report on the Census of the Town of Calcutta 1876：22
1901	1,640	Census of India 1931,1933,Vol. 6：112
1930	3,542	Census of India 1931,1933,Vol. 6：112
1951	9,214	Census of India 1951,1953,Vol. 1：18
1961	14,607（約 6,000 爲女性）	Census of India 1961,1964,Vol. 1 part 2c [ii]：149
	15,740	印度華僑志 1962：38
1971	11,000（發生 1962 年中印邊界戰爭華人移出印度致人口數減少）	Census of India 1971,1975 series1, part 2c [ii]：70

資料來源：整理自潘美玲，2009，頁10；Severin kuok，2015，頁58；Oxfeld，1993，頁74-77。

參考文獻

孔復禮，2019，《華人在他鄉：中國近現代海外移民史》。台北：台灣商務印書館。

河合洋尚、張維安編，2020，〈印度加爾各答華人與客家研究議題評析〉。頁5-6，收錄於《客家族群與全球現象：華僑華人在「南側地域」的離散與現況》（國立民族學博物館調查報告150）。大阪：國立民族學博物館。

麥留芳，1985，〈方言群認同：早期星馬華人的分類法則〉。《中央研究院民族學研究所專刊乙種第14號》。台北：中央研究院民族學研究所。

張翰璧，2007，〈新加坡當舖與客家族群〉。頁89-111，收錄於黃賢強主編，《新加坡客家》。江西：江西大學出版社。

──，2013，《東南亞客家及其族群產業》。桃園：國立中央大學出版中心；台北：遠流出版公司。

──，2017，〈客家形成的經濟邏輯〉。論文發表於「客家的形成與發展：台灣與新馬的比較國際學術研討會」。新竹：國立交通大學客家文化學院。12月23日。

──，2019，〈客家婦女與性別〉。頁11-22，收錄於《客家婦女研究論文選輯8》。新竹：國立交通大學出版社；台北：三民書局。

葉春榮，1993，〈人類學的海外華人研究兼論一個新的方向〉。《中央研究院民族學研究所集刊》75：171-201。

潘美玲，2009，〈印度加爾各答的客家移民〉。《客家研究》3 (1): 91-123.

──，2011，〈印度加爾各答客家移民族群經濟的變遷〉。頁61-86，收錄於廖建裕、梁秉賦編，《華人移民與全球化：遷移、本土化與交流》。新加坡：華裔館。

──，2020，〈印度加爾各答華人與客家研究議題評析〉。頁67-82，收

錄於河合洋尚、張維安編，《客家族群與全球現象：華僑華人在「南側地域」的離散與現況》（國立民族學博物館調查報告150）。大阪：國立民族學博物館。

Basu, Ellen Oxfeld, 1985, *The Limits of Entrepreneurship: Family Process and Ethnic Role Amongst Chinese Tanners of Calcutta*. Massachusetts, Cambridge: Department of Anthropology, Harvard University.

Goswami, Sudipto Kumar and Malik, Uma Sankar, 2019, "Urban Ethnic Space: A Discourse on Chinese Community in Kolkata,West Bengal." *Indian Journal of Spatial Science Spring Issue* 10 (1) 2019: 25-31.

Isaacs, Harold Robert, 1989, *Idols of the Tribe: Group Identity and Political Change*. Harvard University Press.

Kuok, Severin, 2015, "The Chinese Diaspora in India: The Impact of 1962 and a Search for Identity. " *Review of Global Politics*. 002: 53-68.

Light, Ivan, and Gold, Steven J., 2000, *Ethnic Economies*. New York: Academic Press.

Oxfeld, Ellen, 1993, *Blood, Sweat, and Mahjong:Family and Enterprise in an Overseas Chinese Community*. Ithaca: Cornell University Press.

——, 1996, "Still 'Guest People': The Reproduction of Hakka Identity in Calcutta, India." Pp. 149-175 in *Guest People: Hakka Identity in China and Abroad*, edited by Nicole Constable. Seattle and London: University of Washington Press.

——, 2005a, "Cross-Broder Hypergamy? Marriage Exchanges in a Transnational Hakka Community." Pp. 17-33 in *Cross-Broder Marriages: Gender and Mobilty in Transnational Asia*, edited by Nicole Constable. Philadelphia: University of Pennsylvania Press.

——, 2005b, "Chinese in India. In Melvin Ember, Carol R. Ember, and Ian Skoggard." Pp. 673-679 in *Encyclopedia of Diasporas: Immigrant and Refugee Cultures Around the World*, edited by Oxfeld, Ellen. New York: Springer.

——, 2007, "Still Guest People: The Reproduction of Hakka Identity in Kolkata, India." *China Report* 43 (2): 411-435.

Oxfeld, Ellen著，吳元珍譯，2013，《血汗和麻將───一個海外華人社區的家庭與企業》。北京：社會科學文獻出版社。（Oxfeld, Ellen, 1993, *Blood, Sweat, and Mahjong: Family and Enterprise in an Overseas Chinese Community*. Ithaca: Cornell University Press.）

Oxfeld, Ellen著，鐘晉蘭、曹嘉涵譯，2013《飲水思源：一個中國鄉村的道德話語》。北京：社會科學文獻出版社。（Oxfeld, Ellen, 2010, *Drink Water, but Remember the Source: Moral Discourse in a Chinese Village*. Ithaca: California University Press.）

Pan, M. L., 2014, "The Changing Character and Survival Strategies of the Chinese Community in India." *China Report* 50 (3): 233-242.

Roy, Kunaljeet and Basu, Sukla, 2018, "A Geographical Appraisal of the Ethnic Enclave Economy of the Hakka Tanners of Kolkata, West Bengal." *Indian Journal of Spatial Science* Vol - 9.0 No. 2 Autumn Issue 2018: 14-19.

第 13 章
客家親屬、宗族與宗親組織的形成：
以 Anne-Christine Trémon 法屬玻里尼西亞研究
爲中心的討論[1]

姜貞吟

摘要

　　本文主要從 Anne-Christine Trémon 對法屬玻里尼西亞華人的遷移歷程的研究，梳理客家親屬、宗族與宗親組織的形成等面向的脈絡，進行研究議題的回顧、探討與分析。華人移居法屬玻里尼西亞後，循父系家族與宗族結盟的方式，團結家族成員以集體的模式發展，促進在法屬玻里尼西亞經濟擴張期的參與。在地華人社群的形成與運作，跟血緣親屬（家族、宗族）、同姓不同宗的宗親（宗親會）相互交疊形成的社會關係與網絡息息相關。他們以宗族、家族與宗親會團體結盟的方式運作，在文化上持續維繫祖先祭拜，在社會經濟的參與則形成客家家族經濟模式，這些都有別於在地其他族群團體，因而，祖先祭拜與宗族／宗親可被視爲是玻里尼西亞華人的族群邊界。然而此一現象又受快速的全球化、世界主義影響，在維繫與運作上面臨未來發展困境。

關鍵詞：宗族、宗親會、家族型態、掛山、親屬

一、Anne-Christine Trémon主要研究方向

Anne-Christine Trémon畢業於法國高等社會科學學院（Ecole des Hautes Etudes en Sciences Sociales, EHESS），是法國社會人類學家，目前任職於瑞士洛桑大學（Université de Lausanne）。Trémon主要研究乃是從全球人類學與歷史的研究途徑探討法國殖民主義和中國移民與離散（diasporas）現象，研究興趣為親屬與族群、博物館、城市化和國家。她同時也對政治經濟學、價值與評估等議題感興趣，寫作風格受到法國結構批判現實主義、馬克思主義、現象學與互動主義影響，目前正在進行一個有關中國村莊城市化的公共財的相關研究。[2]

Trémon 多部主要著作的田野場域是法屬玻里尼西亞[3]，主要探討法國殖民主義、中國移民現象，以及跟大洋洲原住民在邊緣相遇，所引發的遷移、族群、混血、認同等議題。她探討客家的移民經驗與移民社會形成的過程，是從分析法國殖民主義下的殖民政策與移民管理政策的政治結構下，玻里尼西亞華人（今日客家人約佔九成）[4]為逐漸適應在地社會，在親屬結構、家庭組成、家族經濟等，既保留部分原鄉文化範式，又與在地社會關係的相互交疊，進行了在地化的種種調整。對於玻里尼西亞華人的移民探討，她則是從探討家族、宗族與宗親會，分析家庭結構、親屬網絡與家族企業經濟的發展方式，掌握了華人離開原生國進行海外遷移時，一方面延續原生活的社會文化屬性與結構，一方面也因接待國的政治與社會結構，而有不同的調整樣態。而玻里尼西亞華人在70年代後，陸續取得法國籍，積極投入在地經濟發展跟參與政治，因此，介於法國的殖民管理與在地原住民之

間，玻里尼西亞的政治與經濟場域皆有族群化的現象。此外，她也進一步根據此一田野資料，持續探討遷移所帶來的族群邊界與認同變化，特別是不確定與不穩定的世界主義（cosmopolitisme）趨向，玻里尼西亞客家的族群邊界與認同變化，呈現出個人困境與認同的多重歧義性（ambiguïté），而此一多重歧義，正是提供我們對族群、遷移等所交織的社會事實的「揉雜眞實樣態與對人類更多的理解」的開始。據此，本文將從 Trémon 研究所著重的客家親屬、家庭、宗族與宗親組織的形成進行探討，分析其研究理論架構與方法，以及主要發現爲何。[5] 同時，本文也將分析她的研究對法國的客家研究有哪些貢獻，以及對整體客家研究有何啓發進行對話與分析。

二、研究緣起與方法

本文採用文獻分析法，進行筆者對宗族、宗親組織的研究以及與 Trémon 對客家親屬研究的對話，分析內容來自於兩者在田野現場的訪談與研究。Trémon 的玻里尼西亞客家的主要著作爲 2010 年出版之 *Chinois en Polynésie française: Migration, Métissage et Diaspora*。筆者曾於 2013 年 9 月與 2014 年 8 月，前往玻里尼西亞進行客家研究，田野地主要爲大溪地島（Tahiti）、摩麗雅島（Moorea）、波拉波拉島（Bora Bora），主要論文爲 2015 年發表之〈玻里尼西亞客家族群邊界與認同在地化〉論文。本文主要涉及的理論概念共有兩個層次，分別爲宗族與宗親、族群與離散，在分析架構上也從這兩個層次議題進行討論，第一層面討論玻里尼西亞的客家家族規模與親屬體系、掛山與宗族／宗親的關

係，第二層面進而討論 Trémon 主張祖先祭拜與宗族作爲與在地其他族群的邊界現象，以及目前宗族／家族現象的未來困境，這些對客家研究與族群研究帶來的議題與可能的討論。[6]

抵達大溪地法阿（Tahiti-Faa'a）機場，進入首都巴比提（Papeete）市中心，映入眼簾的是各種海外華人開設的商店，招牌上印刻著法文字體，店家內的老闆與服務人員都是一張張華人面孔，店裡陳列販售著來自法國等歐美商品、本地自產產品，還有來自中港台新加坡華人商品。他們講著流利法語、大溪地話，若用華語、客語與之交談，也能溝通。這就是玻里尼西亞（French Polynesia）。在西方視角中，玻里尼西亞跟南太平洋其他島國一樣，都被視爲是南太平洋蔚藍珍珠，有著豐富的海洋資源與生態。在法國視角，則是太平洋重要的地緣政治點，也是太平洋試驗中心（CEP）的重要場域。而對在地原住民來說，這是一場難以言說的異國、異族登島後，歷經政治、軍事與經濟殖民的社會受苦（social-suffering）歷程。在客家研究視角裡，玻里尼西亞幾乎可說是客家人遷移史上最邊緣、最遙遠的路徑之一。

玻里尼西亞的族群議題受到不少學者注意，早期 Gérald Coppenrath（2003 [1967]）探討 70 年代華人社群的同化，近期則有 Carol C. Fan（2000）、Yannick Fer（2004）、Bruno Saura（2003）、Mike Tchen（2012）、Bill Willmott（2008）等，從遷移史與華人社群形成史，討論定居、整合的多重族群議題，Ernest Sin Chan（2002）則著重從心理結構狀態探討主體與認同困境之間的關係。台灣研究最早注意到玻里尼西亞華人的學者首推童元昭（1993、1994、1997、2000、2012、2020），她分別從遷移歷程、華人社群形成、政治參與、敘事與國家認同、在地語

文政策跟族群認同的關係，以及飲食文化的變遷，對玻里尼西亞華人進行長時期完整與系列式的分析。

　　Trémon則從社會人類學視角，探討其遷移過程的社會文化發展，以及與在地原住民、法國政府種種互動過程。華人與玻里尼西亞之間，可說是歐洲帝國自18世紀的擴張，分別促成亞洲的華人離鄉遷移，以及與大洋洲的原住民在邊緣的相遇。Trémon分別從家庭組成、家族發展，跟大溪地原住民混血過程，討論華人遷徙的親屬關係變化，她也分析華人社群的形成與運作，以及從祭祀掛山（私家山、大宗山）描述華人將血緣親屬與宗親相互交疊的社會關係，進而探討性別跟家庭、宗親的關係。在玻里尼西亞，法國人跟華人因不同因素遷移到此，此一移民在地化的進程，跟原住民逐漸抬頭的國族獨立意識同時發生（童元昭，1993、1994），使得玻里尼西亞的政治、經濟與社會結構都有多族群化現象。這種不同文化屬性的群體相遇且又鑲嵌於被殖民的國際政治結構，對於個體的影響是認同與身分的變化，讓客家人在身為／生為華人／客家人、玻里尼西亞人／法國人之間產生認同的困境與曖昧性；在理論層面則是離散、世界主義、在地化與異族混血之間的多樣性呈現，也涉及到這些概念的不同擴張與型態的發展。接下來，本文將先從客家移居過程中的親屬與家庭規模發展、祖先祭祀掛山與宗族／宗親進行探討。

三、親屬與家族規模

　　家族與宗族對華人來說，是傳統社會重要的文化象徵符號與社會組織。如果要指出客家因遷移定居玻里尼西亞的歷史過程

中，在社會文化生活的層面受影響最深的部分，就是非親屬關係莫屬。親屬關係的深刻影響，主要表現在父系世系宗族／家族觀念、祖先崇拜與姓氏崇拜等作爲華人獨特的社會文化與家庭文化的重要根基有關。移民適應常隨之調整家庭型態與家庭內部的關係，因而分析親屬關係對於理解跨國主義和華人現象至爲重要。更廣泛的來說，親屬關係的分析與玻里尼西亞客家所經歷的文化、經濟和政治變化密不可分，而此一關係的兩個根本變化，是由法國籍的取得與年輕世代喪失母語能力所引起的（Trémon，2010：145；童元昭，1996）。一方面雖然親屬關係是客家遷移最可能失去的社會文化，另一方面卻也還同時是最能清楚與其他文化群體進行辨識的社會界線。親屬關係的變化，特別是表現在家庭、宗族和宗親的型態上，華人爲了要更加適應在地化與法國化，採用法國移民政策對姓氏的規定，使得親屬關係悄悄發生變化，且此一情況在海外客家與海外華人之間相當普遍。依據法國1970年代頒訂的新國籍法規定，要獲得法國籍必須「採用所謂的『法式的客家姓』與法國文化中的名字」，加速融入法國社會（姜貞吟，2015：119-123），在生活方式也需過著法式的安排，包括交友網絡、文化活動、社會關係、語言程度、休閒與運動等，並與法國公民結婚，達到這些國族文化認同門檻，才可能被判定爲法國公民（童元昭，2000：44）。

「漢人的『家』具有多層的意義，其範圍可因時因地因事而不同」（莊英章、羅烈師，2007：92）。玻里尼西亞客家有三種親屬關係的社會形態，分別是家庭、宗族與擬親屬的宗親會。Liu（1959：47-48）指出這三者皆以「儒家模式爲基礎」，規範兩組等級關係：第一、以出生順序別控制世代之間、兄弟姊妹之

間的關係，最小的需服從長者的權威；第二則是與性別關係有關，規範妻子與女兒的地位。華人家庭是以「父系、父權、從夫居」三位一體為核心的父系繼嗣家庭。雖然海外華人多數於移居地嘗試重新發展新的父系家庭，但礙於親屬人數、網絡規模，與因應在地化與本地化的因素，玻里尼西亞客家的父系繼嗣家庭型態也不同於來源國或台灣客家的宗族家庭型態。

玻里尼西亞客家家庭也遵循華人父系繼嗣家庭原則，家庭權力核心以男性戶長為主，傳宗接代的大兒子為第二代家庭權力準接班人，女兒被視為暫時性家庭成員，一般無繼承土地權力，必要時以招贅婚取得繼承家庭與家產的權力。兒子之間若有需要才進行「分家」，平均分配家庭遺產。Trémon（2010：150）指出華人家庭不斷地在統一與推向分裂之間掙扎。這個「統一」與「分裂」的現象，即是王崧興（1991）指出的華人宗族「樹大」與「分枝」特性，然分枝卻不一定意味著分裂。讓家庭發展為大家庭的規模與後代子孫香火興旺，是華人理想型的家庭型態，有助於家庭財富與各種資本的積累與取得。此一家族／宗族既分裂又結合的衍生模式，說明宗族以男丁為單位不斷世代繁衍進行分支，具有「樹大（結合）」與「分枝（分裂）」兩項特性（王崧興，1991）。後者雖為分枝與分裂，但實際上是指由兒子們成家生子後，在房系下自立成為一個新的丁戶，是為增生的概念，前者則是結合全體男丁戶所開展與綿延而出的家庭網絡關係。

基本上，Trémon（2010：150）認為玻里尼西亞客家發展過程是奠基在華人家庭發展週期的基礎，同時促進客家人在玻里尼西亞的經濟擴張。Maurice Freedman（1958）和Myron L. Cohen（1976）曾試圖模擬「華人家庭的發展週期」，Freedman以中

國宗族與家族為例，解釋富裕家庭與貧窮家庭，分別為擴展類型、核心類型（僅有夫妻）；Cohen以台灣宗族與家族為例，則採取動態取向，認為可通過從「家族團體」、「家族遺產」與「家族經濟」，來預測家庭發展的週期的開始與結束。Trémon對玻里尼西亞客家家族發展的分析，則是放回到在地社會與經濟的發展脈絡中來分析，她將之分為短期與長期兩種類型，在她的研究中，前者以二個世代的Hong氏家族為代表，後者則是三個世代的Feng氏家族為代表。雖然Hong氏家族跟Feng氏家族都是玻里尼西亞家族企業常見的型態，但兩者在家族企業與家庭成員間的資本與分配的情況不一樣（兩個家族企業發展細節詳見附錄）。

Hong氏家族共有五個兒子，家庭的教育投資集中在最小的兩位兒子，老大跟老二從12、13歲起就在美國商店工作，後來家族企業由第三個兒子管理與領導，其餘家人都在同一個家族企業內「無薪工作」，最終家族企業在第二代分家，有的人前往巴西或法國等。另外，Feng氏家族較為龐大，在Trémon訪談時，已發展到第三代成員。Feng氏家族企業第一代創始人在巴比提市場上創建了第一家商店，隨後都是在已經發展出的公司基礎下，分別由六個兒子陸續擴展建材公司、銀行、兩家汽車進口公司、電子商店、保險公司與島上唯一的椰乾加工廠，以及房地產公司。最後，Feng氏家族形成家族的封閉企業，相互交叉持股（Trémon，2010：152-153）。就從Trémon對兩個家族發展的分析來看，兩個家族企業的發展型態與家庭權力集中方式的確不一樣，然而也必須考慮到兩個家族發展的時間跟玻里尼西亞經濟起飛階段的關係。礙於現有研究資料呈現的侷限，無從得知造成兩

個家族企業類型發展的差異，是資源、資本差異使然，或者是家庭權力集中方式的差異所造成，或是經濟發展階段等多重要素間相互交織所致。

雖然在玻里尼西亞存在著其他小型家族企業，也有些現代貿易公司的型態，但其在結構與組織上大多仍屬於家族企業，常見的大型企業的資本都是由家族或有關係網絡的家族所共同持有。玻里尼西亞有兩種家族企業形式，一種是權力集中式的家族企業，第二種是由家族關係網絡共同投資經營的家族企業。「以家庭型態打拼」和大家庭的意識形態是玻里尼西亞客家家族經濟模式的首要之重，一般家庭企業間信守互不競爭的承諾（Trémon，2010：153-154）。因此，玻里尼西亞家族企業的組成部分來說，財產跟家族集團是分散，資本是由集團共同持有，在分家或拆夥時，集團成員都可要求股份。就客家在玻里尼西亞的遷移來說，客家在玻里尼西亞的在地化乃是鑲嵌於法國開發玻里尼西亞的經濟與國家發展進程中，採取「客家家族經濟模式」，投入在地各種產業的投資與發展，對於玻里尼西亞經濟社會的形成佔有關鍵核心地位。玻里尼西亞「客家家族經濟模式」以家族爲主，由數個世代的家庭成員一起投入家庭企業，此一經濟模式很常見於華人社會。

此外，從遷移、定居與發跡階段來看，玻里尼西亞客家家族發展的期程約有百多年發展歷史，大約發展出三至六代的家族，[7] 在世代的數量上普遍比華南社會與台灣客家家族與宗族來得短少。台灣宗族發展約介於百多年至兩百多年的發展，不少台灣客家與閩南的家族發展興旺，部分陸續形成宗族組織，不僅擁有多世代的父子軸世系表，也同時興建公廳祠堂敬拜祖先。例如，桃

園觀音武威廖氏宗族渡台始祖廖世崇公1754年渡海來台墾荒，此後落地生根，廖氏家祠最早於1874年興建，1990年再度修建（廖運清，1977）。桃園楊梅鄭大模公也於1736年辭別鄭家寨（今名為：廣東陸豐縣大安鎮鄭厝樓東社）親友渡海來台，至今宗族成員共分五房，依房系不同散住楊梅，建有古厝雙堂屋、玉明邸，以及公廳道東堂（鄭婕宇，2017）。台灣客家宗族／家族的祖譜登錄，因時間長遠，且人丁眾多，雖可能有所遺漏或短缺部分資訊，但相對來說，已是保存相當完整的父系宗族／家族系譜資料。玻里尼西亞客家在祖譜登錄遇到的最大障礙當屬入法國籍的姓氏轉換，同姓氏家族成員因而出現不同的法文姓氏，提高姓氏溯源的難度，這無疑改變家族（包括宗族）乃「同姓氏、同血親祖先」的最核心條件。此外，玻里尼西亞客家年輕世代接受法國教育，跟法國、紐澳美間具有教育資本積累的選擇親近性，經常不排斥畢業後續留發展，這也對年輕世代的家族登錄與聯繫有較多阻礙。

在組織型態部分，玻里尼西亞客家家族的組織型態，跟外在政經結構、家族企業發展週期與性別觀念都有密切關係。原鄉與玻里尼西亞政治、經濟與法律等不同發展情況，常使得移民採取不同方案來適應，往往這些限制性條件都成為加速或減緩家庭發展週期的影響要素。1960年代，法國將核子試爆中心遷移到南太平洋，引進現代科技與投資擴張刺激了經濟增長快速，華人以家庭群體方式來發展，對家庭經濟積累相當有利。然而家庭企業遇到不同的景氣發展，就會有不同的效應，在大溪地50年代經濟蕭條時，採用家庭企業模式就會出現勞動人口過剩情形，導致人力無法充分運用，當時Hong氏家族即為具體個案（Trémon，

2010：157）。

　　此外，對下一代教育的考量也影響家庭組織型態。1920至1930年代中期，第一代移民經常將他們在大溪地出生的長子送回中國接受中等教育，到了1950-1960年代社群中最富裕的家庭才有能力資助兒子前往法國或美國接受高等教育。家庭中出生序較爲年長的成員，例如老大等，需不斷地爲家族企業尋求新經濟發展的機會，也因貿易關係，常有機會跟其他地區富裕的海外華人通婚，除了Feng家之外，Bai家跟Wang家都是如此。家族爲處理人力過剩或是家庭組織內部權力結構，會採取一些調整，包括以倫常規範限制兄弟間的等級階層，他們的層級乃根據家庭經濟情況的不同，而發展出不同的途徑。如果家族內無人再遷移他處發展的話，弟弟往往會爲大哥經營的企業服務，如有再度搬遷的話，兄弟間就可能形成新的連結。部分擁有許多兒子的貧窮家庭，有時甚至需離開玻里尼西亞前往他處發展，例如新喀里多尼亞（Nouvelle-Calédonie）（Trémon，2010：154-157）。

　　早期爲因應在地化與生活，玻里尼西亞華人另一種家庭組織調整的方式，就是採取不承認方式，尤其是所生的女兒，有時甚至連兒子都不承認。根據Trémon田野資料揭示，幾乎每個家庭的第二代子女中，至少有一個或多個女兒在出生時，未被父母承認的案例。這有兩種情況，第一種是如果父親是華人，母親是玻里尼西亞人時，常發生只有母親願意法律上承認親生女兒的情況。華人有時爲了有利於申請法國籍，會將小孩全交由母親認養。第二種情況則是，部分華人父母的家庭有時會請託朋友或玻里尼西亞鄰居領養自己的女兒。會有此種情形，除了少數爲申請法國籍因素之外，也跟傳統父系家庭不把女兒視爲是家庭永久／

核心成員有關，華人家庭把女性視為暫時性家庭成員，日後會因婚嫁脫離原生家庭進入夫家，無法享有繼承權。他們認為如果女性能雙重繼承（從父親與先生），那對只能從父親繼承的男性來說，是不公平的（Trémon，2010：159）。

　　雖然早期華人多有送養女兒與不承認女兒的情況，但在當時，擁有法國籍對華人來說具有誘因，擁有法國籍的華人女兒相當受到歡迎，因可避免被法國政府徵收外國人稅。在富裕家庭，父親可為女兒準備大量嫁妝，在一般家庭，擁有法國籍的效應就像嫁妝的功能一樣，將來可幫配偶減少繳稅（Trémon，2010：160）。早期，玻里尼西亞客家對女兒的觀念與想法，乃受到華人傳統父系繼嗣與他者化女性影響，認為只有男性能繼承與傳承家庭／家族的權力與資源，台灣早期普遍可見的童養媳[8]也是這個社會文化脈絡下的歷史現象，此一現象也可在 Rubie Watson（1985：117）跟 Patricia B. Ebrey（1993：264）對中國南方家庭的研究中見到。然而，這個社會經濟差異與性別觀念形成的成員配置關係，有時也提供社會經濟不平等的家庭結盟的機會，例如，Angue 家族長女跟 Bai 家族兒子結婚後，Angue 家的三個弟弟隨即加入 Bai 家企業，即使只擁有少數股份，但已在企業中擔任重要職位（Trémon，2010：160）。

　　總的來說，Trémon（2010：161-162）主張造成玻里尼西亞客家家庭親屬關係與適應模式發生變化有三個變項：第一、如在原鄉與玻里尼西亞各有妻子與子女，會加速家庭在第二代分裂與財產分割。第二、60-70 年代法國設置太平洋試驗中心所帶來經濟機會，最早也加速家庭第二代的分裂，可以最大程度地因經濟增長而使得個體帶來擴張機會。第三、國籍變數使得客家人常

以妻子跟女兒的名字註冊家庭企業和房地產，以帶來避稅利益，從而促使親屬關係早已存在的裂變進一步發展。之後，70年代新國籍法施行，新公民需遵守法國民法，子女有公平繼承財產權，又使得前述家庭分裂過程得以延長與擴大。

　　然而Trémonn所指的此一「家庭分裂的經驗現象與指涉層次」為何？[9]許多研究華人宗族的西方學者，常無法理解華人家戶的分裂、分家跟宗族的分裂與瓦解，是不同層次的現象與概念，常發生概念的混淆。在華人傳宗接代與延續祖先香火的概念中，家族中的男丁家戶的「分裂」是為家庭單位數的增生，並非指同宗關係的分裂與宗族的瓦解。即使因遷移他方而在不同祠堂祭拜祖先，也不是同宗分裂的現象（Hsu，2002：80-81）。Hsu（2002）指出西方學者忽略我們將「歷代祖先」統統寫在一個牌位上，祖先分火有著將祖先恩澤的範圍延伸與擴散的效應。以及，家戶的分立反映了宗族世界觀的分與合，並非從二元與對立的觀點來理解「家戶」與「祖先」的關係，宗族觀實際上是為一體的、共同體的。西方學者缺乏華人文化結構面向的場域觀，看不到互為主體的相互依賴情境中心的關係取向（Hsu，2002）。而Trémon所指「分裂」主要包括家戶單位、財產與親屬關係這三個面向，因而這三面向的分裂在家族/宗族層次的討論可理解為，家戶單位的分裂/增生、財產權益的分割/平等、親屬體系與關係的裂變/扁平。

　　而這些與玻里尼西亞的客家指認（identification）[10]間的關聯有兩個部分，第一、學界普遍認定「父系繼嗣、祖先祭祀、世系傳承、祖譜」為宗族的核心要素，依據定義至少為「同一個父系繼嗣群體」（林美容，1989、1991），而玻里尼西亞的客家宗族

與家族的維持，在姓氏法文化、世系紀錄困難等因素，以及祖先祭祀儀式與概念的轉變，讓宗族與家族對應的概念內涵也隨之轉變。然而，在地在同一父系世系群體下持續性的祭拜祖先以及保留祭祖所需的預算，也難以否認在地家族有著「形成中的在地宗族」趨勢。第二、因此，Trémon 所指的家戶單位、財產權益、親屬體系與關係三者的「裂變現象」，至今尚無法用來否認在地客家宗族的形成，但其所涉及的「家族」「宗族」的親屬範圍與關係的認知，將隨在地化而改變。特別的是，客家至今持續在玻里尼西亞實踐祭拜祖先的信念與持續性的祭拜行為，有別於當地其他西方、原住民等族群對祖先的文化行為，此一獨尊「同宗祖先」與「祖先祭祀」的宗族社會文化行為，被 Trémon 視為是在地族群的邊界。接下來，將進行玻里尼西亞客家的掛山（祭拜）與宗族的關係，以及祖先祭拜與宗族形構作為族群邊界的討論。

四、掛山與宗族／親的關係

華人社會常以同姓氏血緣親屬或同姓氏無血緣作為結盟條件，採群體模式進行移墾。鄭振滿（2009 [1992]）將宗族分為三類：「繼承式宗族」、「依附式宗族」、「合同式宗族」。台灣人類學者常採用的稱法是「鬮分制」與「合約制」。鬮分制為「丁份制」，即所有同宗男丁皆與生俱有身為宗族成員之資格；而合約制則為「股份制」，亦即只有在團體成立之初，有參與認股者才具有宗族成員資格，有權參與資源的分配（陳其南，1990：194）。「合約制宗族，是移墾社會的產物」（陳其南，1981：136）。鄭振滿（2009 [1992]）以明清福建宗族為例，說

明一般所指的家庭分割，主要僅分割財產，但未對祖先崇拜的責任與權利進行劃分。在台灣，則有學者認為「許多宗族以祭祀共同祖先為目的，實為一種土地投資團體」，通常透過宗親網絡關係聚集勞力與資本，從事墾闢與開發（莊英章、陳運棟，1982：170）。

雖然宗族的形成強調血親世襲制度的重要，但很多研究已經指出這不必然是宗族出現的原因。不少學者指出「姓、宗、族等概念都有一定的曖昧性，都包含部分的 lineage 的性質」（黃樹民，1981），因此，在實際研究時往往無法給予宗族、宗親明確的定義，對宗族與宗親相關的討論也就相對較為受限。Freedman（1958、1966）受到人類學對非洲氏族研究影響，從功能論的角度出發分析宗族組織的結構與發展，他主張促成宗族團體興起的條件包括華南的水稻經濟、共有財產與身處政治管轄邊疆的條件等，而宗族在在地的經濟與政治上具有相當的影響力，則跟宗族發展的共有產業有關，也同時是維繫宗族團體的存續及其分支的基礎。然有別於 Freedman，Morton H. Fried（傅瑞德，1969：16）主張系譜登錄才是宗族發展的基本要件，專注研究中國宋代文化與性別議題的 Ebrey（1986：54-55）提出清明與墳墓祭拜、共同家庭、士大夫與家譜編修、捐資與宗族的形成、祠堂，為具有血親關係的家戶組織所需的五個基本條件。而宗族在多地域、經歷時性的長期發展，具有多種不同形式，陳奕麟（1984）主張在沒有興建祠堂與持有族產的條件下也可維繫宗族。正因宗族定義相當多元歧異，無論採取哪一種定義都難以證明，同時也難以否證玻里尼西亞客家家族發展有朝向形成宗族規模的關係。

就祭祀活動來說，玻里尼西亞華人有專屬陰城，陰城中有部

分家族合葬穴位，持續於清明、重陽時節維持掛山掛紙（ka-san）掃墓活動，部分也會在11月法國Toussaint節[11]再去一次，也就是掛私家山（ka suka san）。玻里尼西亞客家家族由於發展時程較短少，普遍尚未達到華南宗族或台灣客家宗族的規模。同時，華人強調「同姓」社會關係網絡，除了發展親屬家族之外，也另外籌組無血親宗族組織，特別是會在掃墓期間舉辦同姓氏祖先的祭拜活動。因此，玻里尼西亞客家掃墓模式，分為「繼承式宗族」跟「合同式宗族」兩種模式（Trémon，2010：163）。祭拜具有血親軸線繼承式家族關係的親戚，也就是繼承式的宗族活動，為「掛私家山」。不一定具有血親緣的同姓祖先舉辦「掛大宗山（ka taitchong san）」祭拜活動，祭祀同始祖的起源與進行社會網絡的維繫與結盟。對玻里尼西亞客家人來說，「kasan 不只是祖先祭祀與崇拜的表現，也經由同宗祖先的確認與認同進行持續的關係網絡，更是漢人世界觀與超自然系統的持續再生產」（姜貞吟，2015：114）。但就祭拜規模、形式與儀式內容來說，都相對簡化，尤其玻里尼西亞客家現已受法國教育，不少改信天主教與基督教，逐漸不碰觸華人祭祀相關用品，雖也有掃墓等活動，但跟華人祭祀信仰體系的內涵有別。根據Trémon（2010：163）田野資料顯示，只有某些家族分支發展成宗族，不進行祖先崇拜的家庭分支，很快就被「大溪地化」（se sont tahitianisées）。

一般，宗族跟共同財產的關係相當密切，但隨著許多沒有共同財產的宗族案例浮現，使得共享財產不是必要條件，共享宗族權利與相關儀式才是充分條件（Faure，1989）。在更大的宗族共同財產形成之前，祭祖等相關儀式所需的資金籌集是宗族組織

發展的最基本形式之一，若以此「若支持相關儀式的共同財產」要件檢視宗族形成與否，在玻里尼西客家確實還保留此一要件。另外，宗族由成員在異地另創新的宗族，包含「衍分」（fission）與「凝結」（fusion）兩種過程（Cohen，1976）。在玻里尼西亞，能清楚觀察到的兩種宗族形式，為「繼承式宗族」與「合同式宗族」，在祭拜祖先儀式部分，Trémon（2010：163）稱前者為「掛私家山」，後者為「掛大宗山」。掛私家山宗族通常以繼承式宗族為主，圍繞著尚未分割的共同財產，但也可能是沒有共同財產，由家族成員進行祭祖相關活動。「掛大宗山」乃為另一種不具血親關係的「合同式宗族」進行的祖先崇拜儀式。不少西方學者指出此一祖先通常以虛構的可能居多。然而，本文要指出，華人尊姓氏溯源文化邏輯中所建構的「想像的祖先」，多數可能不具血緣關係，但其所強調的正是「姓氏繼承」的文化同質性，以及對於「姓氏祖」的起源想像。此一姓氏祖（或歷史名人）起源想像，在宗親們的協力下，緊密跟民間信仰系統結合，常能匯集出強大的影響力，例如金門尊唐朝牧馬侯陳淵為開浯恩主，建有孚濟廟（牧馬王廟）、台北士林鄭成功廟，本身除了是開台聖王廟之外，也同時是世界鄭氏宗親總會的滎陽鄭氏宗祠。

今日在台灣，「鬮分制宗族」跟「合約制宗族」至今還可常見。另一種則是社會團體常見的宗親會，早期常是選舉時的地方政治動員群體，雖也會有社團財產，但往往比不上前述合約制宗族控制的規模。一般台灣宗族例行祭祀活動為祭祖，在過年、清明、中元、中秋、重陽、冬至、初一十五等重要時點於公廳舉行祭祖活動，有的宗族會加上祖先冥誕，以天地、神明與祖先為祭

祀對象。玻里尼西亞客家則是清明、重陽時，維持至少兩次的掛山，也有三次在Toussaint節時掛山。但華人接受法國教育與法國文化後，陸續改信天主教，似乎已將掛山轉譯為重陽和諸聖節的意涵。對於鬼節、鬼門開與鬼門關的習俗，接受法式教育的第二、第三代常以諸聖節的類比來解釋。玻里尼西亞客家掛山的儀式，包括整理祖先墳墓，然後以公雞鮮血潑灑於墳邊，此與John Lagerwey（1996）在客家觀察到的描述大致相符。

在台灣，祖先牌位安置於宗族公廳、祠堂或主屋神明廳中接受祭拜。玻里尼西亞的客家沒有公廳或神明廳，因此他們通過兩次掛山行為來表達家族祭拜與宗族祭拜。Trémon（2010：167-168）認為這兩種祭拜區分的關鍵，不在於儀式場所的不同，而在於祭拜者的差異。他認為家族祭拜是可由家庭所有成員完成，平常是由婦女負責例行照料，而宗族祭拜則是由繼承宗族的男丁執行，具有傳承象徵性。玻里尼西亞的客家祭祖儀式，相較台灣客家或華南客家都相對簡化。祭拜者性別不同、儀式場所不同這兩者，雖可用來區分家族祭拜跟宗族祭拜的不同，然而要討論家族祭拜跟宗族祭拜的不同，確實也無法忽略「儀式」的差異。台灣宗族發展過程中所發展出的祖先崇拜，對宗族具有強大的規範，特別體現在各種時節的祭拜祭儀中，是為宗族最重要的年度象徵活動。

移民者在遷移後，處在社會不連續的狀態中，依靠僅知的社會文化知識系統重新建構新的規範與制度，又同時受當地情境與社會文化互動下，發展出不同的橋接可能。例如，玻里尼西亞華人由於沒有興建祖祠、公廳，在進行非血親的大宗山祭祀時，會在華人陰城內第一位同姓先人的墳上進行祖先祭拜，並迴向給所

有的同姓宗親亡魂。台灣同姓不同宗的宗親活動，目前已有不少發展到有共同興建聯宗宗祠的規模，維持重要時節的祭拜與發展各式活動，例如台北內湖的全台葉氏祖廟、新竹北埔的彭家祠、台北士林鄭成功廟等。另外，台灣也可見到異姓聯宗的宗祠，例如金門後浦的六桂家廟（洪、江、翁、方、龔、汪）等。

　　玻里尼西亞華人也承襲飲水思源的觀念帶入到日常生活中，反映在祖先祭拜與異地同鄉結盟的連結中，特別強調先有祖先才有後代存在的必然邏輯。華人對生活社會中的連續性感到興趣，所以祖先崇拜是面向未來，而不僅限於過去（Trémon，2010：169）。Trémon如同其他西方學者，對華人跟父母的關係與死後祭拜文化採取了互惠的詮釋觀點，說明「互惠」（la récipro-cité）是祭拜祖先的核心。活著的人通過生前孝順與死後祭拜等責任，要祖先保佑後代多子多孫、家族興旺與獲得眾多好處。而祖先牌位與登上宗族公廳也不是必然關係，Lagerwey指出，在台灣，如果祖先沒將土地田產交出來，可能牌位就無法放置大廳中。為了讓父母能有效控制子女，社會必須灌輸孝道與倫常，也同時是對父母積極奉獻的回饋（Trémon，2010：169）。早期，不少台灣父母留給子女財產或投資子女教育，常有「相欠債」的觀點，以先進行對子女（特別是兒子）的各種投資，通過子女成年後的「孝順」換得「養老經濟安全」與「死後有人拜」，確認自己生命在死後能以各種形式持續存在的可能。經由每年的祭拜儀式，確保自己不會被遺忘，後代準備的紙錢與各種替代物品，持續讓子女償還父母、祖先的恩情，以及在陰間能經濟不匱乏，以準備來世或升格當神格化的祖先。在這種情況下，祖先祭拜的掛山實現了死後代際交換的形式（Trémon，2010：171）。

五、祖先祭拜與宗族作爲族群邊界

（一）掛私家山

在玻里尼西亞，掛山的經費與支出，根據家庭經濟水準跟內部經濟平等的情況而有不同。最貧窮的家庭或是父母親都沒有留下資產給後代的家庭，掛山相關費用就由大家各自視情況貢獻。兄弟間若有人經濟比較富裕的情況（在玻里尼西亞，此種情況通常是長子接收父親的小生意），就需負擔起家庭內大部分的掛山支出。在中等或富裕的家庭中，多數會由接管父親企業的兄弟們，從收入提撥來支付。在擁有土地和房地產等最富裕家庭中，則由相關收入進行提撥，再另設一個共用帳戶來處理掛山相關費用。Trémon（2010：171）觀察到，無論哪一種祭祖的資金來源，多數都來自父母生前企業或遺產等。楊懋春（2001）曾指出華人與中國家庭不僅由活著的人構成，而且也由死去的前輩和未來的孩子構成，尤其是大家共享財產所有權。Trémon（2010：174）歸結玻里尼西亞客家宗族的形成有兩個重點：

第一、無論以何種方式分割取得財產，父母都保留部分給宗族／家族使用，讓宗族具有部分資產，除了可提供掛山資金之外，進而也提高世系連續性的可能。加上法國民法沒有對宗族資金構成方式有任何質疑的空間，也不會干涉或質疑玻里尼西亞客家宗族構成和存在的方式。此外，儘管法國民法規定子女間可平均分配家庭財產，但民法繼承中的「可用配額（quotité disponible）」制度，讓被繼承者允許一小部分財產（至少四分之一）轉移給一個人或多個人，這使得玻里尼西亞客家使用此一機制，讓部分家庭將部分家產保留給男性成員繼承，從而有利於宗族財

產的構成。

第二、在玻里尼西亞，有無建立宗族跟沒有宗族形成強烈對比。宗族能否建立跟家族發展與財產積累有關，也就是說，並非每位家庭成員都會發展出自己的宗族系譜，部分成員分支可能就此隱沒。宗族系譜大都載明一位祖父或曾祖父（如同開台祖／開浯祖）的遷移與墾居，幾乎從未見過有宗族宣稱兩個分支的祖先放在同一個宗族內。也因此，最早期一起移民的兄弟姊妹成員多數不會成為共同的宗族。玻里尼西亞不少移民乃是同時由幾個兄弟或伯叔姪一起前來移墾，能否發展為宗族跟其財富積累有關。

以Lan氏家族來說（Trémon，2010：175），Lan家父親將土地分割給兒子跟女兒，也保留部分財產給負責掛山的兒子維繫祭拜相關活動。根據Lan家長孫說，事實上他的祖父是跟他弟弟一起來到大溪地，叔公定居在大溪地島的另一側，位在鄉村的Papenoo地區。叔公共生了十二個孩子，長子開了一家小雜店，其他幾位年幼的孩子幾乎都是農民。事實上，Lan式家族應有三個分支，一支是目前維持掛山住在Faaa這支，另一支是住在Papenoo的叔公分支，還有一支是由女兒分出去的分支。由於後兩支家族規模尚不夠大，並未進行掛山。在玻里尼西亞，祖先祭拜儀式形構宗族，也肯認歸屬於某一華人宗族，是華人與其他族群的族群邊界標誌（Trémon，2010：176）。事實上，如果華人沒有持續進行祭拜祖先，且又跟原住民通婚，過著比較接近玻里尼西亞的生活方式，就可能會被認定為不是華人。例如Lan式家族住在Papenoo這支家庭成員，就介在血緣上有一半是客家人、跟原住民通婚、過得比較像原住民的族群邊界上。

除了通婚會改變族群邊界，宗教信仰的轉換對華人來說，也

改變對祖先祭拜的觀念。華人法國化的改變，不只是國籍、語言跟生活方式的轉變，也包括宗教與祭祀行為的轉換。多數玻里尼西亞華人入籍與接受法國教育後，大都在天主教信仰的社會環境中長大，原住民多屬新教教會。不論是天主教或新教都無法接受家族與宗族的祖先崇拜，但天主教諸聖瞻禮日（Toussaint）的祭拜逝者，則提供某種有默契的寬容狀態。在諸聖節這天，Saint Teresa的祭司會舉行彌撒，並在墓地頂部的涼亭裡舉行祝福墳墓的儀式（Trémon，2010：179）。然而西方宗教對祭拜祖先的觀念不一樣，所形構的世界觀也有差別，使得信奉天主教的玻里尼西亞客家對祭拜祖先有不同的詮釋。部分年輕世代隨代間交替，也不再持續要求與進行祖先祭拜儀式。另外，一般掛山儀式後的唐餐聚會（可能在家裡或餐廳），是玻里尼西亞客家宗族祭拜儀式的結束程序，也是作為華人身分的標誌（童元昭，2012）。大溪地化的家庭分支，除未再持續掛山之後，也未在洗禮或生日等重要時節堅持吃唐餐。

（二）掛大宗山

華人常以承載同一姓氏自認為是一家人。他們使用客語 tungsiang 表示為「同姓」或 tungka gnin「同家人」，講法語時，是以「cousins」自稱，最常用是大溪地話的「fetii」來自稱。所以就會出現像如此混雜的句子「dimanche il y a Kasan avec tous les fetii Wang」（週日，Wang 姓宗親有掛山活動）（Trémon，2010：180）。句子以法文為主幹，同時置入大溪地在地話與客語，共同表達宗族的掛山行動。

以姓氏認同的「合約氏宗族」或「宗親會式宗族」也見於台

灣客家、閩南族群的社會互動中。玻里尼西亞合同式宗族組織的原則跟台灣「合約式宗族」有點不一樣，台灣合約式宗族以圍繞著擁有股份控產的活動為主，而玻里尼西亞的合同式宗族主要依靠的是成員間的貢獻。同姓宗族社團成立後，即由資助方式接受捐款形成儀式團體。玻里尼西亞掛大宗山儀式的進行常是固定在大溪地最古老的姓氏成員的墓穴上，較有財力的組織則會豎立石碑，以墓或碑代替公廳或祠堂。部分同姓組織也會提供資金興建或重建原鄉的姓氏公廳祠堂，但兩地團體之間沒有從屬關係。

在歷經幾個世代的變化，此類宗族（宗親）面臨的困境包括姓氏法國化與社會狀況的變化等。早期，「同姓」的聯繫在移民過程中起著主導作用，同姓的聯繫被比喻為團結的紐帶，而不是生意的紐帶。但隨著入籍法國，改姓法國姓之後，前幾代還能清楚知道自己法國姓對應到的華人姓氏，之後就陸續出現對應的困難。此外，法國社會與教育中的個人主義興起，也有別於華人的家族主義以及周邊相關組織或行動，更重要的是，玻里尼西亞華人漸趨富裕，以及玻里尼西亞是否作為遷移的終點站，都可能影響玻里尼西亞客家宗族／宗親的持續發展。

90年代後，玻里尼西亞出現了結合姓氏宗親為主的團體，也就是華人社會常見的宗親會。1994年時，Wang姓宗親是在地第一個籌組的姓氏團體，初期並未籌設正式組織且規模也小，在市中心小餐館聚會僅有十五人，到了2002年，已有三百多人參加宗親會的農曆新年聚會（Trémon，2010：182）。[12] Wang姓宗親會的成員多數來自同一原鄉村莊，在玻里尼西亞有人數與財富的優勢。其他小姓氏多來自原鄉不同的村莊，彼此的聯繫與網絡皆無明顯的數量優勢。Wang姓宗親會的籌組超越起源地與族群

語言的區分，對玻里尼西亞在地逐漸起了社會網絡關係的作用。[13] 族群語言帶來身分認同的思考，同時也可作為催化分裂的關鍵。其他非講客語的華人，處在玻里尼西亞華人社會裡，是語言的相對弱勢者。在Trémon（2010：182）訪談中，有一位粵語Wang姓成員（Punti人）曾表達想要建立自己廣府人協會的期望。

在玻里尼西亞，儘管不少人認為同姓關係的影響力日漸薄弱，但90年代後在地不少跟華人傳統節慶相關的活動日漸活躍（童元昭，2000：48），使得各種認同身分的思考顯得相形迫切。宗親社團的仿真性（l'émulation）是可能的解釋因素（Trémon，2010：184），以傳統型態運作的社會政治相關協會與團體逐漸沒落，但宗親社團以華人遷移時的主姓氏為核心，則提供年輕人尋根溯源一個找尋身分的新管道。在大溪地，兩個不同法國姓名的華人，來自同一家族的機會很大，許多長者對年輕人可能在不了解姓氏根源的情況下結婚，而感到恐懼。近期陸續有年輕人開始整理列出所有此類法人組織，以利進行姓氏變化的紀錄。姓氏宗親組織的陸續成立，使姓氏法國化引起的混亂，再度燃起恢復姓氏秩序的可能。

六、玻里尼西亞宗族的未來

父系宗族需由父系家族歷時性的長期發展，才得以形成。本文進行的玻里尼西亞客家宗族的討論，提供我們了解正在形成中的宗族所需的家庭規模、世代發展、祖先祭拜等如何運作。華人從遷移到定居玻里尼西亞，帶著從家鄉而來的宗族與宗親結盟墾

關的記憶，重新以一邊發展家族規模，一邊以集體的方式發展家族經濟。家族經濟規模越大，越能維繫龐大家族間的集體連結，跟宗族有關的祖先祭拜、聯誼交流等活動也越能持續。要能構成父系宗族，開宗祖、男丁戶延續不斷構成的世系、祖先祭祀等，都必須在同一的統合下持續進行。跟玻里尼西亞已發展至六個世代的宗族相比較，台灣宗族的發展條件較為豐富，在桃園新竹、金門等宗親文化盛行區，也有落腳定居後僅有七個世代的宗族，已發展出祖譜、公廳與祖塔。[14] 至今玻里尼西亞華人的祖先祭祀與宗族／家族的形成，依舊是與在地族群的邊界標誌，但目前不論是台灣或玻里尼西亞，不只是不再有移墾與發展的條件，也因家庭觀、個人權益觀念的轉變，皆已無相應的社會與文化環境可供新宗族形成，特別是玻里尼西亞又有西方宗教，以及法國式、原住民族等的社會文化的影響。玻里尼西亞的宗族會持續成為宗族，或是僅停留在大家族層次，抑或是發展出創新形式的「玻里尼西亞化宗族」，還有待持續觀察。

從華人苦力落腳大溪地，到近百年數波遷移玻里尼西亞過程中，異地重建生活秩序與規範，將隱藏在生活背後相應的社會文化等系統的斷裂重構，並隨著異地環境進行調整改變以適應生活。玻里尼西亞客家宗族的形成與家庭分裂是同時存在與發生的。早期華人多以家族型態進行家族經濟的積累，家族、小企業跟生活同時綑綁一起。而華人家庭內重男輕女，強調長幼繼承有序的倫常規範，成員之間的財富積累也隨之而異，常使得家庭成員內的關係狀態有不同樣貌，也跟宗族能否形成息息相關。對身處在大洋洲原住民的、法國殖民的社會文化下，玻里尼西亞客家持續以家庭、家族，乃至於要發展為宗族的文化延續，文化揉雜

的狀態與面向也有所不同，這種不同使得玻里尼西亞客家的家族與宗族發展會有不同的調整與樣式。

玻里尼西亞客家宗族的運作，依據家族提撥祭祖資金進行掛山儀式，進而能進行掃墓祭祖等活動，也就是私家掛山。掛大宗山所指的合同式宗族，主要以同姓成員為主，也在清明、重陽與諸聖節掃墓。若以宗族發展階段、組織型態、祭祀活動、控產、祖譜登錄的差別，來看玻里尼西亞客家宗族跟台灣客家宗族有許多不同的發展階段，最主要的差別在於，玻里尼西亞客家合同式宗族有類似血緣宗族的掛山儀式，但兩者程度不一。不論是同宗宗族或同姓聯宗宗族，台灣的宗族多數發展到興建公廳宗祠的階段，北台灣客家進而形成宗族集體墓——祖塔，南台灣客家也可見到家族闔家共墓的祖墳，並在重要時節進行系列式的祖先祭拜，以形成公廳宗祠、祖塔祖墳與祭祀儀式三者合一的祖先祭拜。玻里尼西亞客家宗族則尚未有公廳宗祠，闔家共墓與掛山祭拜也相對的規模較小。此外，玻里尼西亞客家宗族本身沒有明顯的控產專門組織，而台灣繼承式宗族與合同式宗族多數都有控產情形。台灣部分宗族至今還共同持有祖先公有財產，子代家庭也同時各自發展私人財產。早期較為普遍的是將祠產或共同投資產，設立不同類型組織進行管理，包括祭祀公業、嘗會、祖嘗、丁仔會等。

總體來說，玻里尼西亞的「合同式宗族」結合非同宗姓氏者，祭拜最早的姓氏成員，在組成方式跟台灣的「合同式宗族」大都一樣，台灣的「合同式宗族」移墾與發展歷史悠久，不少已成為龐大的控產團體。而90年代後，玻里尼西亞陸續籌設的姓氏團體與台灣宗親會的屬性也相當接近，以非同宗姓氏成員的結

盟為主，重視定期的聯誼與交流。在台灣，部分縣市的宗親會的發展已跟在地選舉關係密切，例如桃園、新竹、金門等，玻里尼西亞的宗親會是否也會如此發展，還有待觀察。但畢竟兩地政治社會情境與發展脈絡不同，玻里尼西亞客家家族發展出的「家族」、「宗族」、「宗親會」，跟 Freedman（1958、1966）觀察的華南社會的宗族發展、Cohen（1976）觀察的台灣客家宗族，乃至於今日台灣客家宗族發展有何差異，需要進一步更多詳盡的田野資料才能釐清。

玻里尼西亞客家的海外遷移與定居，視宗族祭拜祖先文化是與玻里尼西亞人族群邊界的機制，在不斷的法國化與本土化中，持續維持華人文化根源，然而與之同時，族群混血比例漸增，一方面認同多樣性也日益多元，隨著教育與就業的全球化移動，跨國的、去領域化的、離散的，與揉雜的族群邊界與身分認同概念的複雜度更高，分析也更為困難。許多玻里尼西亞人有華人血緣，早期多未將之視為身分與認同的一部分，近期有溯源的熱潮跡象。華人在華裔、玻里尼西亞人與法國人的身分重疊，看似單單是場域身分的切換，卻是處於多重文化、國族的意識召喚中的曖昧與揉雜。特別是「客家人」、「華人」與「中國人」三個身分之間的層級競逐。

總結來說，Trémon 的研究對於整體客家研究的主要貢獻，在於從親屬關係、家庭經濟週期、宗族發展與掛山祭拜之間的關係階段，來呈現客家遷移玻里尼西亞所交織的經濟社會關係與在地化歷程。玻里尼西亞客家根基於原鄉記憶中的社會文化系統，以「家庭型態打拼」形成宗族與其相關團體，在組成型態、方法或祭儀內容上，乃至於跟經濟程度的關係，因接待國的政經制度

與社會文化的差異而發展出不同的在地化模式，這些不同地區的在地化模式彼此之間的同與異爲何，以及彼此之間是否進一步因世界主義而發展出全球化式的家族、宗族與宗親會社會網絡，這些都是探討玻里尼西亞客家親屬、宗族與宗親組織所帶出的未來觀察方向。

七、再思客家研究與族群研究

華人與法屬玻里尼西亞之間，是在歐洲帝國的擴張下，分別促成亞洲的華人離鄉遷移，以及與大洋洲的原住民在邊緣相遇，所開啓的族群、國族交織下的歷史過程。玻里尼西亞社會的人群種類，以人口比例分別爲原住民、Demis（歐洲人與原住民的混血爲主）、歐洲人與華人四大類別。Demis混血在人口中佔了第二大比例（12%），這些群體間大多能和睦相處，沒有嚴重的族群對立，因而，玻里尼西亞社會常被視爲是成功的大熔爐案例（Panoff，1989：14）。然而，政治殖民者與被殖民者之間的國族關係不對稱，在政治、社會與經濟之間又形成新的緊張關係，玻里尼西亞原住民已萌發的主權意識，大熔爐突然轉爲「壓力鍋」模式（Poirine 1992）。特別是通過玻里尼西亞華裔少數族群的研究陸續顯示，從殖民時期以來，社會分裂與對立的氣氛依舊可在社會經濟緊張局勢中察覺（Trémon，2010：18）。

Trémon（2010：10）指出，在玻里尼西亞長達近一世紀的漫長時期，社群、族群與離散這三個要素缺一不可地、相互交織重疊於此。由於法國政府對殖民地管理採取間接管理形式，使得不同語系的華人全數被強制加入同一群體。19世紀遷移初期各

佔一半人口數的本地語系者（punti）與客家語系者（hakka），在經過百多年的數度往返原鄉與大溪地期間，因而有不同比例的人口數增減，又在70年代歷經取得法國籍過程中的多種移民政策管理，使得這些華人群體逐漸與「族群」混為一談。「族群」乃是一群人在遷移過程中相互承認其遷移的共同起源，其中具有特定價值與規範為導向的經濟實踐、社會或宗教等（Weber，1995：130）。最後，乃至於在同一來源國因遷移分散的人群的總合意義上，而構成「離散」的一部分，這群人在接待國逐漸形成一個獨特的群體，數個世代皆維繫著對來源國的依附，且可能對來源國具有某些想望（Brubaker，2006；Safran，1991）。

　　Trémon（2010：11）認為如果把玻里尼西亞華人視為某個整體，且成員參與了不同社團活動與更高階層的組織活動，在某種意義上，華人社群是被「族群」這個概念淹沒了。要在人群群體持續不斷變動與發展的遷移過程中，以概念定義指認與辨識出族群群體具有高度困難，一方面在於族群概念本身就具有多重指涉，再者特別是當社群、族群群體與方言群體之間有高度重疊時，概念的適用往往也常因具有多種意涵，需在不同的情境脈絡與語意下不斷辨識。若是參考Frederik Barth援用Weber族群的概念且賦予族群邊界的概念，對玻里尼西亞原住民與popa'a人（玻里尼西亞人稱島上出生的白人）來說，他們判斷的依據不是根據人類學者認為的文化屬性，而是華人獨特的經濟與社會實踐所構成的主觀標準。Trémon指出由於當代遷移型態多元，文化群體在接待國定居型態的差異，同時也因當代概念的不足，所以在分析上需把「社群」、「族群」與「華人離散」分開來討論，並試圖在這些特徵之間找到明確的聯繫點或共通點，才可能親近社會

事實（social fact）。然而，就現今玻里尼西亞華人社群組成來說，雖早期有本地人與客家人之分，但經過百多年的互動往來，加上近期也持續有新的華人因通婚、就業定居等持續移入大溪地，但若簡以現今通行語客語來分辨識，「大溪地華人」幾乎等同是「海外客家」。

然而，對Trémon（2010：20）來說，在她的研究中，相當謹慎地使用華人（chinois）來指稱目前居住在玻里尼西亞的華人／客家人。遷移約百年多時間，當地多數華人至今仍可追溯祖先語系是客家話或廣東話，今日島上華人在與白人、大溪地原住民等進行對比時，多數仍自稱為華人。然而Trémon發現玻里尼西亞華人認為自己與中華文化（culture chinois）之間，以及客家人（Hakka）與客家文化（culture hakka）之間似乎有不太能對應的情況。例如Trémon在田野訪談中發現，受訪者會表明只會講語言，但幾乎不了解中華文化與客家文化內容與其內涵，但當Trémon詢問他們是否不認為自己是華人時，他們卻又採肯定態度，正巧與他們前述的否認相反，呈現矛盾狀態。[15] 面對玻里尼西亞華人在海外華人（La diaspora chinois, Chinois d'outre-mer）、中國人（Chinois）、客家人與其文化屬性之間的斷裂與落差，Trémon指出，除非在田野訪談需要，否則暫不考慮「chinois」實體為何，比較重要的是，面對一個已被命名的集體，嘗試找出它是否不符合它的某些共同文化（Jean Bazin，1985：93）。但Trémon（2010：20）在其研究中，也經常使用Chinois這個概念，正因為這個概念不論是對自我指稱者或其他，具有模糊與多重概念的指涉可能，使得概念因而有相當的承載性。

同時離散一詞在1990年代學術使用後，導致研究過度膨脹氾濫，使得離散逐漸替代「海外華人（Chinois d'outre-mer）」的概念。近期陸續有研究質疑離散一詞對探討華人的適切性（Skeldon，2003；Ang，2004；Wang，1999），包括由海外華人所承繼的「中華民族與中華文化」是否有統一的文化背景作為前提？再者，海外華人在遷移定居後，其所處接待國移民政策要件不一，以及與在地文化涵化互動等的揉雜差異而形成的文化獨特性，是否又能整入離散或海外華人的概念，都是難題。Francis Hsu與Hendrick Serrie（1998）提出以「中華文化的文化分母」（les dénominateurs culturels qui identifient, partout, la culture chinoise）來辨識不同社群之間的變遷。但也正因離散一詞所包含遷移的變異性，要將海外華人視為是能完整保留中華文化屬性的一個實體有其難度（Trémon，2010：23）。

　　「離散」、「海外華人」、「客家人」、「海外客家人」等概念具有歷時性發展的多重轉變與差異，從身分認同的理論概念到實質生活經驗內涵的指認，每個獨特的樣態都承載不同的細緻討論。另一方面，學界鑑於「避免將『認同』（identity）簡化為靜態的身分範疇，轉為分析『指認』的歷史動態過程」（藍佩嘉、吳伊凡，2011：11）。Rogers Brubaker與Frederick Cooper（2000）說明建構論者試圖通過定義身分的形成是建構、流動與多重來「軟化」身分一詞，使得假定的身分激增，「身分」、「認同」等詞漸失去分析效力，此外，「認同」作為名詞常受本質論所蘊含的屬性影響，侷限其作為動詞時，行動者在特定的歷史情境與脈絡中所能指認出的自我、我群，以及與他群間的定位與關係。通過Brubaker與Cooper對理論與實質經驗的再思、以

及 Trémon 與前述學者的對話，值得我們同時思考的是，當我們討論「海外客家」時，是否也能在同一邏輯下，進行海外客家「指認」與辨識？是否有一個完整的「客家」的文化屬性來進行「客家」的指認？移居海外的客家持續的進行在地化之後，又如何跟原鄉客家文化元素進行回應？

　　前述問題或許對客家來說是重要的，但族群定義與族群文化屬性之間因變遷所呈現變化高度複雜，如同柯朝欽（2015）所指出的，「與其關注『什麼是客家』（what）⋯⋯，更應該探討『客家如何形成』（how），以及為何而形成（why）」（莊英章，2004；羅烈師，2006；林正慧，2015）。「往往單一的、固著的、本質性的認同概念及其實踐，難以回應複雜的、多層次的社會事實」（姜貞吟，2015：98）。易言之，海外客家與海外華人的現象，其所涉及到的理論性辯論，需更長時間與更多案例的觀察，對話與釐清才可能進行。而 Trémon 依據實質文化變遷的內容，以人類學式的觀察，探討玻里尼西亞華人的宗族、親屬、掛山祭祖、家族經濟等日常生活文化的族群邊界，正提供了我們將之與既有的玻里尼西亞華人研究、客家研究、海外客家研究，進行對話與比較分析，才能逐漸親近社會事實。

註釋

1　本文曾刊登於2019年《客家研究》，第12卷第2期，頁121-166。此處僅依據本專書收錄原則進行些微調整。

2　詳見 Anne-Christine Trémon 個人網站。http://bit.ly/2T9zPKg（取用日

期：2019年8月28日）。

3 法屬玻里尼西亞（French Polynesia）是法國在南太平洋的自治國，由數組玻里尼西亞群島組成，其中最大島為大溪地島（Tahiti），也是首都巴比提（Papeete）所在處。為行文方便，以下簡稱為玻里尼西亞。

4 根據L'ITSTAT（l'Institut Territorial de la Statistique）1988年普查資料顯示，法屬玻里尼西亞主要人口組成簡分為四大社群，以當時19萬總人口數來說，玻里尼西亞人佔65％、以歐洲與玻里尼西亞為主的混血（當地稱Demi）佔16%、亞裔人5％、歐洲人12％（Trémon，2010：38）。其中原生人群為分屬多種不同語系的玻里尼西亞人，亞洲人（華人為主）與歐洲人（法國人為主）都是近一至兩百年的外來移民。2017年底 Institut de la Statistique de la Polynésie Française（http://www.ispf.pf/themes. aspx）資料顯示目前總人口數為27萬6,300人（取用日期：2019年10月19日）。玻里尼西亞華人分屬客家與廣東兩種不同語系，在不同時期會有不同的人口比例，早期人口比例約為1:1，近期約為9:1，超過90%為客家原籍（Trémon，2010：19）。本文將視文脈與歷史時間的需要，以華人、客家人、廣東人來指稱不同的人群分類，但由於文中所述現象多為長時期發展，現象成形階段可能由不同人群共同參與，會讓此一人群分類與現象之間具有某種模糊性與不穩定性。

5 Trémon的研究探討了玻里尼西亞華人在百多年定居過程中，對其所處的多元族群社會的許多回應，包括政治領域、與原住民的關係、親屬關係、婦女地位、混血、華人社群的重構、政治族群化與認同歧義、認同困境等議題，礙於篇幅結構限制，本文將先探討Trémon對玻里尼西亞客家親屬、家族、宗族與宗親組織等層面的分析，並進行此一議題的對話與討論。

6 感謝審委指出本文涉及的兩個層次討論，使得文章進行結構調整。

7 筆者2013-2014年進行田野訪談時，有受訪者表示其家族已發展至第四、五代成員。

8 關於童養媳、養女等討論，詳見曾秋美（1998）、連瑞枝（2010）。

9 感謝審查委員對家庭分裂的經驗現象與指涉層次的建議，使得此一討論更豐富與細緻。

10 關於認同（identity）與指認的討論，將於後節再深入討論。

11 每年11月1日Toussaint是天主教徒為聖母與殉道諸聖瞻禮日，通常諸聖瞻禮節跟祭奠逝者聯結，於11月2日祭奠逝者。

12 Wang姓宗親跟慈善協會的關係有重要的歷史聯繫。

13 在地宗親會結合了講客家話與廣東話的同姓宗親。台灣宗親會的成員屬性，也呈現多族群與多語言的情況。對重視姓氏起源的人來說，最有趣的討論莫過於，如果我們都是同一姓氏祖的子孫，那何以會分屬於不同語系與族群身分。

14 該C姓宗族位於桃園楊梅區，如以原鄉的開宗祖計算，則為二十多個世代。

15 筆者在田野期間也發現相同情境，受訪者對於身分認同與概念內容之間的連結有猶豫。

附錄：Hong 氏家族與 Feng 氏家族
（以下翻譯摘錄自 Trémon，2010：152-153）

　　Hong 氏家族第三代孫子 Fabien Hong 陳述 Hong 氏家族家族史：Hong 家第二代的五個兒子入法國籍時取了五個不同的姓氏。Hong 家原居馬來西亞，於 1930 年代才遷到玻里尼西亞。Hong 家第二代原有八個小孩，有兩個女兒，其中長女在馬來西亞就被賣掉，可能是當童養媳、養女或繼女，因此留在馬來西亞。Hong 家抵達大溪地後，父親表示因資源有限，只能讓最後兩個兒子進入中文學校就讀。最年長的兩位大哥，在年僅 12、13 歲時，就到美國商店當雜工，直到 1960 年代，才有能力把商店買下來。Hong 家第三個兒子成為家族的一家之長（Fabien Hong 使用 jiazhang 一詞），且他在中文學校畢業後又繼續進入法國學校就讀，加上他的太太是整個家族中唯一的法國人，使得他的法文能力比其他兄弟間還要優異。此後，第三個兒子逐漸成為該區最著名的人物之一，領導整個家族企業的發展。在 1960 年代和 1970 年代，包括姐姐在內的所有人，都在家族企業內「無薪工作」（sans salaire）。然而，這種家庭組織模式並沒有持續下去。在最小的兩個兒子完成學業畢業後，父親就開始進行分工和財產分割。Fabien 的父親曾受過農業培訓，將前去巴西，最小的兒子將去法國發展。每個人都各有自己的路要走，不再為維繫家庭企業而在一起。第三個兒子和他的法國妻子雖是財產分配最有利者，但也因此經歷一段痛苦階段。最後終於在 2000 年初

期，第三個兒子去世後的守夜活動，家族內許久不再講話的人達成了和解。

　　進行田野調查時，Feng 氏家族是玻里尼西亞最強大的家族之一，發展週期比 Hong 氏家族長得多。我訪談了 Feng 氏家族內的一位孫子 Eric Feng，隨後也訪談他的父親 François。他的祖父是 Feng 氏家族的創始人，在巴比提市場上創建了第一家商店。祖父共有六個兒子與七個女兒，由六個兒子分別成立建材公司、銀行、兩家汽車進口公司、電子商店、保險公司與島上唯一的椰乾加工廠。由於兄弟年齡不一，當他們完成學業後，都回到家族企業工作，轉為公司董事會成員或執行長。每個新公司的成立都是通過現有公司的基礎上完成，「這降低風險，所以我們匯總了資本」。由兄弟成立的公司，除了彼此交叉持股之外，家族財產也跟公司財產合併一起，也因此，這些家族公司的資本基本上都不對外開放，僅屬於兄弟成員。此外，Feng 氏家族也擁有一家房地產公司，兄弟姊妹都有持股。目前，隨著第三代的子女分別完成學業，也陸續在父親或伯叔的公司工作。最近 Feng 氏家族的家庭發展週期，也逐漸達到人口增長的龐大規模。

參考文獻

王崧興，1991，〈中國人的「家」制度與現代化〉。頁9-14，收錄於喬健編，《中國家庭及其變遷》。香港：中文大學。

林正慧，2015，《台灣客家的形塑歷程：清代至戰後的追索》。台北：台大出版中心。

林美容，1989，〈草屯鎮聚落發展與宗族發展〉。頁319-348，收錄於《第二屆國際漢學會議論文集》。台北：中央研究院。

——，1991，〈一姓村、主姓村與雜姓村——台灣漢人聚落形態的分類〉。《台灣史田野研究通訊》18：11-30。

姜貞吟，2015，〈法屬玻里尼西亞客家族群邊界與認同在地化〉。《全球客家研究》5：85-148。

柯朝欽，2015，〈台灣客家現代族群想像的三種類型〉。《全球客家研究》5：149-192。

莊英章，2004，〈族群互動、文化認同與歷史性：客家研究的發展軌跡〉。《歷史月刊》201：31-40。

莊英章、陳運棟，1982，〈清代頭份的宗族與社會發展史〉。《歷史學報》10：143-176。

莊英章、羅烈師，2007，〈社會與文化：家族與宗族篇〉。頁91-110，收錄於徐正光編，《台灣客家研究概論》。台北：行政院客家委員會。

連瑞枝，2010，〈被送出去的女人〉。頁247-284，收錄於連瑞枝、莊英章主編，《客家·女性與邊陲性》。台北：南天書局。

陳其南，1981，〈台灣漢人移民社會的歷史與政治背景〉。《食貨》10(7)：293-308。

——，1990，《家族與社會》。台北：聯經。

陳奕麟，1984，〈重新思考 Lineage Theory 與中國社會〉。《漢學研究》2 (2)：403-446。

曾秋美，1998，《台灣媳婦仔的生活世界》。台北：玉山社。

童元昭，1993，*The Changing Chinese Ethnicity in French Polynesia*（變遷中的法屬波利尼西亞華人族性）。Diss. Southern Methodist University.

——，1994，"The Political Participation of the Chinese in French Polynesia（法屬玻里尼西亞華人之政治參與）"。《國立台灣大學文史哲學報》41：252-267。

——，1996，"Tahitian Politics and Chinese Ethnic Revival（大溪地政治與當地華人的文化再振）"。《國立台灣大學考古人類學刊》51：73-82。

——，2000，〈大溪地華人的歷史敘事與「國家」認同〉。《國立台灣大學考古人類學刊》54：41-62。

——，2012，〈大溪地唐餐 / Maa Tinito的在地性〉。《中國飲食文化》8 (2)：71-102。

——，2020，〈在大溪地客家與唐人之間：由mandarin（華語）談起〉。收錄於河合洋尚、張維安編，《客家族群與全球現象：華僑華人在「南側地域」的離散與現況》。日本：國立民族學博物館。

黃樹民，1981，〈大甲地區早期漢人的開墾：社會組織的發展〉（Early Settlement History of Han Chinese in Ta-chia Region: the Development of Social Organization）。頁33-56，收錄於李亦園、喬健編，《中國的民族、社會與文化——慶祝芮逸夫教授八十歲論文集》。台北：食貨出版社。

楊懋春，2001，《一個中國村庄：山東台頭》。南京：江蘇人民出版社。

廖運清編，1977，《廖世崇公派祖譜》。

鄭振滿，2009 [1992]，《明清福建家族組織與社會變遷》。北京：中國人民大學出版社。

鄭婕宇，2017，《宗族發展與文化保存：以楊梅鄭氏道東堂爲例》。桃園：國立中央大學客家語文暨社會科學學系客家社會文化碩士班碩士論文。

藍佩嘉、吳伊凡，2011，〈在「祖國」與「外國」之間：旅中台生的認同與畫界〉。《台灣社會學》22：1-57。

羅烈師，2006，《台灣客家之形成：以竹塹地區爲核心的觀察》。新竹：國立清華大學人類學研究所博士論文。

Ang, I., 2004, "Beyond Transnationalism Questioning the Borders of the Chinese Diaspora in the Global City." Pp. 179-198 in *Stata/Nation, Transnation: Perspectives on Transnationalism in the Asia-Pacific,* edited by B. Yeoh and K. Willis. London et New York: Routledge.

Bazin, J., 1985, "À chacun son Bambara." Pp. 87-127 in *Au coeur de l'ethnie. Ethnies, tribalisme et État en Afrique,* edited by J-L. Amselle and E. M'Bokolo. Paris: La Découverte, Textes à l'appui.

Brubaker, R., 2006, *Ethnicity Without Groups.* Cambridge, MA: Harvard University Press.

Brubaker, R. and F. Cooper, 2000, "Beyond Identity." *Theory and Society* 29: 1-47.

Clifford, J., 1997, *Routes: Travel and Translation in the Late Twentieth Century.* Cambridge, MA: Harvard University Press.

——, 1998, *The Predicament of Culture: Twentieth-Century Ethnography, Literature, and Art.* Cambridge, MA: Harvard University Press.

Cohen, M. L., 1976, *House United, House Divided: The Chinese Family in Taiwan.* New York: Columbia University Press.

Coppenrath, G., 1967 [2003], *Les Chinois de Tahiti: de l'aversion à l'assimilation 1865-1966.* Société des Océanistes (Ed.), Paris: Musée de l'Homme.

Ebrey, P. B., 1986, *Kinship Organization in Late Imperial China, 1000-1940.* Berkeley, Calif.: University of California Press.

Fan, C. C., 2000, "Transmigration and Transformation: The Chinese in Tahiti." Pp. 143-156 in *Navigating Islands and Continents: Conversations and Contestations In and Around the Pacific,* edited by C. Franklin, R. Hsu, and S. Kosanke. Selected Essays Volume 17, USA: University of Hawaii.

Fer, Y., 2004, "L'Essor du pentecôtisme en Polynésie française: une histoire Hakka." *Perspectives chinoises* 86. Electronic document, http://perspectiveschinoises.revues.org/document708.html, Accessed October 11, 2010.

Freedman, M., 1958, *Lineage Organization in Southeastern China.* London: The

Athione Press.

——, 1960, "Immigrants and Association: Chinese in 19th-Century Singapore." *Comparative Studies in Society and History*, Vol.III.

——, 1966, *Chinese Lineage and Society*. New York: Humanities Press.

Fried, M. H.（傅瑞德）, 1969, *Fabric of Chinese Society: A Study of the Social Life of a Chinese County Seat*. New York: Octagon Books.

Faure, D., 1989, "The Lineage as a Cultural Invention." *Modern China* 15 (I): 4-36.

Hsu, F. L. K.（許烺光）著、徐隆德、王芃譯，2001，《祖蔭下：中國鄉村的親屬‧人格與社會流動》（*Under the Ancestor's Shadow: Kinship, Personality, and Social Mobility in Village China*）。台北：南天書局。

Hsu, F. L. K.（許烺光）著、黃光國、國立編譯館譯，2002，《宗族、種姓與社團》（*Clan, Caste and Club*）。台北：南天書局。

Hsu, F. L. K.（許烺光）and H. Serrie (dir.), 1998, *The Overseas Chinese: Ethnicity in National Context*. Lanham: University Press of America.

Lagerwey, J., 1996, "Fêtes et cultes chez les Hakkas." *Perspectives chinoises* n° 33, Janvier-février: 24-30.

Liu, H-C. W., 1959, *The Traditional Chinese Clan Rules*. New York: J. J. Ausgutin.

Panoff, M., 1989, *Tahiti metises*. Paris: Denoël.

Poirine, B., 1992, *Tahiti, du melting pot à l'exploision?* Paris: L'Harmattan.

Safran, W., 1991, "Diaspora in Modern Societies: Myths of Homeland and Return." *Diaspora* 1 (1): 83-99.

Saura, B., 2003, *Tinito, la communauté chinoise de Tahiti: installation, structuration, intégration*. Polynésie Française: Au Vent des Iles.

Sin Chan, E., 2002, *Psychopathologie et identité des Hakkas de Polynésie française*. Thèse de doctorat en Psychologie. Paris: Université de Vincennes-Saint-Denis.

——, 2004, *Identité Hakka à Tahiti: histoire, rites et logiques* (Tome 1). Polynésie française: Teite.

——, 2005, *Identité Hakka à Tahiti: ruptures, désordres et fabrication* (Tome 2).

Polynésie française: Teite.

——, 2007, *Repenser la sinité/hakkaéité des chinois Hakkas de Polynésie Française.* IMASIE 3ᵉ Congrès du réseau Asie Paris. Electronic document. http://bit. ly/2vu6UHF, Accessed November 1, 2010.

Skeldon, R., 2003, "The Chinese Diaspora or the Migration of Chinese Peoples?" Pp. 51-66 in *The Chinese Diaspora: Space, Place, Mobility and Identity*, edited by Lawrence J. C. Ma. et Carolyn Cartier. Lanham, MD: Rowman & Littlefield.

Tchen, M., 2012, *Les chinois de Polynésie française: Entre permanence et transformation identitaire.* L'association philanthropique chinoise de Tahiti (No 12), Polynésie française: Tahiti graphics sarl.

Trémon, A-C., 2010, *Chinois en Polynésie française: migration, métissage et diaspora.* Nanterre: Société d'ethnologie.

Wang, Gung-Wu, 1999, "A Single Chinese Diaspora? Some Historical Reflections." Pp. 1-17 in *Imagining the Chinese Diaspora: Two Australian Perspectives*, edited by Gungwu Wang et A. S. Wah. Canberra: Centre for the Study of the Chinese Diaspora, Australian National Unicersity.

Watson R., 1985, *Inequality Among Brothers: Class and Kinship on South China.* Cambridge University Press.

——, 1988, "Remembering the Dead: Graves and Politics in Southeastern China." Pp. 203-227 in *Death Ritual in Late Imperial China*, edited by J. L. Watson et E. Rawski. Berkeley: University of California Press.

Weber, M., 1995, *Econimie et société.* 2 tones. Paris: Plon.

Willmott, B., 2008, 〈南太平洋島國華人的不同經驗〉. *Chinese Southern Diaspora Studies* 2: 167-171.

國家圖書館出版品預行編目（CIP）資料

海外客家研究的回顧與比較 / 蕭新煌, 張維安, 張翰璧
主編 .-- 初版 . -- 桃園市：國立中央大學出版中心；
臺北市：遠流出版事業股份有限公司, 2021.07
　面；　公分
ISBN 978-986-5659-40-0（平裝）

1. 客家 2. 民族文化 3. 比較研究 4. 文集

536.21107　　　　　　　　　　　　110009549

海外客家研究的回顧與比較
Overseas Hakka Studies: Retrospect and Comparison

編者：蕭新煌 Hsin-Huang Michael Hsiao
　　　張維安 Wei-An Chang
　　　張翰璧 Han-Pi Chang
執行編輯：王怡靜

出版單位：國立中央大學出版中心
　　　　　桃園市中壢區中大路 300 號

　　　　　遠流出版事業股份有限公司
　　　　　台北市中山北路一段 11 號 13 樓

發行單位 / 展售處：遠流出版事業股份有限公司
地址：台北市中山北路一段 11 號 13 樓
電話：(02) 25710297　傳真：(02) 25710197
劃撥帳號：0189456-1

著作權顧問：蕭雄淋律師
2021 年 7 月 初版一刷
售價：新台幣 500 元